영어공부하기에 딱 좋은 로코 21편 에서 콕콕 집어낸

스크린
영어 대표패턴
2000

E&C

MENTORS

영어공부하기에 딱 좋은 로코 21편에서 콕콕 집어낸

스크린영어 대표패턴 2000

2018년 9월 11일 인쇄
2018년 9월 17일 발행

지은이	E & C
발행인	Chris Suh
발행처	**MENT◉RS**

경기도 성남시 분당구 분당로 53번길 12 313-1
TEL 031-604-0025 **FAX** 031-696-5221
www.mentors.co.kr
blog.naver.com/mentorsbook

* Play 스토어 및 App 스토어에서 '멘토스' 검색해 어플다운받기!

등록일자	2005년 7월 27일
등록번호	제 2009-000027호
I S B N	979-11-86656-62-4
가 격	15,000원(MP3 무료다운로드)

영어공부하는 데는 미드와 스크린이 최고!

미드와 마찬가지로 스크린은 실제 영어실력을 늘리는데 최고의 소스이다. 〈프렌즈〉, 〈위기의 주부들〉, 〈섹스앤더시티〉 등 일상을 다룬 미드가 영어공부하는데 인기이듯이 스크린에서는 로맨틱 코메디라고 불리는 장르의 영화들이 단연 압권이다. 우리의 일상 중에서도 남녀간의 풋풋한 사랑을 그린 영화들이어서 발음 속도도 적당하여 리스닝에 도움이 될 뿐만 아니라 안에 나오는 표현들 또한 우리들이 일상에서 한번 써볼 만한 것들이기 때문이다.

로맨틱 코메디 21편에서 2000개 패턴을!

미드에서 탄탄한 노하우를 축적한 멘토스가 이번에는 스크린 중 로맨틱 코메디 21편을 선정하여 집중분석하고 그 결과를 바탕으로 교재를 2권 출간한다. 하나는 로코 스크린에 자주 등장하는 대표표현 3000개를 모아서 레벨별로 정리한 것이며 다른 한권은 역시 로코 21편에 자주 등장하는 대표패턴들을 모아 정리한 교재이다. 이 두 권, 즉 스크린에 자주 나오는 영어표현들과 패턴들을 익히면 21편의 로코를 더욱 쉽게 이해할 수 있을 뿐만 아니라 앞으로도 계속 나올 로코를 보는데도 많은 도움이 될 것이다.

멘토스가 선정한 21편의 로맨틱 코메디는 다음과 같다.

〈라라랜드〉, 〈미비포유〉, 〈브리짓 존스의 베이비〉, 〈노팅힐〉, 〈러브액츄얼리〉, 〈악마는 프라다를 입는다〉, 〈어바웃타임〉, 〈노트북〉, 〈500일의 썸머〉, 〈로맨틱 홀리데이〉, 〈이터널 선샤인〉, 〈프로포즈〉, 〈첫키스만 50번째〉, 〈러브, 로지〉, 〈굿럭척〉, 〈프렌즈 위드 베네핏〉, 〈브리짓 존스의 일기〉, 〈쉬즈더맨〉, 〈굿럭척〉, 〈친구와 연인사이〉, 그리고 〈이프온리〉 등이다.

자주 나오는 패턴들을 집중적으로 수록해!

최소 한 번씩은 본 사람들도 있을 것이고 일부만 본 사람, 혹은 특정 영화는 좋아서 여러 번 본 사람들도 있을 것이다. 사람들마다 선호도가 다르기 때문에 가능한 많은 로코를 선정하였다. 그리고 교재가 2000개를 담았지만 로코 21편의 모든 패턴을 담는 것은 불가능하다. 21편에 나오는 패턴만 해도 엄청나기 때문이다. 그래서 중요도에서나 빈출도에서 떨어지는 패턴들은 빼고 자주 등장하는 패턴들만을 모아서 정리하여 어떤 영화를 봐도 많은 도움이 될 것이다.

스크린 한 편보다는 여러 편을 두루두루 봐야!

영화 한 편을 선택하여 완전히 자기 것으로 만드는 것은 아주 좋은 영어학습법이다. 하지만 한 편을 완전히 자기 것으로 만드는 것은 쉬운 일이 아니어서 중도 포기하는 경우가 많다. 또한 영어학습에 크게 도움이 되지 않는 표현들도 많이 들어있어 효율성에서도 문제가 발생한다. 따라서 한 편을 독파하는 것도 좋지만 여러 편을 심도있게 공부하는게 지속성이나 효율성의 문제에서 더욱 합리적인 방법이 될 것이다. 스크린으로 영어를 정복하려는 많은 사람들에게 이 책이 조금이나마 도움이 되기를 바라는 심정으로 교재를 집필했음을 말하며 이 글을 맺는다.

이 책의 특징

1. 스크린 중 로맨틱 코메디 21편에서 나오는 2000개의 패턴을 수록하였다.
2. 2000개의 표현은 기본특강, Level 01, 02, 03에 정리하였다.
3. 각 패턴이 나오는 영화제목을 매 패턴마다 정리하여 쉽게 확인할 수 있다.
4. 기억에 남는 명대사들은 스크린 명대사라는 코너에서 따로 정리하였다.
5. 네이티브들이 예문과 다이알로그를 생동감 넘치게 녹음하였다.

이 책의 구성

1. 모르면 손해보는 스크린영어 기본특강 – Level 01 – Level 02 – Level 03 순서로 구성되어 있다.
2. 모르면 손해보는 스크린영어 기본특강은 로코에 자주 나오는 감탄사, 사람호칭, 스크린 형용사 등을 별도로 정리하였다.
3. Level 01, 02, 03에서는 스크린영어에 자주 나오는 주요패턴들을 예문 및 다이알로그와 함께 수록하였다.
4. 스크린에 나오는 패턴을 기본으로 다양하게 응용하여 사용할 수 있도록 추가적인 유용한 패턴들도 함께 수록하였다.
5. 스크린 명대사는 각 영화에서 기억에 남을 만한 멋지고 감동적인 명대사를 수록하여 영화에 대한 향수에 깊이 빠질 수 있다.

이 책을 보는 법

스크린영어
대표패턴
2000

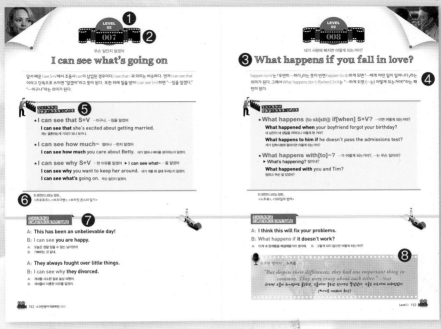

❶ Level _각 패턴을 난이도에 따라 Level별로 정리하였다.

❷ 넘버링 _각 Level별 넘버링이다.

❸ 메인 엔트리 _매 페이지마다 수록하는 주된 패턴

❹ 우리말 설명 _엔트리 패턴에 대한 친절하고 상세한 설명

❺ Screen Expressions _스크린에 자주 나오는 패턴들을 예문과 함께 평균 3개씩 수록하였다.

❻ 이 표현이 나오는 영화 _각 페이지에서 설명하는 패턴이 나오는 스크린 영화명을 정리하였다.

❼ Screen Conversation _2개의 생생한 다이얼로그를 수록하여 각 패턴을 좀 더 쉽게 이해할 수 있도록 꾸몄다.

❽ 스크린 명대사 _영화에서 기억에 남는 감동적인 명대사들을 우리말과 함께 정리하였다.

Contents

PREVIEW
001-012

모르면 손해보는 스크린영어 기본특강! · 016

001	스크린은 발음나는대로 표기한다!
002	본론을 말하기 전에 꺼내는 저기, 자,…!
003	감탄하거나 혹은 놀라거나 할 때!
004	짜증내거나 혹은 화를 내거나 할 때!
005-1	사람부르기 - 일반적인 사람들!
005-2	사람부르기 - 좀 이상한 사람들!
005-3	사람부르기 - 섹시한 여자[남자]!
006	로코에서 빼놓을 수 없는 성적인 표현들!
007	우리말처럼 영어도 비아냥거린다!
008	품사의 범주를 자유롭게 넘나드는 단어들!
009	앗! 이 단어가 이렇게 쓰일 수가!
010	회화책에는 안나오는 스크린 주요 단어!
011	스크린에 자주 나오는 형용사들!
012	읽고 나면 쉬워지는 스크린영어 기본패턴!

LEVEL
01

스크린영어 초보자를 위한 스크린영어패턴 첫걸음! 001-101 · 040

001	**I can't wait to tell you this** 너에게 빨리 이걸 말하고 싶어
002	**Do you have any plans?** 무슨 계획이라도 있어?
003	**Do you have any idea what this means?** 이게 무슨 의미인지 알아?
004	**There's something special about you** 너에게는 뭔가 특별한게 있어
005	**I want to make out with my girlfriend** 내 여친하고 애무하고 싶어
006	**I don't want you dating him** 걔랑 데이트하지마
007	**I'm trying to get hold of Mark** 마크와 연락하려고 하고 있어
008	**I'm not looking for a one-night stand** 난 하룻밤 사랑을 찾고 있지 않아
009	**Will you please fuck off?** 좀 꺼져줄래?
010	**You're welcome to stay** 편하게 남아 있어도 돼
011	**I'd like to talk you about that** 너와 그것에 대해 얘기하고 싶어
012	**I'm afraid I'm a bit hung over** 술이 좀 덜 깬 것 같아

013 Thank God I wasn't there 내가 거기에 없어서 다행이야

014 I'm sure it'll be better next time 다음 번에 더 나을 것이 확실해

015 I'm not sure what you mean 네 말이 무슨 뜻인지 모르겠어

016 I guess I'm off the hook 난 곤경에서 벗어난 것 같아

017 I keep trying to get a date with Sam 샘하고 데이트하려고 계속 시도중이야

018 I saw her kissing you 걔가 너한테 키스하는거 봤어

019 Rumor has it you'll be leaving for Japan 너 일본 간다는 소문 들었어

020 I heard you were going to get married 너 결혼할거라고 그러던대

021 You'd better nip this in the bud 애초에 싹을 잘라야 해

022 What's wrong with you tonight? 오늘밤 너 왜 그래?

023 Why don't you check your underpants? 네 속옷을 확인해봐

024 You want me to get it? 내가 그거 꺼내줄까?

025 Show me how it works 그거 하는 방법을 알려줘

026 I mean, we're having a baby together 내 말은, 우리가 아기를 가졌다고

027 You need to get used to being alone 너는 홀로 있는거에 익숙해져야 돼

028 He used to say we can't trust anyone 걘 우리가 아무도 믿어서는 안된다고 말하곤 했어

029 How about putting it behind you? 그거 잊어버리는게 어때?

030 How come you're single? 어째서 결혼 안했어?

031 God knows what Chris will do next 크리스가 담에 무슨 짓을 할지 몰라

032 We're about to go and get dinner 우린 나가서 저녁먹을 참이야

033 You're not allowed to smoke here 여기서 담배피면 안돼

034 You're not supposed to do that 넌 그러면 안돼

035 I'm ashamed of how you were treated 네가 그렇게 대접을 받다니 볼 낯이 없어

036 So, we are cool with penises here 그래, 여기서 남자 성기는 별 문제아냐

037 Would you like to go out tonight? 오늘밤에 데이트할래?

038 Rest assured we'll be right back 바로 돌아올테니 걱정마

039 I was scared that you were sleeping with Jim 네가 짐하고 잔다는데 많이 놀랐어

040 We're comfortable sharing a bed 우린 침대를 같이 쓰는데 편해

041 Sorry we have to meet so late 그렇게 늦게 만나야 해서 미안해

042 You're so lucky to be dating Julie 줄리와 데이트를 하다니 넌 참 운이 좋아

043 I'm happy to have you back 네가 다시 돌아와서 기뻐

044 I'm interested in renting your house 네 집을 임대하는데 관심이 있어

045 Are you aware you're 10 weeks pregnant? 임신 10주라는 것을 알고 있어요?

046 You ready for our lunch date? 점심 데이트할 준비됐어?

047 I'm grateful for what you've done 네가 해준 일에 대해 정말 고마워

048 I'm very close to changing my phone number 전번을 거의 바꿀 뻔했어

049 I know you have issues with your dad 네가 아버지와 문제가 있다는 걸 알고 있어

7

Contents

050 Do you know why she did it? 걔가 왜 그랬는지 알아?

051 Don't forget to invite us to the wedding 결혼식에 초대하는거 잊지마

052 How long does it take to get undressed? 옷 벗는데 얼마나 걸려?

053 It's time to move on 그만 잊고 다음 단계로 가야 될 때야

054 Go hook up with someone else 가서 다른 사람과 섹스해

055 I see that you and Chris are close 너와 크리스가 가까운 사이구나

056 I just want to know in case he shows up 걔가 나타날 경우에 알고 싶어

057 I feel bad about lying to Tim 팀에게 거짓말해서 속상해

058 I feel like it's my fault 내 잘못인 것 같아

059 I'm impressed with your hard work 열심히 일하는 모습이 인상적이네

060 It's so lovely to see you again 널 다시 만나 너무 좋아

061 I'm willing to do that 정말 그러고 싶어

062 I don't need you to give me details 내게 자세히 말해주지 않아도 돼

063 You don't have to make up stories 얘기를 꾸며낼 필요가 없어

064 You should get some rest 좀 쉬어

065 He realized that I hadn't got over you 걘 내가 널 잊지 못했다는 것을 알게 됐어

066 I suspect she does not fantasize about me 걘 나에 대한 환상을 갖고 있지 않다고 생각해

067 You're such a wimp 넌 정말이지 겁쟁이야

068 I had locks changed 내가 열쇠를 교체했어

069 You got her to have sex 걔가 너와 섹스하도록 했네

070 Don't make me go in there 난 안으로 들어가기 싫어

071 What makes you say that? 왜 그렇게 말하는거야?

072 Don't let it bother you 너무 신경쓰지마

073 Let me help you with that 내가 그거 도와줄게

074 Let me know if I can help 내가 도울 수 있다면 알려줘

075 I'll let you know if it's a boy or a girl 아들인지 딸인지 내가 알려줄게

076 Let's hope it doesn't come to that 저렇게 되지 않도록 희망하자

077 We decided to move in together 우린 동거하기로 했어

078 Shall I take you to your place? 집까지 바래다 드릴까요?

079 I'm on my way to the gym 체육관 가는 길이야

080 It's important to be polite 예의를 지키는게 중요해

081 Here comes the bride 여기 신부가 오네

082 I don't think I can live without you 너 없이는 살 수 없을 것 같아

083 I thought she messed everything up 난 걔가 모든 걸 망쳤다고 생각했어

084 You think that'll work? 그게 먹힐거라고 생각해?

085 I believe you remember Sam 너 샘 기억하지

086 I can't stop thinking about you 너를 생각하지 않을 수가 없어

087 **Is it impossible to find a soul mate?** 진정한 짝을 찾는 것은 불가능할까?

088 **I'm looking forward to this** 난 이게 몹시 기다려져

089 **I assume they will be successful** 걔네들은 성공할거라 생각해

090 **Never trust people around you** 주위 사람들을 절대로 믿지 마라

091 **I told you to leave me** 날 떠나라고 했잖아

092 **I asked you to watch your language** 말 조심하라고 부탁했잖아

093 **She called to ask out Chris** 걘 크리스에게 데이트 신청하려고 전화했어

094 **I'm here to help you** 널 도와주러 온거야

095 **I didn't come here to hurt you** 너에게 상처를 주러 온게 아냐

096 **You said I was your 'soul mate'** 내가 너의 진정한 사랑이라고 했잖아

097 **Who said I didn't like you?** 내가 널 좋아하지 않는다고 누가 그랬어?

098 **Thank you for not leaving me** 날 떠나지 않아서 고마워

099 **How could you do that?** 어떻게 그럴 수 있어?

100 **Why are you calling me so late at night?** 왜 밤늦은 시간에 전화한거야?

100 **Where have you been?** 어디 갔다 오는거야?

스크린영어가 재미있어지는 스크린영어 대표패턴 001-111 · 144

001 **Can we not talk about this?** 이 얘기는 하지 말자

002 **Given that she's desperately in love with you,** 너한테 푹 빠져있다는 것을 고려해볼 때,

003 **Did I mention I'm sleeping with her?** 내가 걔하고 자는 사이라고 말했어?

004 **I can't believe you did that!** 네가 그랬다는게 믿기지 않아!

005 **What if it isn't yours?** 그게 네 것이 아니면 어떻게 하지?

006 **I bet that's part of your plan** 분명히 그게 네 계획의 일부겠지

007 **I can see what's going on** 무슨 일인지 알겠어

008 **What happens if you fall in love?** 네가 사랑에 빠지면 어떻게 되는거야?

009 **Who knows what could happen?** 무슨 일이 일어날지 누가 알겠어?

010 **Why did you lie to me?** 왜 나한테 거짓말을 한거야?

011 **Why didn't you tell me you were coming?** 왜 온다고 내게 말하지 않았어?

012 **What do you want me to do?** 나더러 어쩌라고?

013 **What do I do with that?** 저거 어떻게 하지?

014 **Promise me you'll stand by Andy** 앤디를 지지해주겠다고 약속해줘

015 **I swear I didn't do it** 정말 난 그러지 않았어

016 **I thought you'd be different** 넌 다를거라 생각했는데

Contents

017 I'm saying you're perverted 내 말은 네가 변태라는 말이야

018 I don't care who she sleeps with 걔가 누구랑 자는지 상관안해

019 I hate it when she does that 걔가 그럴 때는 정말 싫어

020 Don't tell me that it's over 끝났다고 말하지마

021 Remember what I told you 내가 말한거 기억해둬

022 It turns out it was a mistake 그건 실수였다고 판명났어

023 I'm thinking we should have sex 우리 섹스해야 될 것 같아

024 Mind if I join you? 함께 해도 될까?

025 Do you mind me saying I'm bi? 내가 양성애자라고 말해도 괜찮을까?

026 I apologize for that 그거 사과할게요

027 Make sure I don't get tied down 얽매이지 않도록 확실히 해라

028 I just wanted to see if you were ready 네가 준비됐는지 알고 싶었을 뿐이야

029 I just want to be sure you're OK 네가 괜찮은지 확실히 하고 싶어서

030 I just wanted to say I love you too 나도 역시 널 사랑한다고 말하고 싶었어

031 That's why she's not here 그래서 걔가 여기 없는거야

032 That's what they keep telling me 그게 바로 그들이 내게 계속하는 말이야

033 That's how it works 바로 저렇게 돌아가는거야

034 Point is, you're the best guy I know 요점은 네가 내가 알고 있는 최고의 남자라는거야

035 The problem is that they love me 문제는 걔네들이 날 사랑한다는거야

036 The thing is they're two real lesbians 중요한 점은 걔네 둘 다 정말 레즈비언이라는거야

037 The truth is I have no idea 사실은 나도 몰라

038 That's all I can do right now 그게 내가 지금 할 수 있는 전부야

039 Any chance you're pregnant? 네가 임신했을 가능성은?

040 Why not divorce? 이혼하지 그래?

041 We might as well take it with us 그거 우리가 가져가는게 나아

042 You can't be a part of this 넌 이걸 함께 할 필요가 없어

043 I didn't mean to say that 그렇게 말하려는게 아니었어

044 I can't help but think about Chris 크리스 생각을 하지 않을 수가 없어

045 It's like saying, "I love you" 그건 "난 너를 사랑해"라고 말하는 것과 같아

046 Not like you're in love with Pam 넌 팸과 사랑에 빠진 것 같지 않아

047 It's just a shame you didn't get lucky 데이트한 여자와 자지 못해 안됐어

048 So you're saying that she's single 그러니까 걔는 싱글이라는거네

049 You're telling me I can't see her? 내가 걔를 만날 수 없다는 말야?

050 Who cares what anybody thinks? 다른 사람이 어떻게 생각하든 무슨 상관이야?

051 Why is it that she loves Tom? 왜 걔는 톰을 사랑하는거야?

052 The moment I saw her, I fell in love 그녀를 보자마자 난 사랑에 빠졌어

053 How can you be so sure you're right? 네가 맞다고 어떻게 그렇게 확신하는거야?

054 It's as if they had never met 걔네들은 전혀 만난 적이 없던 것처럼 보여

055 Finally, I can allow myself to relax 마침내, 난 시간을 내서 쉴 수가 있어

056 Do you realize what's gonna happen? 무슨 일이 일어날지 알고 있어?

057 Have you got plans for tonight? 오늘밤 뭐 계획있어?

058 How do you think that makes me feel? 그럼 내 기분이 어떻게 될거라 생각해?

059 I can't stand you being there 난 네가 거기 있는걸 못참겠어

060 I found out my dad has gotten sick 아버지가 병에 걸렸다는 것을 알게 됐어

061 I'm starting to think I might like you 내가 너를 좋아할지도 모른다는 생각이 들기 시작해

062 I have a feeling you're a very good kisser 넌 아주 키스를 잘하는 것 같아

063 You're making me sick 널 보면 구역질이 나

064 I can't figure out why she did that 걔가 왜 그랬는지 모르겠네

065 Is this how it works? 이런 식으로 하는거야?

066 Seems she has left 걔가 떠난 것 같아

067 Does it look like I'm crying right now? 내가 지금 울고 있는 것 같아?

068 You know this is never gonna work 이렇게 되지 않을거라는 것을 알잖아

069 You appear to be ready to leave 넌 떠날 준비가 된 것처럼 보여

070 Can I just say that I'm not interested? 난 관심없다고 말해도 될까?

071 How'd you know I was coming? 내가 올거라는 걸 어떻게 알았어?

072 How did I end up here again? 어쩌다 다시 이 지경이 됐을까?

073 I'm hoping Lisa show up 리사가 오면 좋겠어

074 What the hell is your problem? 도대체 너 문제가 뭐야?

075 Let's just pretend it never happened 전혀 없었던 일처럼 하자

076 Let's say we leave him here 걔를 여기다 두고 가보자

077 You remind me of a girl I used to know 널보니 예전에 알고 지냈던 여자가 기억나

078 You might have heard of him 걔 얘기 들어봤을거야

079 That got something to do with this? 그게 이거와 관련이 있어?

080 You told me it was safe 그거 안전하다고 말했잖아

081 I have no idea how to date 어떻게 데이트하는지 몰라

082 You have no idea how much I miss her 내가 얼마나 걔를 그리워하는지 넌 모를거야

083 Is there a reason you're here? 네가 여기에 온 이유가 있어?

084 Don't bother making up a story 굳이 이야기를 지어낼 필요없어

085 Is there some way we can assist you? 우리가 너를 도울 수 있는 방법이 좀 있을까?

086 I don't see the point of even trying 왜 시도를 하려는지 이유를 모르겠어

087 That bitch is driving me crazy 저년 때문에 내가 미쳐

088 Not since I was a little kid 어렸을 때 이후로는 없어

089 I'm a sucker for lilies 난 백합을 너무 좋아해

090 I suggest you find out 네가 알아내봐

Contents

091 It's best not to joke with her 걔에게 농담을 하지 않는 것이 최선이야

092 There's nothing like a first kiss 첫키스만한게 없어

093 It's not your job to take care of me 나를 돌보는 것은 네가 할 일이 아냐

094 You won't believe how easy this is 이게 얼마나 쉬운지 믿기 어려울 걸

095 You didn't know I loved you? 넌 내가 널 사랑하는 걸 몰랐다는거야?

096 I can tell people you're good in bed 사람들에게 네가 침대에서 탁월하다고 말할 수 있어

097 I don't see why I can't go 내가 왜 갈 수 없는지 모르겠어

098 I don't know much about his family 난 걔 가족에 대해 잘 몰라

099 Correct me if I'm wrong 내가 틀렸으면 고쳐줘

100 I wouldn't be surprised if they show up 걔네들이 나타나도 난 놀라지 않을거야

101 I can take it if it's that 그거라면 내가 받아들일게요

102 I can't say I like her 내가 걜 좋아한다고 할 수는 없지

103 I wish I had a girlfriend 여친이 있으면 좋겠어

104 Why would I lie to you? 너에게 내가 왜 거짓말을 하겠어?

105 Are you still working on it? 너 아직 그 일을 하고 있는거야?

106 How much longer are you gonna do that? 얼마나 더 오래 그걸 할거야?

107 Why can't you just marry me? 넌 왜 나와 결혼을 할 수 없는거야?

108 Make a good impression on your boss 사장에게 좋은 인상을 심어줘

109 It's not my fault I got shanghaied 사기당한 것은 내 잘못이 아냐

110 I wouldn't wanna keep you any longer 네 시간 많이 뺏지 않을게

111 I get that we need help 우리가 도움이 필요하다는 것을 알겠어

LEVEL 03

스크린영어 냄새가 팍팍 풍기는 스크린영어 필수패턴! 001-102 • 258

001 You could use some help 네가 좀 도움을 받으면 좋을텐데

002 Deep down, I knew better 사실은 그게 아니라는 것을 알고 있었어

003 Don't you dare touch me! 날 만질 생각은 꿈도 꾸지마!

004 What is it that all women want? 모든 여자들이 뭘 원한다는거야?

005 What is it with you today? 너 오늘 도대체 왜 그래?

006 Why do you say to a cup of coffee? 커피한잔 하는게 어때?

007 Why would you say if I stayed? 내가 남는다면 어떻겠어?

008 Which is why she left me, of course 바로 그래서 걘 나를 떠났지, 물론

009 Which means you made a mistake 그건 네가 실수를 했다는거야

010 It doesn't mean she's bad in bed 그렇다고 걔가 섹스가 형편없다는 얘기는 아냐

011 **I was told I could find Jessica here** 여기서 제시카를 찾을 수 있다고 들었는데

012 **He's trying to figure out what to do with me** 걘 나를 어떻게 할지 생각 중이야

013 **Why do I get the feeling Emma is lying?** 엠마가 거짓말하고 있다는 느낌이 왜 들까?

014 **I'd rather not talk about it** 그건 얘기하지 않는게 낫겠어

015 **I never thought I'd be able to do that!** 내가 그걸 할 수 있을거라 생각못했어!

016 **Don't let this come between you** 이걸로 서로 맘이 상하지 않았으면 해

017 **I wonder why she broke up with me** 걔가 왜 나랑 헤어졌는지 모르겠어

018 **I wondered if you were dating anyone** 혹 누구와 데이트하고 있는지 궁금했어

019 **I'm beginning to wonder if they survived** 걔네들이 살아있는지 궁금해지기 시작해

020 **I was wondering if you could pick Tim up** 팀을 픽업해줄래요?

021 **What do you mean, too late?** 너무 늦었다니, 그게 무슨 말이야?

022 **I wish I hadn't seen that!** 그걸 보지 말았어야 했는데!

023 **Who's to say what regular is?** 뭐가 균형잡힌거라고 누가 말할 수 있겠어?

024 **What I'd like to say is I'm pregnant** 내가 말하고 싶은 건 내가 임신했다는거야

025 **I love it when you talk dirty to me** 네가 나한테 야한 말을 할 때가 좋아

026 **I forgot what I was going to say** 내가 하려는 말을 잊었어

027 **All we do is argue** 우리가 하는거라고는 다투는 것뿐이야

028 **All I wanted was to have sex with you** 내가 원했던 것은 너와 섹스를 하는거였어

029 **I couldn't care less about your sex life** 네 성생활은 알바아냐

030 **I tend to work better at night** 난 저녁에 일이 잘되는 편이야

031 **The hard part is finding what I want** 힘든 부분은 내가 원하는 것을 찾는거야

032 **I'd just thought I'd bring some food** 음식 좀 가져가려고 생각했어

033 **There were times when I didn't believe you** 내가 너를 믿지 못했던 때가 있었어

034 **It's not that I don't love her** 내가 걔를 사랑하지 않아서는 아닌데

035 **The fact she survived is beyond me** 걔가 생존한 사실이 믿기지 않아

036 **You make me want to be a better man** 너 때문에 내가 더 좋은 사람이 되고 싶어졌어

037 **There goes his marriage** 결혼생활이 끝장날거야

038 **What's it like to get married?** 결혼하니까 어때?

039 **What's the deal with you and your father?** 너희 부자는 왜 그래?

040 **You're going to stop seeing Noah** 노아를 더 이상 만나지마라

041 **It's just that she got angry with me** 걔가 나한테 화가 나서 그래

042 **All I'm asking is that you meet the guy** 내가 바라는건 이 친구를 만나기만 하면 돼.

043 **There's a part of me that doesn't want to know** 내 맘속 일부는 그걸 알고 싶지 않아

044 **I don't suppose you will change your mind** 생각을 바꾸지는 않겠지요?

045 **I have to say you really impressed me today** 너 오늘 아주 인상적이었다고 말해야겠네

046 **You suck at being a dad** 넌 아빠노릇에 서툴러

047 **I don't buy the bullshit he's been saying** 걔가 얘기한 말도 안되는 소리는 믿지 않아

Contents

048 **It occurred to me that we made a mistake** 우리가 실수했다는 생각이 났어

049 **It hit me he must have been cheating** 걔가 바람을 폈겠다는 생각이 들었어

050 **You strike me as an honest woman** 넌 정직한 사람으로 생각돼

051 **It'd be nice not to have to work** 일하지 않아도 된다면 좋을텐데

052 **It'd be great if you could come home** 네가 집에 올 수 있으면 정말 좋겠는데

053 **How would you like to join me?** 나하고 함께 할래?

054 **Getting married was my idea** 결혼한다는 건 내 생각였어

055 **Isn't it odd that you've never found it?** 네가 그걸 찾지 못한게 이상하지 않아?

056 **You don't want to mess with me** 나 건드리지 말라고

057 **You know what sucks?** 뭐가 그지 같은지 알아?

058 **There's no way to tell who it was** 그게 누구였는지 알 길이 없어

059 **What makes you think it's weird?** 그게 왜 이상하다고 생각하는거야?

060 **I would kill for this job** 이 일자리를 정말이지 꼭 잡고 싶어

061 **All I really need to say is I miss you** 내가 정말로 말해야 하는 것은 네가 그립다는거야

062 **You're sure you want to marry Chris?** 정말 크리스하고 결혼하고 싶어?

063 **Am I the only one not getting this?** 내가 유일하게 이걸 이해못하는 사람인거야?

064 **Would it be too weird if I kissed you?** 내가 키스하면 좀 이상할까?

065 **You were gonna propose to me?** 너 나한테 프로포즈 할 생각이었어?

066 **What did you expect me to say?** 나한테 무슨 말 듣기를 바랬던거야?

067 **I don't see any reason why that can't work out**
난 왜 그게 해결이 안되는지 이유를 모르겠어

068 **You made me feel like an idiot** 너 때문에 바보가 된 기분이야

069 **What's the worst thing that could happen?** 무슨 나쁜 일이야 생기겠어?

070 **All I can think about is sex** 내 머리 속에는 온통 섹스 생각뿐이야

071 **This is just the thing to just perk you up** 이건 단지 너를 기운나게 하기 위한거야

072 **I can't believe you would say that!** 네가 그런 말을 하리라고는 꿈에도 생각못했어!

073 **I'm done thinking about the past** 난 이제 과거 생각은 그만뒀어

074 **That's not to say he created the company** 그렇다고 걔가 회사를 만들었다는 것은 아냐

075 **How do I go about contacting her?** 어떻게 내가 걔에게 연락하고 다니겠어?

076 **She got it into her head that she needed it** 걔는 그게 필요하다는 것을 확신하게 되었어

077 **We don't have much time to finish this** 이거 마치는데 시간이 얼마 없어

078 **I have no problem helping others** 다른 사람들을 돕는데 문제가 없어

079 **I wouldn't want you to get upset** 네가 화내지 않기를 바래

080 **We're at the point where we may break up** 우리는 헤어질 수도 있는 단계에 와있어

081 **What I don't get is why she's such a jerk**
내가 이해못하는 건 왜 걔가 그렇게 멍청하냐는거야

082 **I'll have you know I'm an excellent dancer** 분명히 말해두는데 난 아주 뛰어난 댄서야

083 **I just popped over to what's going on** 무슨 일인지 보려고 들렀어

084 Is this why you wanted to see me? 이래서 네가 나를 보고 싶어했던거야?

085 I've been thinking about you all day 난 종일 너만 생각했어

086 I wanted to know who she worked for 난 걔가 어디서 일하는지 알고 싶었어

087 I'd have broken my heart if I lost her love
내가 그녀의 사랑을 잃었다면 내 맘에 상처를 받았을텐데

088 No one's worked out how to fix it 그걸 고치는 방법을 아무도 찾지 못했어

089 What do you think of my breasts? 내 가슴 어떻게 생각해?

090 I think there is more to it than that 거기에는 그것보다 다른 뜻이 있는 것 같아

091 This was the day I met my first girlfriend 오늘은 내 첫 여친을 만난 날이었어

092 It'd be a shame to let it end a friendship
그 때문에 우정이 끝나게 된다면 참 안된 일일거야

093 The only way you lose weight is dieting 살을 빼는 유일한 방법은 다이어트를 하는거야

094 I knew that he'd been itching to try it 그거 하고 싶어서 안달났다는 것을 알고 있었어

095 How many times do I have to tell them to stop?
내가 얼마나 여러번 걔네들한테 그만하라고 말해야되나?

096 You want to tell me what happened? 무슨 일이 있었는지 말해볼테야?

097 See what happens when you lie? 네가 거짓말하면 어떻게 되는지 알겠어?

098 She went on about her sexual adventures 걘 자신의 섹스경험을 늘어놓았어

099 You're just gonna give up boning all these women?
이 여자들과 자는 것을 그냥 포기할거야?

100 You can never go too far wrong telling the truth
진실을 말하는 것은 아무리 지나쳐도 잘못되지 않아

101 Why couldn't I have just shagged a bloody plumber?
왜 나는 그냥 빌어먹을 한 배관공과 섹스를 할 수 없었을까?

102 I'm pointing out that you had a dream 내 말은 너에게 꿈이 있었다고 말하는거야

08.03.2015

11 PM

모르면 손해보는
스크린영어 기본특강!

001 스크린은 발음나는대로 표기한다!

002 본론을 말하기 전에 꺼내는 저기, 자,...!

003 감탄하거나 혹은 놀라거나 할 때!

004 짜증내거나 혹은 화를 내거나 할 때!

005-1 사람 부르기 – 일반적인 사람들!

005-2 사람부르기 – 좀 이상한 사람들!

005-3 사람 부르기 – 섹시한 여자[남자]!

006 로코에서 빼놓을 수 없는 성적인 표현들!

007 우리말처럼 영어도 비아냥거린다!

008 품사의 범주를 자유롭게 넘나드는 단어들!

009 앗! 이 단어가 이렇게 쓰일 수가!

010 회화책에는 안나오는 스크린 주요 단어!

011 스크린에 자주 나오는 형용사들!

012 읽고 나면 쉬워지는 스크린영어 기본패턴!

스크린은 발음나는대로 표기한다!

going to를 gonna로 want to를 wanna로 표기하듯이, 미드나 스크린 영어에서는 그냥 발음나는대로 적으려는 경향이 강하다. 스크린에서 자주 마주치는 축약형 표현들을 몇가지 유형으로 나누어서 살펴본다.

---

1. 약한 발음은 팍팍 줄여서 말해

~ing ⇒ ~in'	you ⇒ ya / y'	them ⇒ 'em
her ⇒ 'er	do ⇒ d'	because ⇒ 'cause
about ⇒ 'bout		

2. 두 단어를 한 단어처럼 섞어서 표기

going to ⇒ gonna	want to ⇒ wanna	got to ⇒ gotta
Let me ⇒ Lemme	give me ⇒ gimme	have to ⇒ hafta
sort of ⇒ sorta	kind of ⇒ kinda	out of ⇒ outta
come on ⇒ C'mon	Come here ⇒ C'mere	you know ⇒ y'know
must have ⇒ musta	could have ⇒ coulda	don't know ⇒ dunno
Don't you~? ⇒ Doncha ~ ?		
am not (or is not) ⇒ ain't		

3. 여차하면 세 단어도 붙여서 써

What did you~? ⇒ Whaddya~?

What do you~? 혹은 What are you~? ⇒ ? Whaddaya~?

What's goin' on? 무슨 일이야?

He is smart and funny, d'you ever think that about him?
걘 똑똑하고 재밌잖아. 그런 생각해본 적 없니?

Look at 'em, look at how happy they are. 재들을 봐. 얼마나 행복해하고 있는지 보라구.

How 'bout you come back here on your day off? 쉬는 날 이리로 돌아오는게 어때?

You wanna know how she knew him? 걔가 그를 어떻게 아는지 알고 싶어?

We've gotta get something to eat. 우린 뭘 좀 먹어야겠어.

Well, y'know, I sorta did a stupid thing last night.
음, 있잖아, 내가 어젯밤에 좀 멍청한 짓을 저질렀어.

Let's go out for a lunch break, whaddya say? 점심먹으러 나가자. 어때?

Whaddya mean, you didn't take it? 무슨 말야, 네가 거절했다고?

본론을 말하기 전에 꺼내는 저기, 자,…!

영어도 우리말과 같아서 어색함을 피하거나 혹은 상대방의 주의를 끌 목적으로, 말을 꺼내기 앞서 「저」,「저기」,「음」 등 별 의미없는 말로 시작을 하는 경우가 많다. 어떤 경우는 아무런 의미가 없는 것도 있어서 굳이 해석을 안해도 된다.

Look, ~ 이것 봐

Say, ~ 저기요, 있잖아

So, ~ 자, 그래서, 따라서

I mean, ~ 그러니까, 내 말은

See, ~ (또는 ~, see) 이것봐, 자 보라구

Listen, ~ 들어봐

Well, ~ 저, 음

Hey, ~ 이봐

Now, ~ 자, 한데, 그런데

~, you know, ~ 있지, 음

~, like, ~ 그러니까, 음

What, ~ 뭐라고, 아니, 설마, 이런

Let's see, ~ 이것보라구

Let me think, ~ 생각 좀 해보자

Look, I don't cry! It's not a big deal! 이봐, 난 울지 않아! 별일도 아닌데!

Say, how many more boxes would you have to sell in order to win?
자, 이기려면 몇상자나 더 팔아야 하는거죠?

So, have you worked here long? 여기서 근무한지 오래됐어?

I mean, we can get laid anytime we want. 내 말은 우린 원하면 언제라도 섹스를 할 수 있다는거야.

See, about a month ago, I wanted to hurt you. But now I don't anymore.
이것봐, 한달 쯤 전엔 너한테 상처를 주고 싶었어. 하지만 지금은 아니야.

감탄하거나 혹은 놀라거나 할 때!

놀라거나 감탄을 하는 경우에 내뱉는 감탄사들이 있다. 여기서는 좀 상스러운 것들은 배제하고 단순히 놀라거나 감탄을 할 때 쓰는 표현들을 모아본다.

(Oh my) Gosh! 세상에!, 맙소사!
(Oh,) My! 이런!
(Oh) Man! 젠장!, 저런!
For crying out loud 아이쿠, 이런
Geez (혹은 Jeez) 이런

Oh, my God! 세상에!, 하나님 맙소사!
(Oh) Boy 1. 우와 2. 이런 맙소사 [두려움, 나쁜 상황]
Shoot! 이런!, 저런!, 아이쿠!
(Oh) My goodness 어머나, 맙소사
Gee whiz 세상에

My heavens! 어머나!, 세상에!
Dear me! 어머나!, 아이고!, 저런!
Whoops! / Oops! 앗 이런!, 아이쿠!
Wow! 이야, 우와!
Look at you! 얘 좀 봐!(감탄/비난)
Mazel tov! (유대인) 축하해!

Holy mother of God! 에그머니나!
Blimey! 아이고 놀래라!
Uh-oh 어머 이를 어째 [앞 음절을 높게]
Huh 허, 흥 [의문, 놀람, 경멸, 무관심 등을 나타냄]
Look at that! 저것 좀 봐!(감탄/비난)
Great Scott! 이럴 수가!, 원 세상에!(감탄/놀람)

For God's[Christ's] sake 제발!, 지독하네!, 너무하는구만!
Thank God[goodness] 다행이야 = Thank the Lord
My(Good) Lord! 맙소사!, 아이구!

God forbid! 그런 일이 일어나지 말기를! (Heaven forbid!)
God bless you! 감사하기도 하지! [누군가 재채기를 했을 때에도]
blah blah blah 어쩌구저쩌구, 기타 등등
Whoa! 상대방에게 진정하라는 의미로 하는 말

Oh, gosh, this is so weird. 세상에, 이건 정말 이상하다.

Oh, my God, your roommate's a freak. 이런, 네 룸메이트 이상한 놈이네.

Oh, boy! You got world series tickets. 이야! 너 월드시리즈 표 구했구나.

Boy, you are really not a morning person. 이런, 넌 아침형 인간이 절대 아니구나.

For God's sake! Can't you do anything without my help?
도대체 말이야! 넌 내 도움 없이는 아무 일도 못하니?

Oops! I just spilt coffee on my new dress. 아뿔싸! 새 옷에 커피를 쏟았어.

Shoot, I left my phone in my office. 이런, 핸드폰을 사무실에 두고 왔네.

짜증내거나 혹은 화를 내거나 할 때!

이번에는 감탄사라고 하기는 좀 뭐한 것들이 포함된 것으로 짜증나거나, 일이 제대로 안풀릴 때 마치 욕설처럼 내뱉는 표현들을 모아본다.

Holy shit [crap]! 젠장!, 빌어먹을!

(Oh,) Crap 이런!

(God) Damn it! 젠장헐!

Bloody hell! 젠장헐!

Fuck it! 제기랄!, 젠장!, 닥쳐!

Sod off! 꺼져!

Sod 'em all! 빌어먹을!, 제기랄!

Bugger off! 꺼져!

Oh, bollocks! 엿같은 소리하네!, 헛소리마!

Holy fuck! 젠장헐!, 이런!

For the love of God! 젠장헐!, 빌어먹을!

Darn (it)! 에잇!, 이런!

Up yours! 젠장헐!

Blow me! 젠장헐!

Sod it![that!] 제기랄!, 빌어먹을!

Sod a dog! 제기랄!

Bugger (it)! 제기랄!

Damnit! How did you even call him? 제길! 어떻게 그 사람한테 전화까지 한거냐구?

Darn it! I forgot my money at home. 빌어먹을! 깜빡하고 돈을 집에 두고 왔네.

Oh, crap! I can't believe I forgot this. 제기랄! 이걸 잊을 줄은 차마 몰랐네.

Shit! You want me to go over there. 젠장! 나보고 거기 가보라는거지.

Please, for the love of God, get me out of it! 빌어먹을, 제발 날 꺼내줘!

사람 부르기 – 일반적인 사람들!

현실을 그대로 반영하는 미드나 스크린에는 현실처럼 각양각색의 사람들이 나오고 또 이를 부르는 호칭도 다양하다. 먼저 상대적으로 정상적인 사람들끼리 부르는 호칭을 알아본다.

---

*친한 친구 사이거나 혹은 연인 사이에서

sweetheart,　　sweetie,　　honey[hon],　　babe,　　(my) dear

*남자친구들 사이에서 「어이!」, 「야!」 정도의 느낌

dude, buddy, bro, pal, man, guy (여자들끼리는 girl을 사용)
boy (얘야 – 나이어린 손아랫사람에게)

mate 남자	lot 녀석, 놈	tool 자식, 놈
kiddo 아이, 녀석	bloke 사람, 녀석	chap 녀석, 친구

*여러 명을 뭉뚱그려 말할 때

(you) guys (얘들아 – 남녀 구분없이 사용하며, 손윗사람들을 향한 표현은 아님)
folks, everyone

*…하는 사람이란 의미로 동사+er의 형태

major weeper 잘 우는 사람　　　　　　fast learner 빨리 배우는 사람

*기타

hip 최신 유행에 밝은 사람, 세련된 사람　　　buff …광
sport 단짝 친구(chum), 또는 성격 좋은 사람　roomie 룸메이트
the life of the party 분위기 메이커, 활력소　old man 아버지, 남편, 직장상사
moviegoer 영화팬

I'm not going anywhere, sweetheart. 나 아무데도 안 가, 자기야.

Geez, we're gonna be late, sweetie. 이런, 우리 늦겠어, 자기야.

Dude, what are you doing? 야, 너 지금 뭐해?

Listen, buddy, we're just looking out for you.
들어봐, 이 친구야, 우린 널 보살펴 주려는 것뿐이야.

I kid you not, man. 농담아냐, 이 친구야.

Come on you guys, is this really necessary? 이러지마, 얘들아, 꼭 이래야 돼?

So, where is this tool meant to be meeting you?
널 만나기로 되어 있던 이 녀석은 어디있는거야?

사람부르기 – 좀 이상한 사람들!

정상적인 사람들보다는 좀 이해하기 힘든 사람들이 세상에 많은 법. 바보, 멍청이, 얼간이, 못난놈, 괴짜 등 부정적인 호칭을 정리해본다.

loser 못난 놈, 인생의 낙오자, 형편없는 사람
lame-o 무능하고 쓸모없는 존재(형용사+-o의 형태는 「…한 사람」을 의미하며 lame은 「시시한」,
　　　　「빈약한」,「 지루한」)
weirdo 괴짜(역시 형용사+-o의 형태로 weird는 「이상야릇한」, 「기묘한」이라는 뜻)

nerd 공부벌레, 얼간이, 공부만 하거나 사교성이 부족한 사람
jerk 바보, 얼간이 [머리가 나쁘다기 보다 세상 물정에 어둡고 말하는 사람의 맘에 들지 않는 사람에
　　　게 쓰는 말로, 비슷한 표현으로는 schmuck, slob 등이 있다]
geek 멍청하고 좀 이상한 놈 [*cf.* geeky 이상한, 괴짜같은]

dingus 얼간이 [*cf.* dingy 얼간이같은]　　**kook** 괴짜
dork 띨한 놈, 멍청한 놈 [학생들이 많이 사용 / *cf.* dorky 멍청한]
You bastard! 나쁜 자식! [「사생아」라는 뜻에서 출발한 욕설로 주로 화가 머리끝까지 난 여성들이
　　　남성에게 즐겨 사용] *smug bastard 우쭐대는 녀석

moron 바보
sick bastard 역겨운 놈
creep 꼴보기 싫은 놈, 괴짜
arsehole 멍청한 놈(asshole)
wanker 멍청한 놈아(tosser, twat)

smirky 능글맞은 놈
freak 괴상망측한 놈, 뭔가에 병적으로 집착하는 사람
wimp 겁쟁이, 소심한 사람
chav 불량배
poofs 게이

bum 부랑자, 건달
cry-baby 울보
spaz 바보
wet rag 겁쟁이, 인간쓰레기
skank 더러운 놈

wuss 병신
prick 멍청한 놈 *daft prick 바보 같은 놈
dumb jock 돌대가리
bod 녀석, 몸
knobhead 멍청이

booby 멍청이, 얼간이
fuckwit 바보 얼간이
schnook 멍청이

brat 버릇없는 새끼
festering turd 지겨운 놈
scoundrel 악당

douch bag 얼간이	weird cock 이상한 놈
smart ass 건방진 놈	doofus 멍청이, 얼간이
lunatic 미친놈	bugger 새끼
arse 멍청이	drip 얼간이, 따분한 사람
dummy 멍청이, 바보	prat 멍청이
dick 바보	twerp 짜증나는 놈
git 재수없는 놈	cheat drunk 금방 취하는 사람
pussy 나약한 남성	scum 인간 쓰레기

She was really nice to me even though I'm such a loser.
내가 이렇게 못난 놈인데도 그 여자는 내게 정말 잘해줬어.

You bastard! You ruined my life! 나쁜 놈! 네가 내 인생을 망쳤어!

Are you saying he's a geek? 네 얘긴 걔가 괴짜라는거야?

I'm stalking the wrong woman. I am such a dingus!
엉뚱한 여자를 스토킹했네. 이런 얼간이 같으니라구!

You're such a wimp. Listen, if you don't ask her out, I will.
이런 소심한 녀석. 잘들어. 네가 안하면 내가 데이트 신청한다.

You're supposed to never talk to the prick again.
넌 절대로 다시는 그 놈하고 얘기하지마라.

You're telling me he's not just another dumb jock.
걔가 돌대가리가 아니라고 말하는거야?

Weird cock, I always thought. Something weird about him.
이상한 사람이라고 항상 생각했지. 걔는 뭔가 이상해.

Don't be such an arse. 멍청이처럼 굴지마.

I know I'm being a prat. 내가 멍청하게 굴었다는거 알아.

His landlord is such a d-bag. 걔 집주인은 정말이지 얼간이야.

I'm a cheap drunk. 난 금방 취하는 사람이야.

사람 부르기 – 섹시한 여자[남자]!

남녀간의 사랑을 다루는 로코이다보니 특히 여성의 섹시함을 바탕으로 한 단어들이 많이 나온다. 그중 몇 개를 추려본다.

---

babe 섹시하고 예쁜 여자 [여자를 친근하게 부르는 말이기도 하다]

knockout 끝내주게 예쁜 여자[멋진 남자]　　chick 영계, 젊은 아가씨

killer 죽여주는 여자, 매력적인 여자　　　 stud 호색한

hooker, whore, slut 성관계가 난잡한 여자, 매춘부　 bitch 나쁜년 = biznatch

slag 걸레 같은 년　　　　　　　　　　 tramp 잡년

pumpkin 이쁜이　　　　　　　　　　　bimbo 머리에 든거 없는 섹시녀

saucy minx 여우같은 여자　　　　　　　pervy 변태(pervert)

lady's man 여자킬러, 여자를 잘 후려치는 남자　 broad 문란한 여성

cougar 젊은 남자와 즐기는 중년여성　　　a pain in the ass 골칫거리

a man about town 도시의 한량

She's not a knockout. 그 여자가 끝내주게 예쁜 건 아니지.

Did you see that chick that just came in? 야, 방금 들어온 그 여자 애 봤니?

I can't believe he's dating that slut in marketing!
걔가 마케팅 부서의 그 헤픈 여자랑 사귀다니 믿을 수가 없어!

Almost every guy I know has had sex with Jill. What a slut!
내가 아는 남자들 거의 다 질하고 자봤어. 헤픈 것 같으니라구!

Our boss is a real stud. We went out for drinks last night, and he picked up two women!
우리 사장은 정말 색골이야. 간밤에 술 마시러 갔는데, 여자를 2명이나 꼬시더라구!

I wasn't suggesting you're a slag or anything.
난 네가 갈보나 뭐 그런 여자라고 말하는게 아녔어.

There are names for people like you now Bridge, you're a cougar, a MILF.
당신 같은 사람을 지칭하는 이름이 있어요. 브리짓. 당신은 젊은 남성을 노리는 중년여성이라구요.

You're telling me you were not a lady's man. 넌 여자 킬러가 아니었다는거야?

You're a man about town. 넌 도시의 한량이야.

The problem is that this woman... is a gigantic pain in my ass.
문제는 이 여자가 정말 큰 골칫거리라는거야.

로코에서 빼놓을 수 없는 성적인 표현들!

남성과 여성의 사랑을 주로 하는 로맨틱 영화에서 빠질 수 없는 것들이 바로 성에 관한 표현들이다. 너무 심한 표현들을 배제하고 몇가지 정리해본다.

dick 남성의 성기(cock, prick)
pussy 여자의 음부(trim)
get lucky 데이트에서 섹스를 하다
Getting any? 섹스 좀 했어?
screw sb …와 섹스하다

family jewels 고환(testicles, balls)
go all the way 남녀가 갈데까지 가다
get laid 섹스하다(easy lay 헤픈 여자)
do it 섹스하다
bang sb …와 섹스하다(= bone sb)

shag sb …와 섹스하다
give head to sb …에게 오랄섹스해주다
rubber 콘돔(diving suit)
gold digger 돈목적으로 남자와 교제하는 여자
tunnel buddies 구멍동서

blow job 오랄섹스하다
come[cum] 사정하다, 정액
sugar daddy 원조교제하는 남자
jack off 자위하다(= jerk off)

have a three way 쓰리섬을 하다
one night stand 하룻밤 섹스(one night thing)
feelski 여자가슴 만지기
poke the poon 성교하다 *poon 여성의 음부

shtup 섹스하다(schtup)
cunnilingus 여성 성기에 하는 오랄섹스
straight 동성연애가가 아닌
get a big knob 성기가 큰

You were going for a feelski! 너 가슴만지려고 했지!

He's shagging his secretary. 걔는 비서와 잠자리를 해.

I just had a one-night stand with him when I was 14. 14살에 개와 하룻밤 잤을 뿐예요.

Tim, had any cunnilingus with my daughter recently?
팀, 최근에 내 딸 오랄섹스 좀 해줬어?

I sneeze sometimes after I cum. 난 사정 후에 가끔 재채기를 해.

Do bridesmaids give head in the coat room? 신부들러리들이 코트보관실에서 오랄섹스를 해줘?

Did you have a three way? 쓰리섬 해봤어?

I heard. You and your dad are tunnel buddies, huh? 들었어. 너의 부자 구멍동서라며?

You're just gonna give up boning all these women?
이 모든 여자와 섹스하는 것을 그냥 포기할거야?

우리말처럼 영어도 비아냥거린다!

우리말에서도 "잘났다!"는 말이 문자그대로의 의미와는 정반대의 비아냥거림이 될 수 있듯, 영어에서도 문자 그대로의 의미에 반전을 가한 반어적 표현들을 꽤 찾아볼 수 있다.

Nice going! 잘한다, 잘해!
(That's) Great!, Wonderful!, Terrific! 거 자~알 됐군!
Big deal! 별거 아니군!

Just my luck 내가 그렇지 뭐!
I'll bet! 어련하시겠어!
You're a genius[real hero] 똑똑하기도 하셔라, 잘났다

Fine! 좋아, 그렇다면 나도 생각이 있어
Great job! 아주 자~알 했다!
Whatever! 뭐든 상관없어!
Let's watch the expert 저 잘난 놈 좀 보게

Nice going. You ruined my whole day. 자~알 한다. 나의 하루를 온통 망쳐놨어.

Oh, great. It's starting to rain. That will make it easy to get a cab.
자~알 돼 가는군. 비가 오잖아. 택시 잡기가 쉽기도 하겠군.

So what, he's a little older, big deal, I mean, he's important to me.
그래서 뭐가 어쨌다구, 그 남자 나이가 좀 많긴 하지만 별거 아니야. 내 말은 그 사람은 나한테 소중하니까 말이야.

Just my luck! The show's already over. 내가 그렇지 뭐! 공연이 벌써 끝났네.

You saw a UFO hovering over your house last night? Yeah, I'll bet.
어젯밤에 너희 집 위에서 UFO가 맴도는 걸 봤다구? 그래, 어련하시겠어.

You deleted all of the computer files? Oh, you're a genius.
컴퓨터 파일들을 모조리 지웠다고? 어휴, 똑똑하기도 하셔라.

품사의 범주를 자유롭게 넘나드는 단어들!

미드에서와 같이 스크린에서도 영어단어의 품사는 자유롭게 쓰인다. 특히 거의 모든 명사는 동사로 쓰이는 것 같은 느낌을 받는다. 다시한번 품사에 대한 고정관념에서 벗어나 유연한 사고방식이 필요한 부분이다.

[명 → 동]

border 거의 …라고 할 수 있다   inch 조금씩 움직이다

party (파티에서) 신나게 놀다   base …을 근거로 하다

book 예약하다   number 열거하다

ground 외출금지시키다   man 배치시키다

[동 → 명]

bite 한입거리, 먹을 것   get a say in …에 대해 말할 권리가 있다

on the go 계속하여, 끊임없이   have a say 말할 권리가 있다

a good buy 싸게 산 물건   do and don't 해야 할 일과 하지 말아야 할 일

[형, (부) → 동]

quiet 조용해지다, 진정시키다   shy away from …을 피하다

brave …에 용감하게 맞서다   down …을 쭉 들이키다, 마시다

forward …앞으로 회송하다   back 후원하다, 지지하다

[접속사 → 명]

ifs and buts 변명, 구실   worth sb's while …할 가치가 있는, 보람이 있는

Not so many buts, please '그러나'라고 말하지 말게

the hows and the whys 방법과 이유

[기타]

solid [형 → 부] 완전히, 가득히

walk [자동 → 타동] walk 다음에 목적어가 나오면 「…를 산책시키다, 걸어서 바래다 주다」라는 뜻의 타동사가 된다.

Well you can't! We're booked solid for the next month!
안돼! 다음 달엔 예약이 꽉 차 있다구!

Are you ready to party?! 신나게 즐길 준비됐어?

I don't micro-manage. I don't shy away from delegating.
난 세세하게 관리하지 않아. 주저없이 위임을 하지.

You didn't have to walk me all the way back up here.
여기까지 나를 다시 바래다줄 필요는 없었어.

앗! 이 단어가 이렇게 쓰일 수가!

미드나 스크린의 실제 영어에서는 우리가 알고 단어가 엉뚱하게도 다른 의미로 쓰이는 경우가 종종 있다. 특히 기본 단어의 경우 대표적인 하나의 의미만 알고 있으면 낭패를 보는 경우가 있으니 조심해야 한다.

check 확인하다, 수표	board 위원회, 보딩스쿨, 탑승하다
fly 바지 지퍼	company 회사, 일행
contract 계약, 감염되다	advance 가불, 선불, 구애, 유혹
delivery 배달, 출산	credit 자랑거리, 공로
high (술이나 마약 등에) 취한	history 사연, 병력, 다 끝난 일[사람]
land 손에 넣다, 얻다	party 일행, 공범(자), 한패
draw 무승부, 관심을 끄는 것, 인기 있는 것	revealing 야한
lemon 불량품, 고철 덩어리	literature 광고 책자, 안내 책자
milk 정보를 캐내다, 착취하다	warm 정답에 가까워진, 맞출 것 같은
decent 남 앞에 나설 정도로 옷을 다 입은	item 인물
shy 부족한, 모자란	

I really enjoyed your company. 함께 있어서 정말 즐거웠어요.

While he was traveling, he contracted yellow fever and died.
그 사람은 여행 중에 황열병에 걸려서 죽었어.

She is going to classes to prepare for the delivery.
그 여자는 출산 준비를 위한 강좌에 다닐거야.

You should give yourself credit. 네 공이라는 걸 인정하라구.

Did you land the job with the overseas client? 그 해외 고객 일을 따낸거야?

Hello. I made a reservation for a party of three at 9 pm.
안녕하세요. 저녁 9시에 3인석을 예약해뒀는데요.

The show was a Broadway hit and became a large draw at the box office.
그 공연은 브로드웨이에서 대성공을 거뒀기 때문에 관람객들이 엄청나게 몰렸어.

You're getting warmer. Just a little to the left.
점점 가까워지고 있어. 조금만 더 왼쪽으로.

Wait, now wait a second. This isn't too revealing, is it?
잠깐, 잠깐만. 너무 야하지 않지, 그지?

회화책에는 안나오는 스크린 주요 단어!

일반회화책이나 교과서에서는 볼 수 없는 특이한 단어들이 미드와 스크린에서는 나온다. 여기서는 그중 대표적인 것 몇 개 골라서 정리해본다.

---

thing

어떤 것을 대강 뭉뚱그려서 말할 때 쓸 수 있는 편리한 단어가 바로 **thing**이다. 스크린을 보다보면 **job thing, party thing** 같은 말이 많이 들리는데 이는 이미 앞에서 언급하였거나 혹은 다시 이야기 안해도 서로 알고 있는 상황을 얼버무려 지칭하는 말.

~, though

문장 중간에 혹은 할 말 다 해놓고 문장 끝에다 **though**를 살짝 덧붙이는 걸 자주 들을 수 있다. 이렇게 문장 끝에 붙은 **though**는 「그래도」, 「그러나」의 의미.

like

우리말에서도 "에~, 그~, 뭐랄까~"등을 특별한 의미없이 문장 중간 중간에 삽입하듯이, **like**는 특히 젊은 사람들이 별다른 의미없이 말하는 중간 중간에 사용하는 단어이다. 종종 강조하고 싶은 말 앞에 의도적으로 집어넣기도 한다.

creep

creep이 동사로 「…를 거북하게 하다, 징그럽게 만들다」라는 뜻의 **creep sb out**의 형태로 자주 사용된다. 명사로는 「아니꼬운 사람, 재수없는 사람」을 지칭하며 또 복수형으로 써서 「섬뜩한 느낌」을 뜻하기도 한다. 「비굴한」, 「아니꼬운」, 「재수없는」이라는 뜻의 형용사형 **creepy**도 흔히 들을 수 있는 단어.

phase

「단계, 국면」하면 얼핏 **stage**라는 단어가 떠오른다. 그러나 구어에서는 **phase**라는 단어를 즐겨 쓰는데, 일련의 과정 속 「단계」 및 「행동 양식」을 의미한다.

~ person

간단히 「…을 좋아하는 사람」 혹은 「…스타일의 사람」을 지칭할 때 **~ person**이라는 말을 많이 쓴다.

could use

「…가 필요하다」, 「…이 있으면 좋겠다」

I've been dealing with that real estate thing. 전 부동산 관련 일들을 처리해왔습니다.

I don't know. I'll find out though. 몰라. 그렇지만 알아보려구.

Why don't you, like, ever realize the truth? 너, 뭐랄까. 현실을 깨달아야 하지 않겠니?

I can't help it. He gives me the creeps. 어쩔 수 없어. 걔를 보면 섬뜩한 느낌이 든다구.

스크린에 자주 나오는 형용사들!

일반 독해나 회화책에서는 보지 못한, 다시 말해서 유독 미드나 스크린에서 자주 나오는 형용사가 있다. 한심한이라는 뜻의 pathetic, 「멋진」이라는 fabulous, 「매력적인」이란 gorgeous, 「진짜 …하다」고 강조할 때 명사 앞에 쓰이는 bloody 등 다양하다.

---

awful 끔찍한, 지독한
fabulous 믿어지지 않는, 굉장한, 멋진
huge 굉장한
lousy 형편없는, 야비한
wacko 제정신이 아닌

bloody 진짜 …해
pathetic 한심한
amazing 놀라운
weird 이상야릇한, 기묘한
creepy 오싹하는, 불쾌한

spooky 으스스한
breezy 가벼운, 밝은, (사람이) 쾌활한
gorgeous 여자가 매력적인
naughty 버릇없는, 야한
blooming 지독한, 굉장한

cute 예쁘고 귀여운, 성적 매력이 있는
major 주요한
massive 엄청난, 심각한
pushy 뻔뻔한
cocky 거만한, 우쭐한

revealing 옷의 노출도가 심한
groovy 멋진, 근사한
curt 퉁명스러운
wacky 괴짜의
bossy 으스대는

filthy 더러운, 추잡한
fetching 매력적인
kinky 이상한, 변태스런
chic 멋진, 세련된
skanky 몹시 불쾌한

hilarious 아주 재미있는
gross 역겨운
dodgy 교활한
slutty 난잡한
hefty 많은

disgusting 역겨운
chubby 통통한
awkward 서투른, 어설픈
awesome 대단한, 멋진
lame 믿기 힘든, 어설픈

I never realized how pathetic you are. 네가 얼마나 한심한지 난 전혀 몰랐어.
You're not so cocky now, are you? 넌 이제 그렇게 거만하게 굴지 않지, 그지?
And so I made a major decision. 그래서 난 아주 중요한 결정을 했어.
Awesome. That's awesome for you. 대단해. 너 정말 대단해.
I'll admit I was a little curt that night. 그날밤 내가 좀 퉁명스러웠던 건 인정할게요.

읽고 나면 쉬워지는 스크린영어 기본패턴!

메인 표현에 들어가기에 앞서 기본적으로 빈출하는 패턴들을 조금이라도 알고 들어가면 스크린 영어를 이해하기가 쉽다. 어렵지 않은 패턴들이니 복습한다 생각하고 한두번 읽어보고 Level 01로 들어가면 된다.

I'd say 말하자면 …이죠, 아마 …일 걸요 (자신의 의견을 조심스럽게 말할 때 서두에 붙이는 표현)

I'd say that you should take a break.
내 생각엔 너 좀 쉬어야 할 것 같아.

Let's go get sth

…를 가지러 가자 (Let's go to get ~ 혹은 Let's go and get ~에서 to나 and를 생략한 표현)

All right, come on, **let's go get** your coat.
좋아, 자, 네 코트 가지러 가자.

Suppose[Supposing] S + V 만약 …이라면 (있음직한 행동이나 상황을 가정해볼 때)

┗, 참고표현 : Suppose[Supposing] I do 한다면 어쩔건데, 내가 하겠다고 하면 (의문문의 억양이 아님)
　　　　　　Suppose[Supposing] I don't 내가 안하겠다고 하면, 안한다고 하면 어쩔건데

Kate, **suppose** one of your lotto tickets win.
케이트, 네 로또복권 중 하나가 당첨된다고 생각해봐.

Why can't we just + V? 그냥 …만 하면 안되나?

Why can't we just get some pizzas and get some beers and have fun?
그냥 피자를 좀 먹고 맥주를 마시면서 즐기면 안될까?

It's a known fact that S + V …는 다들 아는 사실이잖아

It's a known fact that women love babies, all right?
여자들이 아기를 좋아한다는 건 다들 아는 사실이잖아, 그렇지?

Youdon't know~ 넌 모를 거야 (자신이 말하는 내용이나 자신이 느끼는 감정 등을 강조)

┗ 참고표현 : You have no idea ~

You don't know how much I missed you when we were living in different cities.
우리 둘이 다른 도시에 떨어져 살 때 내가 널 얼마나 그리워했는지 넌 모를거야.

I'd (just) like to say (that) ~ 그러니까 내 말은

└ 비슷한 표현 : What I'm trying to say is (that) ~
└ 참고표현 : I'm not saying (that) ~

I'd just like to say that it did take a lot of courage for Carrie to come here tonight.
그러니까 내 말은, 캐리가 오늘밤 이리로 온 건 굉장히 용기를 내서 한 일이란 얘기지.

I'm not saying that I don't want to have a baby, **I'm just saying** maybe we could wait a little while.
아기 갖기를 원치 않는다는게 아냐. 그저 좀 더 있다가 가질 수도 있겠단 얘기야.

Why don't you + V? …하는 게 어때?, 그러지 않을래?

Why don't you just get a roommate?
룸메이트를 구해보는게 어때?

All I'm saying is (that)~ 내가 하고 싶은 얘기는 …뿐이야

All I'm saying is don't judge Robin before you get to know him, all right?
내가 하고 싶은 얘기는, 로빈을 잘 알게 되기도 전에 걔를 판단하려 들지 말라는 것뿐이야. 알겠어?

That's like saying (that)~ 이를테면 …란 말이지? (상대방이 한 말의 진의를 확인하고자 할 때 쓰는 말로 Do you mean ~ ?, Are you saying ~ ?의 뉘앙스를 담고 있다)

That's like saying you don't want to work.
그 얘긴 일하기 싫단 말이지?(= Are you saying you don't want to work?)

All you need is ~ 너한테 필요한 건 …뿐이야

└ 활용 표현 : All I want is~ 내가 원하는 건 …뿐이야

All you need is a woman who likes you and you'll be set.
너한테 필요한 건 너를 좋아해주고 너와 결혼해서 정착할 여자 뿐이야.

I wouldn't say ~ …라고 할 수는 없지

I wouldn't say that she is fat, but if she lost some weight, she would be attractive.
그 여자가 뚱뚱하다고 할 수는 없지만, 살을 좀 뺀다면 좀 더 매력적이겠지.

I would have to say~ (제 생각을 말씀드리자면) …라고 해야겠네요 (자신의 생각·의견 등을 말할 때)

└ 참고표현 : I have to say ~ (솔직히) …라고 해야겠네요 (frankly speaking의 뉘앙스)

Well, **I would have to say that** it's a... it's a tragic love story.
글쎄요, 제 생각에 그건, 저, 비극적인 사랑 이야기인 것 같네요.

I have to say you really impressed me today.
이 말은 해야겠구나. 넌 오늘 정말 인상적이었어.

Tell me why S + V …한 이유를 말해봐

Tell me why you did this again.
왜 이런 짓을 또다시 저질렀는지, 이유를 말해봐.

You don't need to + V …할 필요는 없어

You don't need to bring a gift to the party.
이번 파티에 선물을 가져올 필요는 없어.

Don't tell me S + V …라고는 하지마, 설마 …는 아니겠지

Don't tell me you just forgot to pick her up.
설마 걜 데려오는 걸 잊은 건 아니겠지.

I should have told you about ~ …에 대해 말해줬어야 했는데 (그러지 못했다)

↳ 활용 표현 : I should have told you (that) S + V

I probably should've told you about Ginger. She divorced a couple of months ago.
진저에 대해 너에게 말해줬어야 했는데. 진저는 두달 전에 이혼했어.

I can't tell you how much S + V 얼마나 …한지 모르겠어

I can't tell you how much respect I have for you not going to that stupid audition.
그 바보같은 오디션에 가지 않다니, 내가 얼마나 널 존경하는지 몰라.

I was told (that) ~ …라고 들었는데

I was told that he would be here on time for the meeting, but he is late.
회의시간에 정확히 맞춰 온다고 들었는데 늦네.

I told you S + V 그것봐 내가 …라고 했잖아, 내가 …라고 했는데 (내 말을 듣지 않다니!)

I told you I should not wear this color.
그것봐, 난 이런 색깔 옷을 입으면 안된다고 했잖아.

I'm[We're] talking about~ 지금 …얘길 하고 있는 거잖아 (딴 얘기 하지 말라는 의미로)

Come on, **we're talking about** someone that you're going out with.
왜 이래, 지금 네가 데이트할 사람 얘기를 하고 있는거잖아.

the way S + V …하는 방식

↳ 활용 표현 : Is this the way S+V? 이런 식으로 …해요?

He wasn't invited because of **the way** he behaved at our engagement party.
그 사람은 초대 안했어. 우리 약혼식에서 그런 식으로 행동했잖아.

Is this the way you get girls to go out with you?
이런 식으로 여자들을 꼬셔서 데이트해?

What makes you think (that) S + V? 어째서 …라고 생각하는거야?

What makes you think we're gonna break up?
어째서 우리가 잘 안될거라고 생각하는거야?

That's why S + V 그게 …한 이유야

A: You can't live off your parents your whole life. 평생 부모에게 의지해 살아갈 순 없어.
B: I know that. **That's why** I was getting married. 나도 알아. 그래서 내가 결혼하려고 했던거야.

given + N / given (that) S + V …라고 가정하면

A: **Given** the traffic, they might be a little late.
교통을 감안하면 그들이 좀 늦을 것 같아.

B: I'll try them on the cell phone and see how long they'll be.
핸드폰으로 연락해보고 얼마나 늦을지 알아볼게.

(The) Next time S + V 다음 번에 …할 땐

Next time you snore, I'm rolling you over!
다음 번에 또 코골면 밀쳐버릴거야!

Let's start with~ …부터 시작하자

So now **let's start with** your childhood. What was that like?
자 그럼 어린 시절부터 시작해볼까. 네 어린 시절은 어땠어?

How would you like + N[to + V] ~ ? …할래요?

How would you like some coffee? 커피 좀 드실래요?
How would you like to get together? 만날래?

You don't want to + V …하지마

You don't want to work for a guy like that.
그런 사람 밑에서 일하지마.

Can you tell me + N[혹은 명사절] ~? …를 말해줄래요?

Can you tell me who is there, please?
누구신지 말씀해주실래요? (전화로 상대편에게 혹은 문밖에 찾아온 사람에게 하는 말)

Do you happen to know + N[혹은 명사절] ? 혹시 …를 알아?

Do you happen to know what I'm supposed to say?
이런 경우에 내가 뭐라고 해야 하는 건지 혹시 알아?

I would give anything to + V …할 수만 있다면 뭐라도 내놓겠어

I would give anything to work for a famous designer.
유명 디자이너 밑에서 일할 수만 있다면 뭐라도 내놓겠다.

I (just) need to know that ~ …는 꼭 알아야겠어

I just need to know that you're not gonna tell your sister.
네 여동생한테 비밀 지킬 건지 꼭 알아야겠어.

Do you want[need] me to + V ~ ? 내가 …해줄까?

Do you want me to stay? 내가 함께 있어줄까?

It says ~ …라고 적혀있어

A: What does your fortune cookie say? 포천 쿠키에 뭐라고 써있니?
B: **It says that** I should take risks today. 오늘 모험에 도전해보라는군.

There is only one way to + V …하려면 딱 한가지 방법 밖에 없어

There's only one way to resolve this. Run!
이 일의 해결방법은 하나밖에 없어. 도망쳐!

Let's see if S + V …인지 두고보자구

Alright, **let's see if** you're as good in person as you are on paper.
좋아요. 당신이 서류에 쓰여있는 대로 유능한 사람인지 봅시다.

There is no way for sb to + V / There is no way that S + V
…할 방법이 없어

I know **there is no way** I'm gonna get there in time.
내가 거기 제시간에 도착할 방법이 없다는거 알아.

Isn't there any way S + V? …할 방도는 없니?

Isn't there any way we can keep this poor cat?
이 불쌍한 고양이를 계속 데리고 있을 방도는 없을까?

It turns out S + V / Sth turns out to be~ 결국 …인 것으로 드러났어

I've been calling you, but **it turns out** I had the number wrong.
너한테 전화했었지. 그런데 결국 알고 보니 내가 잘못 걸었던거였어.

I'm calling to + V …하려고 전화했어

I'm just calling to say that I really hope you can make it to the wedding.
당신이 결혼식에 와주길 진심으로 바란다는 얘길 하려고 전화했어요.

Have you (ever) + pp? …해본 적 있니?

Have you ever had a boyfriend who was like your best friend?
제일 친한 친구같은 남친이 있어본 적이 있니?

How come S + V? 어째서 …인 거야?

How come you guys have never played poker with us?
너희들은 어째서 우리랑 포커게임을 하지 않는거야?

I am afraid (that) ~ …이 걱정돼, …라서 유감이야

I'm afraid the situation is much worse than we expected.
유감이지만 상황이 우리가 예상했던 것보다 훨씬 안좋아.

I am sorry to say (that) ~ …를 말씀드리게 되어 죄송해요

I'm sorry to say that I have to fire a few of you.
여러분 중 몇 명을 해고해야 한다는 사실을 말씀드리게 되어 죄송합니다.

The last thing I want to do is + V 내가 가장 하기 싫은 일은 …라구

The last thing I want to do is to freak you out or make you feel uncomfortable.
널 깜짝 놀라게 하거나 불편하게 만드는 건 정말로 싫어.

You seem to + V …하는 것처럼 보이다, …인 것 같아

You guys seem to be having a good time.
너희들은 재미있는 시간을 보내고 있는 것 같구나.

once S + V 일단 …하면, …하자마자 (once가 접속사로 쓰인 경우)

Once I started talking to her, she got all happy and wouldn't shut up.
일단 그 여자하고 얘기를 시작하기만 하면 그 여잔 완전히 도취되어서 입을 다물지 않는다구.

in a way that S + V …한 방식으로

I will wake you up **in a way that's** very popular these days.
요즘 아주 유행하는 방식으로 널 깨워줄게.

Tell me S + V …라고 해줘(= Please tell me...), 제발 …이기를 (정말 그렇게 되었으면 좋겠다는 소망을 피력하거나 믿기 힘든 이야기를 들었을 때)

A: I see a woman with him. 그 남자가 어떤 여자랑 있는 게 보여.
B: **Tell me** it's his mother! 제발 그 사람 어머니였으면!

Would you mind ~ing? …좀 해줄래요?

Would you mind taking a picture with us?
우리랑 사진 한 장 찍을래요?

I (don't) feel like ~ing 난 …하고 싶(지 않)다

I don't feel like seeing her right now. Tell her I'm not in.
지금은 그 여잘 만나고 싶지 않아. 나 없다고 해.

I am not sure (if[that]) ~ …인지 아닌지 확신이 안 서

I just bought something. **I'm not sure** she's gonna like.

뭘 좀 샀는데 걔가 맘에 들어할지 모르겠어.

Let me + V 내가 …할게

Let me get you some coffee.

커피 갖다줄게.

That's exactly what S + V 그게 바로 …라구

That's exactly what my dad used to say!

그게 바로 우리 아빠가 늘상 얘기하시던 거라구!

What do you say (if) ~? (…라면 그것에 대해) 어떻게 생각해?

What do you say we go take a walk, just us, not them?

우리 산책하러 가면 어때? 우리끼리만, 쟤네랑 다같이 말고.

It's time to + V …할 때가 되었어

All right everybody! **It's time to** open the presents!

좋아 얘들아! 선물 열어볼 시간이다!

It would be nice to + V …하면 참 좋겠다

↳ 활용 표현 : It would be nice if S + V

I thought it would be nice to get to know him.

그 사람하고 친해지면 참 좋겠다고 생각했어.

Now that S + V 이제는 …니까

Now that you're not with Luke, I'd really like to ask you out sometime.

이제 넌 루크하고 사귀지 않으니까, 언젠가 너에게 데이트 신청을 하고 싶어.

(just) in case S + V

…인 경우에 대비해서 (in case of + 명사의 형태로도 쓰이고, 단독으로 「만일에 대비해서」라는 의미로도 쓰인다)

Just in case she comes to the party, I prepared some vegetarian food.

그 여자가 파티에 올 경우를 대비해서 채식 위주의 음식을 좀 준비했어.

Do you mind if ~? …해도 괜찮을까?

Do you mind if I turn the heat down?

온도 좀 낮춰도 될까?

Let's + V …하자

Let's talk reality for a second.
잠시 현실에 대해 얘기해보자.

What if ~? 만일 …하면 어떻게 될까?

I mean, **what if** one of us wants to move out?
그러니까, 우리들 중 한 명이 이사 나가고 싶어하면 어떻게 될까?

Let's say (that) ~ …라고 가정해 보자

Let's say I had slept with Mark. Would you be able to forgive me?
내가 마크하고 잤다고 가정해보자구. 그럼 넌 나를 용서할 수 있겠어?

LEVEL 01

스크린영어 초보자를 위한
스크린패턴 첫걸음!

001-101

001

너에게 빨리 이걸 말하고 싶어

I can't wait to tell you this

기다릴 수 없을 정도로 뭔가를 「몹시 하고 싶다」는 의미. I can't wait for+N, I can't wait to+V라고 한다. 이를 응용한 I can't wait for sb to+V는 「…가 …하기를 몹시 기다린다」는 뜻이 된다. 비슷한 표현으로는 be dying to, be eager to 등이 있다.

Screen Expressions

★ **I can't wait to+V** 몹시 …하고 싶어 = be dying to, be eager to

I just can't wait to be married to you.
너랑 당장이라도 결혼하고 싶어.

★ **I can't wait for sb to+V** …가 빨리 …했으면 좋겠어

I can't wait for you to try this.
네가 빨리 이것을 했으면 해.

★ **I can't wait till S+V** 몹시 …하고 싶어

I can't wait till I'm old enough to move out of here.
빨리 커서 독립했으면 좋겠어.

이 표현이 나오는 영화_
<라라랜드>, <악마는 프라다를 입는다>, <첫키스만 50번째>, <왓이프>, <프렌즈 위드 베네핏>

Screen Conversation

A: Janet is coming to visit us soon.

B: I can't wait to **see her again.**

A: 재닛이 곧 우리를 방문하러 올거야.
B: 어서 빨리 보고 싶네.

A: I think winter is so romantic.

B: I can't wait till **Christmas arrives.**

A: 겨울은 아주 낭만적인 것 같아.
B: 크리스마스가 어서 오면 좋겠어.

무슨 계획이라도 있어?

Do you have any plans?

Do you have~?의 형태 중에서도 가장 많이 쓰이는 패턴. 명사 앞에 any를 붙여 Do you have any+N?하게 되면 상대방이 갖고 있는지 여부가 불확실할 경우에 쓰는 것으로 우리말로는 "아는 …가 좀 있어?"라는 말이 된다.

Screen Expressions

★ **Do you have any+N?** 혹 …가 있어?

Do you have any beer at your house? 네 집에 혹 맥주 있어?

★ **Do you have any+Ns?** 혹 …가 있어?

Do you have any plans for summer vacation?
여름휴가 계획 뭐 있어?

★ **Do you have any difficulties[interest] ~ing?**
…하는데 뭐 어려움 겪고 있어?, 혹 …에 관심있어?

Do you have any difficulties using the Internet?
인터넷을 사용하는데 무슨 어려움이 있어?

이 표현이 나오는 영화_
<이프온리>, <노팅힐>

Screen Conversation

A: **Do you know what you want to order?**

B: **No. Do you have any recommendations?**

A: 뭘 주문할지 정하셨습니까?
B: 아뇨. 추천 좀 해주시겠어요?

A: **Do you have any messages?**

B: **No one called while you were at lunch.**

A: 메시지 뭐 온 거 있어?
B: 점심시간에 아무 전화도 없었어.

이게 무슨 의미인지 알아?

Do you have any idea what this means?

Do you have any+N?의 형태 중에서도 단연 돋보이는 패턴은 Do you have any idea what[how] S+V?의 형태이다. 상대방이 뭔가 알고 있는지 모르는지 궁금해서 단순히 물어보거나 혹은 알기나 하냐라는 뉘앙스를 풍기면서 던질 수 있는 표현이다.

Screen Expressions

★ **Do you have any idea what S+V?** …인지 알아?

Do you have any idea what happened to David last night?
어젯밤에 데이빗에게 무슨 일이 있었는지 알아?

★ **Do you have any idea how+형용사 S+V?** 얼마나 …하는지 알아?

Do you have any idea how terrified I was?
내가 얼마나 두려웠는지 알아?

★ **Do you have any idea how much S+V?** 얼마나 …한지 알아?

Do you have any idea how much you hurt me.
네가 나를 얼마나 아프게 했는지 알기나 해?

이 표현이 나오는 영화_
<이프온리>, <노팅힐>

Screen Conversation

A: **No one has seen Melinda for a while.**

B: Do you have any idea what **she is doing?**

A: 한동안 멜린다를 본 사람이 아무도 없어.
B: 걔가 뭐하고 지내는지 알아?

A: **After we're married, we'll buy a new house.**

B: Do you have any idea how much **a house costs?**

A: 결혼하게 되면 우리는 새로운 집을 살거야.
B: 집 가격이 얼마나 되는지 알기는 해?

004

너에게는 뭔가 특별한게 있어

There's something special about you

There's something about~하게 되면 "…에게는 뭔가가 있다," There's something+형용사+with[about]~
하게 되면 "…에게는 뭔가 …한게 있다"라는 표현이 된다. 또한 There's something S+V처럼 절이 올 수도 있
는데 역시 "…할게 좀 있어"라는 의미.

Screen Expressions

★ **There's something about~** …에는 뭔가가 있어

There's something about Jerry. I can't put my finger on it.
제리에겐 뭔가가 있는데 딱히 뭐라고 하지 못하겠어.

★ **There's something+형용사+with[about]~** …에는 뭔가 …한게 있어

There's something wrong with my husband.
남편한테 문제가 있는 것 같아.

★ **There's something S+V** …할[한]게 뭐 좀 있어

There is something you could do for me.
네가 나를 위해서 할 수 있는게 있어.

이 표현이 나오는 영화_
<노팅힐>

Screen Conversation

A: **Why are you so attracted to Alice?**

B: **There's something special about her.**

A: 넌 왜 앨리스에게 끌리는거야?　B: 걔에게는 뭔가 특별한 것이 있어.

스크린 명대사 _ 라라랜드

*"People will want to go to it because you're passionate about
it, and people love what other people are passionate about. You
remind people of what they forgot."* -Mia

사람들은 당신이 열정적이기 때문에 당신 재즈클럽에 가고 싶어할게에요. 사람들은 다른 사람들의 열정에
끌리게 되어 있어요. 자신들이 잊었던 것을 상기시켜주니까요.

내 여친하고 애무하고 싶어

I want to make out with my girlfriend

내가 지금 현재 뭔가 원하거나 하고 싶다는 것을 말하는 기본패턴. 원하는게 사물이면 I want sth, 뭔가를 하고 싶다고 할 때는 I want to+V를 쓰면 된다. 좀 더 부드러운 패턴인 I'd like~보다 격의없이 친구 등 친밀한 사이에 사용할 수 있다.

Screen Expressions

★ **I want sth** …을 원해

I want a marriage.
난 결혼하고 싶어.

★ **I want to+V** …을 하고 싶어

I want to live with you too! Let's do that!
너랑 동거하고 싶에 그렇게 하재!

★ **I don't want to+V** …을 하고 싶지 않아

I don't want to argue with you anymore.
더 이상 너와 말다툼하기 싫어.

이 표현이 나오는 영화_
<노팅힐>, <러브액츄얼리>, <친구와 연인사이>

Screen Conversation

A: We could have a big apartment, with a maid.

B: Sounds wonderful. I want to live with you.

A: 우리는 도우미가 딸린 큰 아파트에서 살 수 있을거야.
B: 멋지다. 너하고 살고 싶어.

A: Just give them a call right now.

B: I don't want to bother anyone.

A: 당장 걔들에게 전화를 해.
B: 아무도 귀찮게 하고 싶지 않아.

개랑 데이트하지마

I don't want you dating him

I want you to+V는 내가 직접 뭔가를 하고 싶다고 말하는 것이 아니라 상대방이 뭔가 하기를 바라는, 즉 다시 말해서 상대방에게 …를 하라고 「부탁」하거나 「희망」할 때 쓰는 표현으로, "I want you to leave!"(그만 가란 말야!)처럼 「지시」나 「명령」에 가까운 문장을 만들어내기도 한다.

screen Expressions

★ **I want you to+V** 네가 …해라

I want you to meet my friend. This is Chris. 내친구에게 인사해. 이쪽은 크리스야.

★ **I don't want you to+V** 네가 …하기를 원치 않아

I don't want you to say anything like that to her.
네가 걔에게 그런 말 안 했으면 하거든.

★ **I don't want you ~ing** 네가 …하는게 싫어

▶ I don't want people saying~ 사람들이 …라고 말하는게 싫어

I don't want you hanging around. 네가 옆에 있는거 싫어.

You heard me. **I don't want you** dating him. 명심해. 개랑 데이트하지마.

이 표현이 나오는 영화
<굿럭척>, <미비포유>, <노팅힐>, <악마는 프라다를 입는다>

screen Conversation

A: He says I should sleep with him.

B: I want you to **tell him no.**

A: 걘 내가 자기와 자야 한다고 해.
B: 걔한테 안된다고 말해.

A: I met some interesting people at the party.

B: I don't want you **talking to strangers.**

A: 파티에서 흥미로운 사람들을 좀 만났어.
B: 네가 낯선 사람들과 얘기하는게 싫어.

마크와 연락하려고 하고 있어

I'm trying to get hold of Mark

I'm trying to+V는 뭔가 목표나 목적을 이루기 위해서 「시도」하거나 「노력」하고 있다는 의미로 "…하려고 하고 있어"라는 뜻. 참고로 try to+V 혹은 try+~ing 형태로 쓰이는데 네이티브들은 별 의미구분 없이 쓰고 있으니 너무 분석적으로 접근할 필요는 없다. 과거형 I tried to+V는 …하려고 했지만 성공하지 못한 경우.

screen expressions

★ **I'm (just) trying to+V** (단지) …하려고 하고 있어
  ▶ 부정은 I'm trying to not~ 혹은 I'm trying not to~

  I'm just trying to make this work, okay?
  난 이게 제대로 돌아가게끔 하려고 하고 있어, 알았어?

  I'm trying not to get emotional. 감정적이지 않으려고 노력하고 있어.

★ **Are you trying to+V?** …하려고 하고 있어?

  Are you trying to threaten me? 날 협박하려는거야?

★ **I tried to+V** …하려고 했어

  I tried to get in touch with you. 너에게 연락하려고 했어.

이 표현이 나오는 영화_
<이프온리>, <왓이프>, <브리짓 존스의 베이비>

screen conversation

A: **What happened with Vicky last night?**

B: **I tried to get down her pants, but failed.**

A: 어젯밤 비키하고 어떻게 됐어?
B: 바지를 벗기려고 했는데 실패했어.

A: **Why are you always going out to nightclubs?**

B: **I'm just trying to find a new boyfriend.**

A: 허구헌날 왜 나이트클럽에 가는거야?
B: 난 단지 새 남친을 찾으려고.

난 하룻밤 사랑을 찾고 있지 않아

I'm not looking for a one-night stand

look for는 「…을 찾다」라는 말로 뒤에는 sb나 sth이 올 수 있다. 그래서 "내가 …을 찾고 있다"고 할 때는 I'm looking for~, "…을 찾고 있는게 아니다"라고 하려면 I'm not looking for~라고 하면 된다. 반면 "넌 …을 찾고 있어"는 You're looking for~라 하면 된다.

Screen Expressions

★ **I'm looking for~** …을 찾고 있어 ▶ Are you looking for~? …을 찾고 있어?

I'm looking for a soul-mate, someone who I can love and cuddle.
난 사랑하고 애무할 수 있는 애인을 찾고 있어.

★ **I'm not looking for~** 난 …을 찾고 있지 않아

I'm not looking for your sympathy.
난 네 동정심을 바라지 않아.

★ **You're looking for sb to+V** 넌 …할 사람을 찾고 있어

You're looking for someone to sweep you off your feet.
넌 너를 정신없게 사랑에 빠지게 할 사람을 찾고 있어.

이 표현이 나오는 영화_
<노팅힐>, <악마는 프라다를 입는다>, <첫키스만 50번째>, <프렌즈 위드 베네핏>

Screen Conversation

A: **You're making her boyfriend jealous.**

B: **I'm not looking for trouble with anyone.**

A: 넌 걔 남친의 질투를 유발하고 있어.
B: 난 누구하고도 문제를 일으키려고 하지 않아.

A: **I need to find someone who can help me.**

B: **You're looking for a partner to work with.**

A: 날 도와줄 수 있는 사람을 찾아야 돼.
B: 함께 일할 파트너를 찾고 있구나.

좀 꺼져줄래?

Will you please fuck off?

Will you+V?는 상대방에게 「요청」이나 「제안」을 할 때는 쓰는 패턴으로 이를 더 공손하게 하려면 Would you+V?, 더 공손함을 강조하려면 Would you please+V?라고 한다. 하지만 Will[Would] you+V~?의 형태로 억양을 내려 명령조로 발음하면 "…좀 해라," "…하지 않을래"라는 명령에 가까운 「요청의 문장」이 된다.

Screen Expressions

★ **Will[Would] you+V?** …을 할래?, …을 해줄래?

Would you go out with me? 나랑 데이트할래요?

★ **Will you+V?** …좀 해라

Will you calm down? 좀 진정해라.

Will you stop! 그만 하지 않을래!

★ **Would you+V?** …좀 해라

Would you stop doing that? 그만 좀 안할래?

Would you all relax? It's not that big a deal. 모두 긴장풀어. 뭐 그리 큰일도 아니잖아.

이 표현이 나오는 영화_
<친구와 연인>, <러브액츄얼리>, <프로포즈>

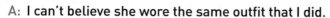

Screen Conversation

A: I can't believe she wore the same outfit that I did.

B: Will you **calm down?** It's not that serious.

A: 걘 어떻게 내가 입었던 것과 똑같은 옷을 입을 수가 있어.
B: 진정 좀 해라. 그렇게 중요한 문제도 아니잖아.

A: Would you **stop doing that?** It bothers me.

B: Sorry. I didn't realize I was doing it.

A: 그거 좀 그만 할래. 신경이 거슬려서.
B: 미안. 내가 그러고 있다는 것을 몰랐어.

편하게 남아 있어도 돼

You're welcome to stay

You're welcome을 설명할 때 살짝 언급했던 패턴. You're welcome 다음에 to+V를 붙여 You're welcome to+V하게 되면 상대방에게 "편히, 마음대로 …해라"라고 하는 표현이다. 또한 Welcome to~는 "…에 온 것을 환영하다," Welcome back to~하면 "…에 돌아온 것을 환영하다"가 된다.

Screen Expressions

★ **You're welcome to+V** 편히 …해

I have some work to do, but **you're welcome to** stay.
할 일이 좀 있지만 편히 남아 있어도 돼.

★ **You're more than welcome to+V** 아주 편히 …해

You're more than welcome to come with us, right?
너는 우리와 함께 가는거 환영이야, 알았어?

★ **Welcome (back) to~** …에 온 것을 환영해

Welcome to the neighborhood. 이웃이 된 걸 환영해요.

Hi, **welcome to** an adult conversation. 안녕, 성인들 대화에 낀 걸 환영해.

이 표현이 나오는 영화_
<미비포유>, <라라랜드>, <노트북>, <로맨틱홀리데이>

Screen Conversation

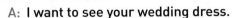

A: I want to see your wedding dress.

B: You're welcome to **take a look at it.**

A: 네 웨딩드레스를 보고 싶어.
B: 마음대로 봐봐

A: Thanks for inviting me inside.

B: Welcome to **our house. Would you like a drink?**

A: 안으로 들여보내줘서 고마워요.
B: 우리 집에 온걸 환영해요. 한잔 할래요?

너와 그것에 대해 얘기하고 싶어

I'd like to talk you about that

I like to+V는 일반적으로 「…하기를 좋아한다」라는 의미이고 여기에 would를 삽입하여 I'd like to+V하게 되면 지금 현재 「…을 하고 싶다」라는 뜻으로 I'd love to+V라고 해도 된다. 앞서 배운 I want to+V보다 부드러운 표현. 뭔가 정중하게 거절을 할 때에는 I'd like[love] to, but S+V라고 쓰면 된다.

screen expressions

★ **I'd like to+V** …하고 싶어 = I'd love to+V

I'd love to hang out with you in the daytime sometime.
언젠가 낮시간에 너와 함께 놀고 싶어.

★ **I'd like you to+V** 네가 …하기를 바래

I'd like you to come to my party.
네가 파티에 오면 좋겠어.

★ **I'd like[love] to, but~** 그러고 싶지만 …해

I'd love to, but she won't let me do anything.
난 그러고 싶지만, 걔가 내가 아무 것도 못하게 해.

이 표현이 나오는 영화_
<러브액츄얼리>, <왓이프>, <노트북>, <친구와 연인>, <프로포즈>, <악마는 프라다를 입는다>

screen conversation

A: **This situation has stressed me out.**

B: I would like you to **take a few days off.**

A: 이 상황 때문에 스트레스를 엄청 받았어.
B: 그럼 너 며칠간 휴가를 내봐.

A: **Want to take a trip to Paris?**

B: **I'd love to, but** I rarely have free time.

A: 파리 여행가고 싶어?
B: 그러고 싶지만 시간이 거의 나지를 않아.

술이 좀 덜 깬 것 같아

I'm afraid I'm a bit hung over

I'm afraid of~[to+V]하게 되면 「…을 무서워하다」, 「걱정하다」가 되는 반면 I'm afraid S+V의 형태로 쓰면 상대방의 주장과 반대되는 이야기를 할 때, 혹은 상대방에게 미안하거나 안 좋은 일을 얘기할 때 사용되는 패턴이다. "안됐지만 …인 것 같아"라는 말. I fear S+V도 같은 의미의 패턴이다.

Screen Expressions

★ **I'm afraid of~[to+V]** …을 두려워하다, 걱정하다

  I'm afraid of commitment. 난 얽매이는 것을 두려워해.

★ **I'm afraid S+V** 안됐지만 …인 것 같아 ▶ You're afraid S+V 넌 …을 두려워해

  I'm afraid we're going to have to steal you away.
  안됐지만 자네를 좀 데려가야겠어.

  You're just afraid you'll get an answer you don't want.
  넌 원치 않는 답을 얻을까봐 두려워하는 거야.

★ **I fear S+V** 안됐지만 …인 것 같아

  I feared this year would be no exception. 금년도 예외는 아닌 것 같았어.

이 표현이 나오는 영화_
<어바웃타임>, <브리짓 존스의 일기>, <노팅힐>, <러브액츄얼리>, <프로포즈>, <첫키스만 50번째>, <500일의 썸머>

Screen Conversation

A: **Let me talk to David Paulson.**

B: I'm afraid **he doesn't work here anymore.**

A: 데이빗 폴슨과 얘기 좀 하려구요.
B: 더 이상 여기서 일하지 않는데요.

A: **Why didn't you ask Andrea out on a date?**

B: I feared **she would tell me no.**

A: 왜 앤드리아에게 데이트 신청을 하지 않았어?
B: '노'라고 얘기할 것 같아서.

내가 거기에 없어서 다행이야

Thank God I wasn't there

전작 <스크린영어 대표표현 3000>에서 감탄사로 배웠던 Thank God!은 뒤에 for sth 혹은 절(S+V)을 이어 붙여서 "…하다니 다행이다," "…해서 다행이야"라는 의미의 패턴으로도 쓰인다는 점을 알아둔다.

screen expressions

★ **Thank God** 다행이야

Oh, thank God. I've been looking for you all night.
오, 다행이다. 밤새 널 찾아다녔어.

★ **Thank God for~** ~가 다행이야

Thank God for that.
그거 참 다행이야.

★ **Thank God S+V** …해서 다행이야

Oh, thank God I found you.
아, 이런 널 찾았구나.

이 표현이 나오는 영화_
<굿럭척>, <악마는 프라다를 입는다>

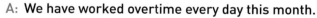

screen conversation

A: **We have worked overtime every day this month.**

B: Thank God for **our extra vacation time.**

A: 이번달에 매일 야근했어.
B: 휴가시간이 추가로 늘어나게 돼서 다행이야

A: **A big fight broke out in the stadium.**

B: Thank God **we left early.**

A: 경기장에서 싸움이 크게 벌어졌어.
B: 우리는 일찍 떠나서 다행이네.

다음번에 더 나을 것이 확실해

I'm sure it'll be better next time

sure는 회화용 단어라 할 정도로 일상영어회화에서 많이 쓰이는 단어이다. I'm sure of[about] that의 굳어진 형태로도 많이 사용되지만 스크린영어에서는 I'm sure S+V 혹은 I'm pretty sure S+V의 패턴이 눈에 자주 보인다.

★ **I'm sure S+V** …하는게 확실해

I'm sure you'll find someone.
네가 누군가 찾게 될거라 확신해.

★ **I'm pretty sure S+V** …하는게 정말 확실해

I'm pretty sure that you have a tattoo.
내 확신하는데 너 몸에 문신이 있어.

★ **Are you sure S+V?** …하는게 확실해? ▶ Are you sure? 정말야?

Are you sure you want this?
너 이걸 원하는게 확실해?

이 표현이 나오는 영화_
<미비포유>, <러브액츄얼리>, <브리짓 존스의 일기>, <어바웃타임>, <프로포즈>, <노팅힐>

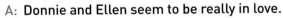

A: Donnie and Ellen seem to be really in love.

B: I'm pretty sure they will get married.

A: 도니와 엘렌이 정말 사랑하는 것 같아.
B: 걔네들 결혼할게 확실해.

A: Someone said Brian wanted to see you.

B: Are you sure he was here?

A: 누가 그러는데 브라이언이 너를 보고 싶어했대.
B: 정말 걔가 여기 왔었어?

네 말이 무슨 뜻인지 모르겠어

I'm not sure what you mean

계속되는 sure 이야기. 이번에는 부정의 형태로 뭔가 확실하게 알지 못할 때는 I'm not sure~를 쓰면 된다. 다만 I'm not sure~ 다음에는 S+V의 절이 올 뿐만 아니라 if[what] S+V 등의 의문사절이 온다는 것도 알아 두어야 한다.

Screen Expressions

★ **I'm not sure (that) S+V** …을 잘 모르겠어 ▶ I'm not sure 잘 모르겠어

I'm not sure either of us are ready to go through it again.
우리 둘 모두 그걸 다시 겪을 준비가 되어 있는지 잘 모르겠어.

★ **I'm not sure what[where] S+V** …을 잘 모르겠어

I'm not sure where we are going with all of this.
이 모든 것이 결국 무슨 얘기를 하려는 건지 모르겠어.

★ **I'm not sure if S+V** …인지 잘 모르겠어

I'm not sure if she's going to marry me.
걔가 나하고 결혼할지 모르겠어.

이 표현이 나오는 영화_
<로맨틱홀리데이>, <브리짓 존스의 베이비>, <쉬즈더맨>

Screen Conversation

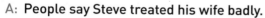

A: People say Steve treated his wife badly.

B: I'm not sure Steve did that.

A: 스티브가 아내에게 못되게 굴었다고 사람들이 그래.
B: 스티브가 그렇게 했는지 잘 모르겠어.

A: Your sister's boyfriend is a jerk.

B: I'm not sure what she likes about him.

A: 네 여동생의 남친은 멍청이야.
B: 동생이 걔의 어떤 면을 좋아하는지 모르겠어.

난 곤경에서 벗어난 것 같아

I guess I'm off the hook

I guess~를 문장(S+V) 앞에 붙이면 "…인 것 같아"라는 의미로 확신이 없는 이야기나 혹은 자기의 생각을 부드럽게 말할 때 쓰는 패턴이다. I think (that) S+V도 같은 맥락의 패턴. 또한 I suppose S+V는 I think~보다 말하는 내용의 「확실성」이 더 떨어지는 경우이다.

Screen Expressions

★ **I guess S+V** …인 것 같아 ▶ I guess so 그럴 것 같아, 아마 그럴 걸
I guess we could make out, - but we are not having sex.
우리는 애무를 할 수 있겠지만 섹스는 하지 않을거야.

★ **I think S+V** …인 것 같아 ▶ I think so 그럴 것 같아, 그럴 걸
I think I'd better be going now.
지금 가는게 나을 것 같아.

★ **I suppose S+V** …인 것 같아, 생각해 ▶ I suppose so 그런 것 같아
I suppose I could fit that in.
시간을 내서 그것을 할 수 있을 것 같아

이 표현이 나오는 영화_
<로맨틱홀리데이>, <러브액츄얼리>, <쉬즈더맨>, <500일의 썸머>, <왓이프>

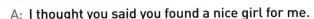

Screen Conversation

A: I thought you said you found a nice girl for me.

B: I guess I was wrong.

A: 나 소개시켜줄 멋진 여자를 찾았다고 말한 것 같 은데.

B: 내가 잘못 안 것 같아.

A: Ray never did the things he promised.

B: I suppose he lied to us.

A: 레이는 자기가 약속한 것들을 전혀 지키지 않았어.

B: 걔가 우리에게 거짓말한 것 같아.

샘하고 데이트하려고 계속 시도중이야

I keep trying to get a date with Sam

유명표현 Keep going!은 keep ~ing를 뼈대로 만든 문장이다. 또한 I keep trying to+V의 형태로 쓰이면 뭔가 "계속 …하도록 시도하고 있다"는 것을 강조하는 의미를 나타낸다. trying 대신에 다양한 동사를 넣어서 다양한 문장을 만들어볼 수 있다.

Screen Expressions

★ **I keep trying to+V** 계속 …하고 있는 중이야

I keep trying to tell her that.
걔한테 그걸 계속 얘기하려고 하고 있어.

★ **I kept trying to+V** 계속 …하려고 했었어

I kept trying to make you a better person.
난 널 더 나은 사람으로 만들려고 계속 노력했어.

★ **I keep[kept] ~ing** 계속 …을 …했었어 ▶ I can't keep ~ing 계속 …할 수가 없어

I kept talking about you and **he kept asking** me out.
난 너에 관한 얘기를 계속했고 걘 계속 나와 데이트하자고 했어.

이 표현이 나오는 영화_
<노트북>, <악마는 프라다를 입는다>, <친구와 연인사이>

Screen Conversation

A: I kept thinking **my wife would come back to me.**

B: **Forget about it. She's going to divorce you.**

A: 내 아내가 내게 다시 돌아오는 걸 계속 생각했어.
B: 잊어버려. 너랑 이혼할거야.

A: **Do you think the girls will come to our party?**

B: I keep trying to **interest them in it.**

A: 그 여자애들이 우리 파티에 올 것 같아?
B: 난 계속 걔네들이 파티에 흥미를 느끼도록 하고 있어.

걔가 너한테 키스하는거 봤어

I saw her kissing you

see, hear, feel, listen to, watch 등의 동사는 「동사+목적어+V[~ing]」의 형태로 "목적어가 …하는 것을 보다, 듣다"라는 의미로 쓰인다. V가 오는 경우보다는 ~ing의 형태가 오는 것이 더욱 현장감있는 표현이 된다.

screen expressions

★ **I saw A+V[~ing]** A가 …하는 것을 봤어

I saw you creeping out of her room last night.
네가 지난밤에 걔방에서 몰래 나오는 것을 봤어.

★ **I heard A +V[~ing]** A가 …하는 것을 들었어

I heard her crying in the bathroom earlier.
좀 전에 화장실에서 걔가 우는 걸 들었어.

★ **I've never seen[heard] A+V[~ing]** A가 …하는 것을 본[들은] 적이 없어

I've never seen Tracey get pissed off.   트레이시가 열받아하는 걸 본 적이 없어.

I've never heard him talk like that.   난 걔가 그런 식으로 말하는 걸 들어본 적이 없어.

이 표현이 나오는 영화_
<노팅힐>, <프렌즈 위드 베네핏>, <노트북>, <굿럭척>

screen conversation

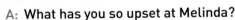

A: What has you so upset at Melinda?

B: I'm angry because I saw her kissing my boyfriend.

A: 넌 왜 멜린다에게 그렇게 화를 낸거야?
B: 걔가 내 남친에게 키스하는 것을 봐서 열받았어.

A: Tracey is the calmest person I've ever met.

B: I know. I've never seen Tracey get pissed off.

A: 트레이시처럼 차분한 사람은 만난 적이 없어.
B: 알아. 난 트레이시가 화내는 것을 본 적이 없어.

019

너 일본 간다는 소문 들었어

Rumor has it you'll be leaving for Japan

「소문」을 옮길 때 애용하는 표현. Rumor has it (that) S+V의 형태로 루머를 전달하면 된다. Rumor 대신에 Legend나 Word를 써도 된다. 또한 get wind of~나 hear it through the grapevine이라고 해도 되며, 아니면 단순하게 I hear rumors that S+V라고 써도 된다.

Screen Expressions

★ **Rumor has it S+V** 소문에 의하면 …래

Rumor has it she's going to quit.
걔가 그만둘 거라는 얘기가 있어.

★ **Legend has it S+V** 소문에 의하면 …래

Legend has it ghosts haunt the cemetery.
소문에 의하면 유령이 공동묘지에 나타난대.

★ **I heard rumors that S+V** …라는 소문을 들었어

You never heard rumors that he died?
걔가 죽었다는 소문 못들었다고?

이 표현이 나오는 영화_
<미비포유>, <로맨틱홀리데이>

Screen Conversation

A: **Why is this building supposed to be haunted?**

B: Legend has it **someone was murdered here.**

A: 왜 이 빌딩은 귀신이 들렸다고 하는거야?
B: 소문에 의하면 누가 여기서 살해당했다네.

A: **I never see any customers in here.**

B: I heard rumors that **the business is shutting down.**

A: 여기서 손님들을 전혀 볼 수가 없네.
B: 사업체가 문닫는다는 소문을 들었어.

너 결혼할거라고 그러던대

I heard you were going to get married

소문을 전할 때와 조금은 유사하나, 소문을 들어 단순히 전달하는 것이 목적이 아니라 그 소문을 듣고서 상대방과의 대화의 화제로 꺼낼 때 사용하는 패턴이다. 이미 듣고서 알고 있기 때문에 I heard~ 뿐만 아니라 현재완료를 써서 I've heard S+V의 형태로도 자주 쓰인다.

screen expressions

★ **I hear S+V** …라고 해

I hear she's a total mess now, really vulnerable.
걔는 완전히 엉망이라고 해, 정말로 상처받기 쉬운 상태래.

★ **I('ve) heard S+V** …라며, …라고 들었어, …한다며

I heard his wife is asking him to divorce. 걔 아내가 이혼하자고 한다고 들었어.

★ **I heard what ~** …을 들었어

I heard what happened with Jane today. 오늘 제인에게 무슨 일이 있었는지 들었어.
I heard what you said to my boyfriend. 네가 내 남친에게 뭐라고 했는지 들었어.

이 표현이 나오는 영화_
<쉬즈더맨>

screen conversation

A: There are rumors that you're gay.

B: I heard what people said about me.

A: 네가 게이라는 소문이 있어.
B: 사람들이 내게 뭐라고 하는지 들었어.

A: Are you still going to the concert?

B: I heard it was cancelled.

A: 너 아직도 콘서트에 갈 생각이야?
B: 취소됐다고 들었는데.

애초에 싹을 잘라야 해
You'd better nip this in the bud

You'd better+V는 보통 친구나 아랫사람에게 하는 말로 "…해라," "…하는 게 좋을 것이다"라는 뜻으로 「충고」내지는 문맥에 따라서는 「경고」로 쓰이기도 한다. 줄여서 You'd better, 아예 had를 빼고 You better+V라고 쓰기도 하고 심지어는 인칭도 빼고 Better+V라 쓰기도 한다.

screen expressions

★ **You'd better+V** …해라 ▶ I think I'd better+V 내가 …해야겠어

You better move your ass or we'll be late for school.
서두르지 않으면 우리 학교에 늦겠다.

I'd better get back with Naomi. 난 나오미하고 다시 사귀어야겠어.

★ **You'd better not+V** …하지마라

You better not stay up late tonight. 오늘 밤에 밤새지 않도록 해.

★ **(You) Better+V** …해

You better set things straight with Ken. 넌 켄과의 일을 바로 잡아야 돼.

이 표현이 나오는 영화_
<미비포유>, <러브액츄얼리>, <이터널선샤인>, <악마는 프라다를 입는다>, <노팅힐>, <라라랜드>, <프렌즈 위드 베네핏>

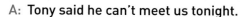

screen conversation

A: **Tony said he can't meet us tonight.**

B: You'd better **call him to see what's going on.**

A: 토니가 오늘밤에 우리를 만나지 못한다고 했어.
B: 전화해서 무슨 일인가 확인해봐.

A: **My brother has a bad temper.**

B: You'd better not **make him angry.**

A: 내 형은 성질이 더러워.
B: 화나게 하지 않는게 좋겠다.

오늘밤 너 왜 그래?

What's wrong with you tonight?

상대방이 평소와 좀 다르거나 근심걱정이 있어 보일 때 쓰는 표현. "무슨 일이야?" 정도의 뉘앙스로 그냥 What's wrong?이라고만 해도 되고 아니면 with 다음에 걱정되는 사람, 사물명사를 붙여도 된다. 또한 What's wrong with~에서 wrong을 빼고 What's with~?라 해도 역시 "왜 그래?"라는 표현이 된다.

Screen Expressions

★ **What's wrong with sb[sth]?** …가 왜 그래?, …가 무슨 일이야?

   What's wrong with your car? 네 차 뭐가 문제야?

   I'm having a lot of sex. **What's wrong with** that? 난 섹스 많이 해. 그래서 뭐가 문제야?

★ **What's wrong with what S+V?** …하는게 뭐 잘못됐어?

   What's wrong with what we're doing? 우리가 하는게 뭐 잘못됐어?

   What's wrong with what I'm wearing? 내가 입고 있는 옷이 뭐 잘못됐어?

★ **What's wrong with ~ing?** …하는게 뭐 잘못됐어?

   What's wrong with telling her I love Chris?
   걔한테 내가 크리스를 좋아한다고 말하는게 뭐 잘못됐어?

이 표현이 나오는 영화_
<친구와 연인사이>, <첫키스만 50번째>, <악마는 프라다를 입는다>

Screen Conversation

A: What's wrong with **you? Why are you so angry?**

B: **Just get away from me!**

A: 무슨 일 있었니? 왜 그렇게 화가 났니?
B: 날 좀 내버려둬.

A: **Don't discuss your relationship with Mom.**

B: What's wrong with **telling her I love Chris?**

A: 엄마에게 너 연애하는거 말하지마.
B: 엄마한테 내가 크리스를 사랑한다고 하는게 뭐 잘못됐어?

네 속옷을 확인해봐

Why don't you check your underpants?

언뜻 보기에는 「이유」를 묻는 의문문같지만 무늬만 의문문일뿐 실제로는 상대방에게 뭔가 「제안」하는 패턴이다. 다시 말해서 I want you to+V와 같은 의미. 한편 Why don't I~?는 Let me~, Why don't we~?는 Let's~와 각각 같은 뜻이다. 물론 Why don't you~?는 본업에 충실하게 "왜 …하지 않냐?"고 물어볼 수도 있다.

Screen Expressions

★ **Why don't I~?** 내가 …할게 = Let me+V

Why don't I get us some beers? 내가 맥주 좀 살게.

★ **Why don't we~?** …하자 = Let's+V

Why don't we calm down and grab a beer? 진정하고 맥주나 하자.

★ **Why don't you~?** …해라 = I want you to+V. 왜 …하지 않는거야?

Why don't you go over there and leave us alone?
우리 좀 놔두고 저쪽으로 가라.

Why don't you want to do it anymore?
왜 더 이상 그것을 하고 싶어하지 않는거야?

이 표현이 나오는 영화_
<라라랜드>, <러브액츄얼리>, <악마는 프라다를 입는다>, <어바웃타임>, <프로포즈>, <브리짓 존스의 베이비>, <브리짓 존스의 일기>, <500일의 썸머>, <프렌즈 위드 베네핏>, <첫키스만 50번째>, <친구와 연인사이>, <러브, 로지>, <굿럭척>, <왓이프>

Screen Conversation

A: Both of us are getting a little fat.

B: Why don't we **start exercising?**

A: 우리 둘다 점점 좀 살이 찌고 있어.
B: 운동을 시작하자.

A: Oh my God, I can't take it anymore!

B: Why don't you **take a little time off?**

A: 맙소사. 난 더 이상 참을 수가 없어!
B: 좀 쉬지 그래.

LEVEL 01

024

내가 그거 꺼내줄까?

You want me to get it?

앞에 Do~가 생략된 경우. 그래서 Do you want me to~?하게 되면 상대방의 「의중」을 확인하거나, 혹은 내가 상대방에게 해주고 싶은 것을 「제안」할 때 쓸 수 있는 패턴이다. 우리말로는 "내가 …해줄까?" 정도로 생각하면 된다. 더 공손히 말하려면 Would you like me to+V?라고 하면 된다.

Screen Expressions

★ **Do you want me to~?** 내가 …할까?, 나보고 …하라고?

  Do you want me to go on a date with your brother?
  네 오빠랑 데이트하라고?

★ **You want me to~?** 내가 …할까?, 나보고 …하라고?

  You got something in your eyelash. **You want me to** get it?
  네 속눈썹에 뭐 들어갔는데. 내가 꺼내줄까?

★ **Want me to~?** 내가 …할까?

  Want me to help you with that?
  그거 내가 도와줄까?

이 표현이 나오는 영화_
<미비포유>, <로맨틱홀리데이>, <노팅힐>

Screen Conversation

A: **I don't have the courage to ask Rachel out.**

B: You want me to **ask her?**

A: 레이첼에게 데이트신청할 용기가 없어.
B: 내가 말해줄까?

A: **Tonight I feel really lonely.**

B: Want me to **drop by your apartment?**

A: 오늘밤 정말 외로워.
B: 네 아파트에 내가 잠시 들릴까?

그거 하는 방법을 알려줘

Show me how it works

상대방에게 뭔가 하는 방법을 보여주거나 알려달라고 말할 때 쓰는 패턴으로 Show me~ 다음에는 주로 how to+V 혹은 how[what] S+V의 형태가 이어진다. 명령문으로 강조하려면 맨 앞에 You show me~처럼 You를 붙이면 된다.

Screen Expressions

★ **Show me how to+V** …하는 방법을 알려줘

Then **show me how to** get to the hotel and we'll call it even.
그럼 어떻게 호텔가는지 알려주면 비긴 걸로 하자.

★ **Show me how S+V** 어떻게 …하는지 알려줘

Show me how you kissed Chris.
네가 어떻게 크리스와 키스를 했는지 알려줘.

★ **Show me what S+V** …을 보여줘

Show me what you got.
네 실력을 보여줘.

이 표현이 나오는 영화_
<프렌즈 위드 베네핏>, <러브, 로지>

Screen Conversation

A: It's not hard to repair the TV.

B: Show me how to **fix it.**

A: TV고치는거 어렵지 않아.
B: 어떻게 고치는지 알려줘.

A: The Internet stopped working after Brenda used it.

B: Show me what **she did to the computer.**

A: 브렌다가 사용한 후에 인터넷이 끊겼어.
B: 걔가 컴퓨터를 어떻게 했는지 보여줘봐.

LEVEL 01

026

내 말은, 우리가 아기를 가졌다고

I mean, we're having a baby together

상대방이 내 말을 못 알아들었을 때 혹은 내가 다시 설명을 해주어야겠다고 생각이 들 때 필요한 문구로 I mean, ~ 혹은 I mean S+V의 형태로 쓴다. 반대로 상대방이 한 말을 다시 확인하고자 할 때는 You mean,~ 혹은 You mean S+V의 형태로 "…란 말야?," "…란 말이구나"라는 뜻으로 사용한다.

Screen Expressions

★ **I mean, ~ [I mean S+V]** 내 말은 …란 말이야

I mean, what was he thinking, leaving me?
내 말은, 걘 무슨 생각을 했던걸까, 날 떠나는거?

★ **You mean, ~ [You mean S+V]** …란 말이지

You mean, you want me to keep a secret. 네 말은, 나보고 비밀을 지키라는거지.

★ **You mean, ~? [You mean S+V?]** …란 말야?

You mean you're not going to come over? 네 말은 못온다는 말이지?

You mean she hasn't called you and told you yet?
걔가 아직 전화해서 말하지 않았단 말야?

이 표현이 나오는 영화_
<미비포유>, <악마는 프라다를 입는다>, <로맨틱홀리데이>, <500일의 썸머>, <쉬즈더맨>, <러브, 로지>,
<러브액츄얼리>, <노팅힐>, <브리짓 존스의 일기>

Screen Conversation

A: **Why are Jason and Karen getting a divorce?**

B: **I mean, no one knows what happened.**

A: 왜 제이슨과 캐런이 이혼을 하는거야?
B: 내 말은 어떻게 된건지 아무도 모른다는거야.

A: **People say Betty is in love with another man.**

B: **You mean she cheated on him?**

A: 베티가 다른 남자를 사랑한다고 하던대.
B: 네 말은 걔가 바람피고 있다는 말이야?

너는 홀로 있는거에 익숙해져야 돼

You need to get used to being alone

지금은 그렇지 않은 과거의 「습관」을 말하는 used to+V 앞에는 be나 get이 붙지 않는다. 만약 be나 get이 붙어서 be[get] used to+N[~ing]하게 되면 「…에 익숙해지다」가 되며, 또한 be used to+V하게 되면 「…하는데 …가 이용되다」라는 의미가 되니 구분을 잘해야 한다.

Screen Expressions

★ **used to+V** (지금은 아니지만 과거에) …하곤 했다

▶ I didn't used to~ 과거에 …하지 않았어. Did you used to+V? 과거에 …했었지?

Did you two used to date or something? 너희 둘 데이트하는 사이였어?

★ **be[get] used to+N[~ing]** …에 익숙해지다
= be[get] accustomed to+N[~ing]

I'm getting used to waking up early every day.
난 매일 일찍 일어나는데 익숙해지고 있어.

★ **be used to+V** …하는데 이용되다

A lawn mower **is used to** cut grass. 잔디깎는 기계는 풀을 베는데 사용돼.

이 표현이 나오는 영화_
<라라랜드>, <러브액츄얼리>, <악마는 프라다를 입는다>, <로맨틱홀리데이>, <노팅힐>, <어바웃타임>

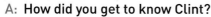

Screen Conversation

A: How did you get to know Clint?

B: He used to live in my apartment building.

A: 넌 어떻게 클린트를 알게 되었어?

B: 예전에 과거에 같은 아파트에 살았어.

A: Is it always busy in this office?

B: Get used to working late every night.

A: 여기 사무실은 항상 바빠?

B: 매일밤 늦게까지 일하는데 익숙해지라고.

걘 우리가 아무도 믿어서는 안된다고 말하곤 했어

He used to say we can't trust anyone

바로 앞의 세가지 패턴 중 로코에서 가장 많이 쓰이는 것은 단연 used to+V이다. 지금은 아니지만 과거에 "...을 하곤 했다"고 회상하거나 기억을 더듬을 때 긴요하게 사용되는 표현이기 때문이다. 여기서는 used to+V를 응용한 표현 몇가지 살펴본다.

Screen Expressions

★ **You used to say~** 넌 예전에 …라고 말하곤 했지

You used to say that I could come to you for anything.
무슨 일이든 널 찾아와도 된다고 네가 말하곤 했어.

★ **I used to dream about you ~ing** 난 네가 …하는 꿈을 꾸곤 했어

I used to dream about you getting hit by a cab.
난 네가 택시에 치이는 꿈을 꾸곤 했어.

★ **There used to be~** …가 있었어 ▶ **This used to be~** 이곳은 …였어

This used to be the most exciting city in the world.
이곳은 세계에서 가장 활기찬 도시였어.

이 표현이 나오는 영화_
<라라랜드>, <러브액츄얼리>, <악마는 프라다를 입는다>, <로맨틱홀리데이>, <노팅힐>

Screen Conversation

A: Chris used to say we can't trust anyone.

B: He was right. Some people are very sneaky.

A: 크리스는 아무도 믿어서는 안된다고 말하곤 했어.
B: 걘말이 맞아. 어떤 사람들은 정말 교활해.

A: So you've been attracted to me for a long time?

B: I used to dream about you dating me.

A: 그럼 넌 오랫동안 나를 좋아한거야?
B: 네가 나와 데이트하는 꿈을 꾸곤 했어.

그거 잊어버리는게 어때?

How about putting it behind you?

상대방의「의향」을 물어보거나 뭔가 새로운「제안」을 할 때, 특히 약속시간, 장소를 정할 때 유용한 패턴이다. 다만 How about~? 다음에는 명사나 ~ing가 올 뿐만 아니라, 시간이나 장소의 부사구, 혹은 S+V절이 올 수도 있다는 점을 기억해둔다. What about~?이라고 해도 된다.

Screen Expressions

★ **How about+N[~ing]?** …은 어때?, …하는게 어때?
  ▶ How about you? 넌 어때?

  How about a quickie before I go home? 집에 가기 전에 한번 어때?

  How about getting together next week, say, on Friday?
  담주, 그러니까, 금요일에 만나는게 어때?

★ **How about S+V?** …하는게 어때?

  How about we go to the movies tonight? 오늘 저녁 영화 어때?

★ **How about, 부사구?** …가 어때?

  How about over the kitchen table? 식탁 위에서는 어때?

이 표현이 나오는 영화_
<라라랜드>, <노팅힐>

Screen Conversation

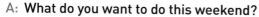

A: **What do you want to do this weekend?**

B: **How about hiking? It's good exercise.**

A: 이번 주말에 뭘 하고 싶어?
B: 하이킹 어때? 좋은 운동이잖아.

A: **Let's find a way to fund the festival.**

B: **How about everyone donates some money?**

A: 축제 기금을 모을 방법을 찾아보자.
B: 다들 돈을 조금씩 내는게 어때?

LEVEL 01

030

어째서 결혼 안했어?

How come you're single?

「이유」를 물어보는 패턴으로 How come S+V?는 Why~?와 같은 의미이다. 다만 주어와 동사를 도치시켜야 되는 Why~?의문문과는 달리 How come~ 다음에 S+V를 붙이면 되기 때문에 사용하기가 훨 수월한 패턴이다. 물론 How come?이라고 단독으로도 사용된다.

screen expressions

★ **How come?** 어째서, 왜?

How come? Do you have a schedule conflict?
어째서죠? 다른 약속이랑 겹쳤나요?

★ **How come S+V?** 왜 …한거야?

How come it took you so long to ask me out?
내게 데이트 신청하는데 왜 이렇게 오래 걸렸어?

★ **How come you never+pp?** 어째서 넌 전혀 …을 하지 않은거야?

How come you never said anything to me? 왜 내게 한마디도 안했던거야?
How come you never mentioned Jim before? 어떻게 짐 얘기를 한번도 안한거야?

이 표현이 나오는 영화_
<500일의 썸머>, <노트북>

screen conversation

A: **I'm happy my friends came to visit.**

B: **How come they left so early?**

A: 내 친구들이 찾아와서 기뻐.
B: 어째서 그렇게 일찍 가버렸어?

A: **Cindy is my youngest sister.**

B: **How come you never said you were related?**

A: 신디는 내 막내 여동생이야.
B: 서로 가족이라고 왜 말을 안한거야?

크리스가 담에 무슨 짓을 할지 몰라

God knows what Chris will do next

God[Lord] knows~ 다음에 「의문사절」이 오느냐 아니면 「단순한 S+V절」이 이어지느냐에 따라 의미가 전혀 달라진다. God knows what[how, where~]~의 경우는 "…을 아무도 알 수가 없다"라는 뜻이 되며, 반면 God know S+V되면 S+V를 강조하는 것으로 "정말이지 …하다"라는 의미가 된다.

Screen Expressions

★ **God[Lord] knows what~** …는 아무도 몰라

God knows what Chris will do next.
크리스가 다음에 무슨 짓을 할지 아무도 몰라.

★ **God[Lord] knows how[where]~** …는 아무도 몰라

God knows how Jill put up with you for so long.
그렇게 오랫동안 질이 어떻게 널 참아냈는지 알 수가 없지.

★ **God[Lord] knows S+V** 정말이지 …해

Lord knows I've tried to get in touch with her.
정말이지 난 걔와 연락하려고 했어.

이 표현이 나오는 영화_
<악마는 프라다를 입는다>, <어바웃타임>

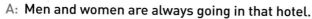

Screen Conversation

A: Men and women are always going in that hotel.

B: God knows what they do inside that place.

A: 남자와 여자들이 항상 저 호텔안으로 들어가.
B: 저 안에서 뭘 하는지 어떻게 알겠어.

A: I hope your dad can get healthy again.

B: Lord knows that he needs help.

A: 네 아빠 다시 건강해지시기를 바랄게.
B: 정말이지 아빠는 도움이 필요해.

우린 나가서 저녁먹을 참이야

We're about to go and get dinner

가까운 미래의 일을 말하는 be going to+V를 설명할 때 항상 붙어다니면서 등장하는 패턴이다. be about to+V는 be going to+V보다 훨씬 가까운 미래, 즉 "바로 …할 참이야"라는 의미이다.

Screen Expressions

★ **be going to+명사** …에 가는 중이야, …에 갈거야

You mean **you're not going to** college? 네 말은 대학교에 안가겠다는거야?

★ **be going to+V** …할거야

I'm going to kiss you like you've never been kissed before.
네가 전에 해본 적이 없는 황홀한 키스를 해줄게.

★ **be about to+V** 바로 …할거야

She's about to fall in love with me! 걘 바로 날 사랑하게 될거야!

Andrew and I were about to celebrate our first anniversary together.
앤드류와 나는 함께 일주년을 기념할 참이었어.

이 표현이 나오는 영화_
<악마는 프라다를 입는다>, <어바웃타임>, <라라랜드>, <러브액츄얼리>, <프로포즈>

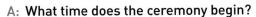

Screen Conversation

A: **What time does the ceremony begin?**

B: It's going to **start around seven.**

A: 기념식은 언제 시작해?
B: 7시경에 시작할거야.

A: **You kicked Ryan out of the apartment?**

B: **He was about to** start a fight.

A: 넌 라이언을 아파트에서 쫓아냈지?
B: 걔가 싸움을 시작하려고 했어.

033

여기서 담배피면 안돼

You're not allowed to smoke here

allow sb to~는 「…가 …을 하도록 허락하다」라는 뜻에서 be allowed to+V하게 되면 「…을 하는 것이 허락되다」, 반대로 부정으로 써서 be not allowed to+V하게 되면 「…하는 것이 금지되다」, 「…하면 안된다」라는 빈출 표현이 된다.

Screen Expressions

★ **I'm not allowed to+V** 난 …하면 안돼

I'm not allowed to have oral sex with an intern?
인턴하고 오럴섹스를 하면 안돼?

★ **You're allowed to+V** 넌 …해도 돼

Marriage is big. **You're allowed to** freak out.
결혼은 큰일이니 걱정되지.

★ **You're not allowed to+V** 넌 …하면 안돼

You're not allowed to sleep with any of your students.
제자와 자면 안되는거야.

이 표현이 나오는 영화_
<노팅힐>, <로맨틱홀리데이>, <미비포유>, <쉬즈더맨>

Screen Conversation

A: **Tell me what she said to you.**

B: I'm not allowed to **talk about it.**

A: 걔가 너에게 뭐라고 했는지 말해봐.
B: 그거에 대해서는 난 말하면 안돼.

A: **Can I invite some of my friends?**

B: You're not allowed to **bring extra people.**

A: 내 친구들 좀 초대해도 돼?
B: 추가로 사람을 더 데려와서는 안돼.

넌 그러면 안돼

You're not supposed to do that

「…하게 되어 있다」 「…할 예정이다」라는 의미. 어떤 의무나 필요에 의해서라기 보다는 미리 그렇게 하기로 정해져 있기 때문이라는 뜻이 함축되어 있다. 참고로 What's that supposed to mean?은 "그게 무슨 말이야?," "그게 무슨 뜻이야?"라는 말로 상대방 말에 화가 나거나 이해하지 못했을 때 하는 말.

Screen Expressions

★ **I'm supposed to+V** 난 …해야 돼 ⇔ I'm not supposed to+V 난 …하면 안돼

I am not supposed to be here. 난 여기 있으면 안되는데.

Am I supposed to fuck you, right here? 내가 바로 여기서 널 해줘야 돼?

★ **You're supposed to+V** 넌 …해야 돼
⇔ You're not supposed to+V 넌 …하면 안돼

You're supposed to love me no matter what. 어떤 일이 있어도 넌 날 사랑해야 돼.

★ **How am I supposed to+V?** 내가 어떻게 …을 하겠어?

How am I supposed to know if we're soul mates?
어떻게 우리가 소울메이트인지 알 수 있는거야?

이 표현이 나오는 영화_
<러브액츄얼리>, <친구와 연인사이>, <로맨틱홀리데이>, <노트북>, <악마는 프라다를 입는다>

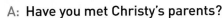

Screen Conversation

A: Have you met Christy's parents?

B: I'm supposed to **meet them tomorrow.**

A: 크리스티의 부모님을 만나뵀었어?
B: 내일 뵙기로 했어.

A: I plan to go home this afternoon.

B: You're not supposed to **leave the hospital.**

A: 오늘 오후에 집에 갈거야.
B: 넌 병원에서 퇴원하면 안돼.

네가 그렇게 대접을 받다니 볼 낯이 없어

I'm ashamed of how you were treated

이번에는 감정 중 특히 「창피」하거나 「당황」했을 때 쓰는 패턴들을 정리해본다. 비교적 약하게 당황하거나 창피할 때는 I'm embarrassed~나 I'm ashamed of~를 쓰면 되고, 아주 많이 창피할 경우에는 I'm so humiliated that S+V의 패턴을 쓰면 된다.

Screen Expressions

★ **I'm embarrassed by[to]~** …에 당황스러워, 쑥스러워

Are you embarrassed by this game I've started to play?
내가 시작한 게임에 당황스러워요?

★ **I'm ashamed of how S+V** 난 …가 창피해
▶ I'm ashamed that S+V …가 창피해

I'm ashamed of how you were treated. 네가 그렇게 대접받다니 볼 낯이 없어.

I'm ashamed that she was so rude. 걔가 너무 무례해서 부끄럽네.

★ **I'm (so) humiliated S+V** 난 …하는 망신을 당했어

I'm so humiliated that he saw me naked. 걔가 나 벗은 모습을 봐서 정말 창피해.

이 표현이 나오는 영화_
<로맨틱홀리데이>, <러브액츄얼리>

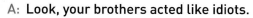

Screen Conversation

A: **Look, your brothers acted like idiots.**

B: **I'm embarrassed by their behavior.**

A: 저봐, 네 형제들이 멍청이처럼 행동했어.
B: 걔네들 행동 때문에 창피해.

A: **Why were you being so obnoxious?**

B: **I'm ashamed I acted that way.**

A: 왜 그렇게 기분나빠한거야?
B: 그렇게 행동한게 창피해서.

LEVEL 01

036

그래, 여기서 남자 성기는 별 문제아냐

So, we are cool with penises here

<친구와 연인사이>에서 주인공 아담이 취해서 의사인 여친과 동료 의사들이 있는 집에 가서 자고 다벗은채로 일어나서 당황하고 있자 한 여의사가 하는 말. be cool with[about]~은 「…은 괜찮아」, 「상관없어」라는 말이고 be cool with sb ~ing은 「…가 …하는 것은 괜찮다」라는 말. be fine by[with]나 be okay도 비슷한 표현.

Screen Expressions

★ **I'm cool with[about]~** 난 …가 괜찮아

▶ We're cool with~ 우리는 …가 상관없어

Are you cool with the four of us hanging out? 우리 넷이 놀아도 되겠어?

★ **That[It]'s fine by[with] me** 난 …가 괜찮아

Whoever you're with in there, **it's fine by me.** 그안에 누구랑 있던지 간에 난 괜찮아.

★ **Is it okay that[if] S+V?** …해도 괜찮아?

▶ It's okay to+V[that S+V] …하는 것은 괜찮아

Is it okay that I'm calling you? 내가 전화를 해도 괜찮아?

It's okay if I sit closer? 내가 더 가까이 앉아도 괜찮겠어?

이 표현이 나오는 영화_
<로맨틱홀리데이>, <이터널선샤인>, <친구와 연인사이>

Screen Conversation

A: **Why don't you come out to the bar.**

B: **I'm cool with going along with you.**

A: 나와서 그 술집으로 가자.
B: 난 너와 함께 가는게 좋아.

A: **What is your opinion of the dress I'm wearing?**

B: **That's fine by me. I like it.**

A: 내가 입고 있는 드레스 어때?
B: 난 괜찮아. 맘에 들어.

오늘밤에 데이트할래?

Would you like to go out tonight?

I want to~의 부드러운 표현인 I'd like to~의 의문형이다. 축약된 'd를 풀어서 would로 원상복귀하고 주어와 동사를 도치시키면 된다. Would you like~?는 상대방의 「의향」을 물어보는 것으로 다음에 명사, to+V 혹은 me to+V를 붙여 다양한 패턴을 만들어볼 수 있다.

screen expressions

★ **Would you like+명사?** …을 원해?
  ▶ Would you like+명사+~ed[부사]? …을 …상태로 원해?
  Would you like something to drink? 뭐 좀 마실래?
  Would you like the TV on? TV를 켤까?

★ **Would you like to+V?** …하기를 원해?
  Would you like to meet the bridesmaids? 신부들러리를 만나고 싶어?

★ **Would you like me to+V?** 내가 …하기를 바래?
  Would you like me to give him a call? 내가 걔한테 전화를 할까?

이 표현이 나오는 영화_
<러브액츄얼리>, <노팅힐>, <로맨틱홀리데이>, <왓이프>, <어바웃타임>, <첫키스만 50번째>, <러브, 로지>,
<브리짓 존스의 베이비>, <굿럭척>

screen conversation

A: Would you like to **try playing tennis?**

B: **No, I don't like playing sports.**

A: 테니스 쳐볼래?
B: 아니, 난 운동하는 것을 싫어해.

A: **I'm tired of Dennis always being late.**

B: Would you like me to **talk to him about it?**

A: 데니스가 맨날 늦어서 지겨워.
B: 내가 걔한테 그 얘기 좀 할까?

바로 돌아올테니 걱정마

Rest assured we'll be right back

뭔가 확실하다고 자신감을 보이거나 혹은 상대방을 안심시키기 위해서는 I'm assured that S+V 혹은 I'm confident S+V의 패턴을 사용한다. 특히 (You) Rest assured S+V는 상대방을 안심시키기 위한 표현으로 "…을 걱정마라"는 의미의 패턴이다.

Screen Expressions

★ **I'm assured that S+V** …을 확신해 ▶ Rest assured S+V …는 걱정마
   I'm assured that the problem will be fixed. 그 문제가 해결될거라 확신해.
   Rest assured that Adam will do a good job. 아담은 일을 잘할테니 걱정마.

★ **I'm confident S+V** …을 확신해 ▶ I'm confident of~ …을 확신해
   I'm confident he stole the money. 걔가 돈을 훔친걸 확신해.

★ **I'm certain S+V** …을 확신해
   I'm certain this has been a very difficult period for you.
   지금이 너에게는 무척 힘든 시기라는걸 확신해.

이 표현이 나오는 영화_
<노팅힐>, <브리짓 존스의 베이비>, <미비포유>, <로맨틱홀리데이>

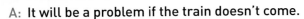

Screen Conversation

A: It will be a problem if the train doesn't come.
B: I'm assured the train will be on time.

A: 기차가 오지 않으면 문제가 될거야.   B: 기차가 제 시간에 올게 틀림없어.

  스크린 명대사 _ 러브, 로지

"What I once said about you is still true, there's nothing you can't do if you put your mind to it. So keep chasing those dreams, will you, darling?" -Rosie's father
내가 전에 너에 대해 말한 것은 사실이란다, 넌 마음만 먹으면 못할 일이 없어. 그러니 그 꿈을 절대 포기 하지마, 알았지?

네가 짐하고 잔다는데 많이 놀랐어

I was scared that you were sleeping with Jim

감정표현을 하는 경우들이다. 먼저 놀랐을 때는 I'm surprised to+V나 I'm surprised that S+V를, 놀라거나 혹은 무서울 때는 I'm scared of~나 I'm scared that S+V를, 그리고 뭔가 걱정이 될 때는 I'm worried that S+V라고 쓰면 된다.

Screen Expressions

★ **I'm surprised to+V[that S+V]** …에 놀랐어

I was kinda surprised that you agreed to go on a blind date.
난 네가 소개팅에 가기로 했다고 해서 좀 놀랐어.

★ **I'm scared of[that S+V]** …에 놀랐어, 무서웠어

I was scared that if we got together something would mess that up.
우리가 사귀면 뭔가 일이 그르치지 않을까 두려웠어.

★ **I'm worried that S+V** …가 걱정돼

I'm worried you might be a little cold.
네가 좀 춥지 않을까 걱정돼.

이 표현이 나오는 영화_
<프렌즈 위드 베네핏>, <노트북>, <미비포유>, <첫키스만 50번째>, <악마는 프라다를 입는다>, <어바웃타임>,
<왓이프>, <프로포즈>

Screen Conversation

A: I'm worried **Sam won't come to the party.**

B: Why? Is she still angry with you?

A: 샘이 파티에 오지 않을까 걱정돼.
B: 왜? 아직도 너 땜에 화나 있어?

A: **No one knows where Lydia has gone.**

B: I'm scared that **something happened to her.**

A: 리디아가 어디에 갔는지 아무도 몰라.
B: 걔에게 무슨 일이 일어났을까봐 두려워.

우린 침대를 같이 쓰는데 편해

We're comfortable sharing a bed

「편하다」, 「불편하다」고 말할 때는 comfortable를 써서 요긴하게 말할 수 있다. 「…에 맘이 편하다」라고 하려면 be[feel] comfortable with[about], 반대로 「불편하다」고 할 때는 uncomfortable를 쓰거나 혹은 I'm not comfortable with~라고 하면 된다.

Screen Expressions

★ **I am[feel] comfortable with[about]~** …에 맘이 편해

He lied, and **I'm feeling very uncomfortable about** it.
걔가 거짓말했고 난 그게 정말 불편해.

★ **I am[feel] comfortable ~ing** …하는게 맘이 편해
 ▶ I don't feel comfortable ~ing …하는게 불편해

I just don't feel comfortable being anyone's girlfriend.
난 단지 누군가의 여친이 되는게 맘이 불편해.

★ **I'm not comfortable with sb ~ing** …가 …하는게 맘이 불편해

I'm not comfortable with Chris staying in my house.
크리스가 우리 집에 머무는게 불편해.

이 표현이 나오는 영화_
<500일의 썸머>, <라라랜드>, <프로포즈>, <왓이프>, <브리짓 존스의 베이비>, <쉬즈더맨>, <프렌즈 위드 베네핏>

Screen Conversation

A: **Why don't you drive my car?**

B: I don't feel comfortable **using it.**

A: 내 차를 운전하지 그래?
B: 네 차를 모는데 맘이 불편해.

A: **Could Joseph stay for a few days?**

B: I'm not comfortable with **him staying here.**

A: 조셉이 며칠간 머물 수 있어?
B: 난 걔가 여기에 함께 있는게 불편해.

그렇게 늦게 만나야 해서 미안해

Sorry we have to meet so late

「미안」하다고 할 때는 I'm sorry about~, I'm sorry to+V 혹은 I'm sorry S+V의 형태를 사용하면 된다. 물론 구어체에서는 I'm~은 생략될 수 있다. 또한 뭔가 부탁하기 전에 공손한 맘을 전달하기 위해 I'm so sorry to bother[disturb] you, ~의 패턴도 함께 알아둔다.

Screen Expressions

★ **I am sorry to+V** …하게 돼서 미안해 ▶ **I'm sorry about~** …에 미안해
I'm really sorry to let you down about Indiana.
인디아나 건으로 실망시켜서 정말 미안해.

★ **I'm sorry (that) S+V** …해서 미안해, …해서 안됐어
Sorry you had to see that. 이런 모습 보게 해서 미안해.

★ **I'm so sorry to bother[disturb] you,** 번거롭게[방해] 해서 미안한데,
I'm so sorry to disturb you, but I wonder if I could have your autograph. 방해해서 미안하지만 사인 좀 받을 수 있을까요.

이 표현이 나오는 영화_
<500일의 썸머>, <이프온리>, <노팅힐>, <악마는 프라다를 입는다>, <어바웃타임>

Screen Conversation

A: **She left right in the middle of our date.**

B: I'm sorry **she treated you badly.**

A: 걔 데이트하는 도중에 가버렸어.
B: 걔가 못되게 굴었다니 안됐네.

A: I'm sorry to bother you, but **I need help.**

B: **Sit down. What can I do for you?**

A: 귀찮게 해서 미안한데 도움이 필요해서.
B: 앉아봐. 뭘 도와줄까?

줄리와 데이트를 하다니 넌 참 운이 좋아

You're so lucky to be dating Julie

이번에는 다들 바라는 「운」에 관해서 말해보자. 운이 좋다고 말하려면 be lucky~ 다음에 S+V를 붙이거나 아니면 to+V를 이어 말하면 된다. 「…해서 운이 좋아」라는 말이다. be lucky to+V의 경우 응용하여 be lucky enough to+V라고 써도 된다.

Screen Expressions

★ **I'm very lucky S+V** 난 …해서 운이 참 좋아
  ▶ I'm lucky to+V …하다니 난 운이 좋아
  I was lucky to have survived the car crash. 난 자동차사고에서 운좋게도 살아남았어.

★ **You are lucky S+V** 넌 …해서 운이 좋아
  ▶ You are so lucky to+V …하다니 넌 운이 너무 좋아
  You are so lucky to be dating Julie. 줄리와 데이트를 하다니 넌 참 운이 좋아.

★ **We are lucky S+V** …해서 우리는 운이 좋아
  ▶ We're lucky enough to+V 우리는 …할 정도로 운이 좋아
  We are lucky you told us about it. 네가 그 얘기를 우리에게 해줘서 운이 좋았어.

이 표현이 나오는 영화_
<러브, 로지>, <러브액츄얼리>, <노팅힐>

Screen Conversation

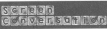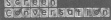

A: **Your father invested in some profitable stocks.**

B: I'm very lucky **he was so smart.**

A: 네 아버지가 수익나는 주식에 투자하셨어.
B: 아버지가 똑똑하셔서 난 운이 좋아.

A: **He's so kind and loving.**

B: You're so lucky to **find someone like that.**

A: 걔 정말 친절하고 사랑스러워.
B: 그런 사람을 찾다니 넌 운이 참 좋아.

네가 다시 돌아와서 기뻐

I'm happy to have you back

운이 좋으면 기쁘고 행복한 법. 그래서 먼저 기쁠 때 쓰는 패턴을 살펴보자. I'm happy~ 다음에 with, about 이 올 수도 있다. 여기서는 I'm happy+~ing, I'm happy to+V, 그리고 I'm happy S+V의 경우를 확인해보기로 한다. 아울러 I'm glad S+V도 빼놓지 말자.

Screen Expressions

★ **I'm happy ~ing** 난 …해서 기뻐 ▶ **I'm happy to+V** …해서 난 기뻐

I'm happy just being friends with her. 난 걔와 친구가 된 것만으로도 기뻐.

I'm happy to have you back. 네가 다시 돌아와서 좋아.

★ **I'm happy S+V** …해서 기뻐 ▶ **I'm happy because S+V** …해서 기뻐

I'm happy you let me be here with you.
너와 함께 있게 해줘서 정말 좋아.

★ **I'm glad S+V** …해서 기뻐 ▶ **I'm glad to+V** …해서 기뻐

I am glad that we finally had a chance to talk.
마침내 얘기나눌 수 있게 돼 기뻐.

이 표현이 나오는 영화_
<왓이프>, <500일의 썸머>, <악마는 프라다를 입는다>, <로맨틱홀리데이>

Screen Conversation

A: **You have lots of time to be with your kids.**

B: I'm happy **spending time with them.**

A: 넌 네 아이들과 많은 시간을 함께 보내잖아.
B: 걔네들과 시간을 보내서 기뻐.

A: I'm happy because **tomorrow is a holiday.**

B: **What do you plan to do?**

A: 내일이 휴일이라 기뻐.
B: 뭐 할건데?

네 집을 임대하는데 관심이 있어

I'm interested in renting your house

뭔가에 「관심」이 있다고 말하려면 interest를 명사로 관사없이 써서 I have interest in~, 아니면 interest를 동사로 써서 I'm interested in~이라고 하면 된다. in~ 다음에는 명사나 동사의 ~ing를 쓰면 된다. 다만 「관심을 갖다」, 「보여주다」라고 할 때는 관사를 붙여 take[show] an interest~라고 한다.

Screen Expressions

★ **I have interest in~** …에 관심이 있어 ▶ I have no interest in~ …에 관심이 없어

I told you again and again **I have no interest in** you.
여러차례 말했지만 난 너에게 관심이 없어.

★ **I'm interested in~** …에 관심이 있어 ▶ I'm so uninterested in~ 전혀 흥미가 없어

I'm interested in renting your house. 난 네 집을 임대하는데 관심이 있어.

I am so uninterested in a life without your father.
난 네 아버지없는 삶에는 정말 관심없어.

★ **(Are) You interested in~?** …에 관심있어?

You interested in getting back on the team? 팀으로 돌아오는거에 관심있어?

이 표현이 나오는 영화_
<노팅힐>, <로맨틱홀리데이>, <어바웃타임>

Screen Conversation

A: **Let's go to a theater and see a film.**

B: I'm so uninterested in **watching movies.**

A: 영화관에 가서 영화보자.
B: 난 정말이지 영화보는데 전혀 흥미가 없어.

A: **I'd like to go on another date with Carol.**

B: You interested in **seeing her again?**

A: 캐롤과 다시 한번 데이트를 하고 싶어.
B: 걔를 다시 만나고 싶어?

임신 10주라는 것을 알고 있어요?

Are you aware you're 10 weeks pregnant?

be aware of~는 「…을 잘 알고 있다」는 의미로 I'm aware of that으로 유명한 문구이다. 패턴으로는 I'm aware of+명사, be aware of what S+V, 그리고 be aware of the fact that S+V(…라는 사실을 잘 알고 있다) 등으로 쓰이며 또한 I'm aware~ 다음에 바로 S+V를 이어 써서 I'm aware that S+V라고 하기도 한다.

Screen Expressions

★ **I'm aware of~** …을 잘 알고 있어 ▶ I'm aware of what~ …을 잘 알고 있어

I am aware of what goes on in my own house.
난 내 집에서 무슨 일이 벌어지는지 잘 알고 있어.

★ **I'm aware of the fact S+V** …라는 사실을 잘 알고 있어

I'm aware of the fact that she is angry. 걔가 화났다는 사실을 잘 알고 있어.

You're also unaware of the fact that there is not enough time.
시간이 그리 충분하지 않다는 걸 너 또한 모르고 있어.

★ **I'm aware (that) S+V** …을 잘 알고 있어

I am well aware we've had problems for the last year.
작년에 우리에게 문제가 있다는 것을 난 잘 알고 있어.

이 표현이 나오는 영화_
<악마는 프라다를 입는다>, <로맨틱홀리데이>, <이프온리>, <프렌즈 위드 베네핏>, <브리짓 존스의 베이비>

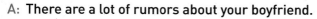

Screen Conversation

A: **There are a lot of rumors about your boyfriend.**

B: I'm aware of what **they have been saying.**

A: 네 남친에 대한 소문이 엄청 많아.
B: 걔네들이 뭐라고 하는지 알고 있어.

A: **Sara has said some mean things about you.**

B: I'm aware of the fact **she is jealous.**

A: 새라가 너에 대해 아주 야비한 얘기를 했어.
B: 걔가 질투하고 있는 것을 알고 있어.

점심 데이트할 준비됐어?

You ready for our lunch date?

「…할 준비가 되어 있다」라고 할 때는 be ready to+V나 be ready for+N이라고 하면 된다. 물론 be 대신에 get을 써도 된다. 바쁜 스크린영어에서는 싹둑 생략하여 Ready for[to]~라고 해도 된다. 준비하다라고 하면 빼놓을 수 없는 be prepared to~도 함께 알아둔다.

Screen Expressions

★ **I'm ready to+V[for+N]** …할 준비가 되어 있어
　▶ I'm not ready to+V[for+N] …할 준비가 되어 있지 않아

　I never thought I'd say this, but **I'm ready to** get married.
　내가 이런 말을 하게 될 줄은 몰랐지만, 나 결혼할 준비가 됐어.

★ **(Are) You ready to[for]~?** …할 준비됐어?

　Are you ready for our lunch date?　점심 데이트할 준비됐어?

★ **I'm prepared to~** …할 준비가 되어 있어　▶ Be prepared to~ …할 준비를 해

　Then **be prepared to** suffer the consequences.
　그럼 결과를 받아들일 준비를 하라고.

──────────

이 표현이 나오는 영화_
<악마는 프라다를 입는다>, <어바웃타임>, <러브, 로지>, <브리짓 존스의 베이비>, <친구와 연인사이>, <굿럭척>,
<500일의 썸머>, <라라랜드>, <노트북>

Screen Conversation

A: **Why not find a girl to settle down with?**

B: I'm not ready to **marry anyone.**

A:　정착할 여자를 찾지 그래?
B:　난 아직 결혼할 준비가 안되어 있어.

A: **So we could be called out at any time?**

B: Be prepared to **leave at short notice.**

A:　그럼 우리가 언제라도 호출될 수 있다는거야?
B:　연락하면 바로 출발할 준비를 해.

네가 해준 일에 대해 정말 고마워

I'm grateful for what you've done

「감사」하다고 할 때는 thank나 appreciate만 있는게 아니다. 의외로 be grateful이란 표현이 많이 쓰이는데, 여기서는 I'm grateful for~, I'm grateful to sb for~ 그리고 I'm so grateful that S+V의 패턴을 연습해보기로 한다. 참고로 I'd appreciate it if you~는 감사가 아니라 「부탁」의 표현이다.

Screen Expressions

★ **I'm grateful for+N[what~]** ···에 정말 고마워
  ▶ I'm grateful to sb for+명사[~ing] ···가 ···해줘서 고마워

  I'm grateful for what you've done. 네가 해준 일에 대해 정말 고마워.

  I'm grateful to Chris **for** helping me out. 크리스가 나를 도와줘서 고마워.

★ **We're so grateful that S+V** ···해줘서 정말 고마워
  ▶ We should be grateful S+V ···해준거에 감사해야 돼

  I'm so grateful that you brought some food. 음식을 좀 가져와줘서 정말 고마워.

★ **I'd appreciate it if you~** ···해주면 고맙겠어

  I'd appreciate it if you left us alone. 우릴 좀 가만히 놔두면 고맙겠어.

이 표현이 나오는 영화_
<악마는 프라다를 입는다>, <미비포유>

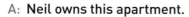

Screen Conversation

A: Neil owns this apartment.

B: I'm grateful to **him for letting me stay here.**

A: 닐은 이 아파트 주인이야.
B: 걔가 날 여기에 있게 해줘서 고마워.

A: I haven't seen my stalker for weeks.

B: I'm so grateful **he left you alone.**

A: 몇주동안 스토커를 보지 못했어.
B: 그가 너를 내버려둬서 정말 다행이다.

048

전번을 거의 바꿀 뻔했어

I'm very close to changing my phone number

come[be] close to ~ing는 「거의 …할 뻔하다」 하지만 그렇게는 하지 않았다라는 의미. to 다음에 sb가 와서 come[be] close to sb하게 되면 단순히 물리적으로 「…와 가까이 있다」라는 뜻이 된다. 강조하려면 very close라고 하면 된다.

Screen Expressions

★ **I'm close to ~ing** 거의 …할 뻔했어
  ▶ You're not even close to ~ing …하려면 아직 멀었어
  You're not even close to getting it done. 일을 다 마치려면 아직 멀었어.
  I'm very close to changing my phone number. 전번을 거의 바꿀 뻔했어.

★ **I come close to ~ing** 거의 …할 뻔했어
  I came this close to actually cleaning the house. 집안청소라도 정말 할 뻔 했다고.

★ **I come close to sb** …에 가까이 가다 ▶ be close to sb …에 가까이 있다
  She lets her coat down and starts **coming close to** him.
  그녀는 코트를 벗고 걔한테 다가가기 시작해.

이 표현이 나오는 영화_
<굿럭척>, <첫키스만 50번째>

Screen Conversation

A: I'm so tired, I just want to go home.

B: You're not even close to **finishing this work.**

A: 난 너무 피곤해서 그냥 집에 가고 싶어.
B: 너 이 일을 끝내려면 아직 멀었는데.

A: I heard you were nervous about the wedding.

B: I came close to **calling it off.**

A: 결혼식 때문에 초조하다고 들었어.
B: 거의 취소할 뻔 했어.

네가 아버지와 문제가 있다는 걸 알고 있어

I know you have issues with your dad

I know~는 「…을 알다」라는 기본패턴으로 I know+N은 건너뛰고 I know~ 다음에 절이 오는 I know that S+V, 그리고 I know~ 다음에 의문사구나 의문사절이 오는 I know what[how] to+V, I know what[how] S+V의 패턴을 살펴보기로 한다.

Screen Expressions

★ **I know S+V** …을 알고 있어 ▶ **I don't know S+V** …을 몰라

　I know that it weirds you out. 그거 때문에 네가 이상하게 생각할거라는 걸 알고 있어.

★ **I know what[how] to+V** …을 알아
　▶ **I don't know what[how] to+V** …하는 법을 몰라

　I know how to keep my women satisfied. 내 여자들을 어떻게 만족시켜줘야 되는지 알아.

★ **I know what[how] S+V** …을 알아
　▶ **I don't know what[how] to+V** …을 몰라

　I know how much Chris means to you. 크리스가 너에게 얼마나 큰 의미인지 알고 있어.

　I don't know when I'm gonna see you again. 내가 언제 널 다시 볼지 모르겠어.

이 표현이 나오는 영화_
<왓이프>, <친구와 연인사이>, <라라랜드>, <미비포유>, <노트북>, <로맨틱홀리데이>, <500일의 썸머>,
<첫키스만 50번째>, <프로포즈>, <러브, 로지>, <굿럭척>

Screen Conversation

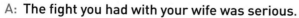

A: **The fight you had with your wife was serious.**

B: **I know how to work it out with her.**

A:　네 아내와의 다툼은 아주 심했어.
B:　어떻게 푸는지 방법을 알고 있어.

A: **Cindy was speaking to your ex-boyfriend.**

B: **I don't know what she told him.**

A:　신디가 네 옛 남친과 얘기를 하고 있었어.
B:　걔가 옛 남친에게 뭐라고 했는지 모르겠네.

걔가 왜 그랬는지 알아?

Do you know why she did it?

이번에는 상대방이 뭔가 알고 있는지 물어보는 패턴으로 Do you know~ 다음에 that S+V, 의문사+to+V, 그리고 의문사 S+V절이 오는 경우를 각각 알아본다. 참고로 Don't you know~?라고 물어보면 정말 상대방이 몰랐는지 확인하거나 혹은 문맥에 따라 「비난」의 의미를 나타낼 수도 있다.

Screen Expressions

★ **Do you know S+V?** …을 알고 있어?
  ▶ Don't you know S+V? …을 몰랐단 말이야?

  Do you know she lied to me? 걔가 우리에게 거짓말한거 알아?
  Don't you know what's going on? 무슨 일이 벌어지고 있는지 몰라?

★ **Do you know what[how] to+V?** …하는 법을 알아?

  Do you know how to flirt with a girl? 여자에게 어떻게 작업거는지 알아?

★ **Do you know what[how] S+V** …을 알아?

  Do you know who I always liked? 내가 항상 누구 좋아했는지 알아?

이 표현이 나오는 영화_
<악마는 프라다를 입는다>, <첫키스만 50번째>, <라라랜드>, <미비포유>, <프로포즈>, <어바웃타임>, <이프온리>, <굿럭척>, <프렌즈 위드 베네핏>, <친구와 연인사이>, <쉬즈더맨>, <브리짓 존스의 베이비>, <러브, 로지>

Screen Conversation

A: I was in love with Jane.

B: Do you know **she got married?**

A: 난 제인과 사랑에 빠졌어.
B: 걔 유부녀인거 알고 있어?

A: I heard you started a friendship with Brenda.

B: Do you know what **she does for her hobbies?**

A: 너 브렌다하고 친구하기로 했다며.
B: 걔 취미가 뭔지 알아?

결혼식에 초대하는거 잊지마

Don't forget to invite us to the wedding

상대방에 "…을 잊지 말고 반드시 하라"고 당부할 때는 Don't forget to+V라 하면 된다. 비슷한 표현으로는 "반드시 …해라"라는 의미의 Be sure to+V가 있는데 이는 명령문으로 쓰일 뿐만 아니라 be sure to+V의 동사구로도 사용된다.

Screen Expressions

★ **Don't forget to+V** 반드시 …해

Don't forget to bring your girlfriend for the party.
파티에 네 여자친구 데려오는거 잊지마.

★ **Be sure to+V** 꼭 …해 ▶ Be sure S+V 반드시 …해

Be sure to tell him I came by.
내가 왔었다고 걔한테 꼭 말해줘.

★ **S+be sure to+V** 반드시 …하다

I'll be sure to let my wife know. 반드시 내 아내가 알도록 할게.

I'll be sure to give you a call. 내가 꼭 너에게 전화를 할게.

이 표현이 나오는 영화_
<악마는 프라다를 입는다>, <프로포즈>, <굿럭척>

Screen Conversation

A: I'll be staying there for two nights.

B: Don't forget to bring your toothbrush.

A: 난 거기에 2박 3일 머물거야.
B: 잊지 말고 칫솔가져가.

A: Today is the day I pick out my wedding dress.

B: Be sure to ask for a discount.

A: 오늘은 웨딩드레스 고르는 날이야.
B: 꼭 깎아달라고 해.

옷 벗는데 얼마나 걸려?

How long does it take to get undressed?

How long~?으로 시작하는 의문문은 「기간」을 물어보는 패턴이다. 주로 How long does it take to+V?의 형태로 "…하는데 시간이 얼마나 걸리는지" 물어본다. 좀 응용해서 How long is it gonna take (for sb) to+V?, 아니면 How long will it take to+V로 쓰이기도 한다.

Screen Expressions

★ **How long does it take to+V?** …하는데 얼마나 걸려?

　How long does it take to get undressed? 옷 벗는데 얼마나 걸려?

★ **How long is it gonna take for sb to+V?**
　…가 …하는데 얼마나 걸릴까?

　How long is it gonna take for her memory to come back?
　걔의 기억이 돌아오는데 얼마나 시간이 걸릴까?

★ **How long will it take (sb) to+V?** …하는데 시간이 얼마나 걸릴까?

　How long will it take Nelly to get ready?
　넬리가 준비하는데 얼마나 걸릴까?

이 표현이 나오는 영화_
<첫키스만 50번째>, <로맨틱홀리데이>, <미비포유>, <라라랜드>

Screen Conversation

A: How long does it take to **get rich?**

B: **Many years, and you have to work hard.**

A: 부자가 되는데 얼마나 시간이 걸릴까?
B: 오래걸리지, 그리고 열심히 일해야 돼.

A: **You never have any luck with the ladies.**

B: How long is it gonna take for **me to find love?**

A: 넌 여자들하고는 운이 전혀 없더라.
B: 내가 사랑을 찾는데 얼마나 걸릴까?

그만 잊고 다음 단계로 가야 될 때야

It's time to move on

"…할 시간이 되었다"라는 의미의 패턴으로 It's time to+V, It's time for sb to+V, 아니면 It's time S+V의 형태로 쓰인다. 시간의 순서상「…할 때가 되었다」라는 의미보다는 벌써 했어야 했는데 좀 늦은 감이 있다는 뉘앙스가 풍기는 표현이다.

screen Expressions

★ **It's time (for sb) to+V** (…가) …할 때이다
> ▶ It's high time to+V …할 때가 지났어

It's time to leave for the party. 파티에 가야 할 시간이야.
It's time for you to get married. 너 이제 결혼할 때야.

★ **It's time S+V** …할 때가 되었어 ▶ It's high time S+V …할 때가 지났어

It's high time our families got together. 우리 가족들이 함께 해야 할 때야.

★ **I think it's time S+V** …할 때가 된 것 같아

I think it is time that I talked to her about it.
그 문제에 대해 내가 걔하고 얘기해 볼 때가 된 것 같아.

이 표현이 나오는 영화_
<러브, 로지>, <프로포즈>, <친구와 연인사이>

screen Conversation

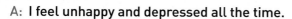

A: **I feel unhappy and depressed all the time.**

B: It's high time to **visit a psychiatrist.**

A: 기분도 안좋고 항상 우울해.
B: 정신과에 빨리 가봐라.

A: **We've been dating for five years.**

B: I think it's time **we discussed our future together.**

A: 우리는 5년간 데이트하고 있어.
B: 우리의 미래에 대해 함께 얘기할 때인 것 같아.

LEVEL 01

054

가서 다른 사람과 섹스해

Go hook up with someone else

<스크린영어 대표표현 3000>에서도 언급된 바 있는 패턴. 주로 명령문의 형태로 Go+V, Get+V처럼 쓰일 뿐만 아니라 일반동사처럼 go+V, get+V로도 쓰인다는 점을 기억해둔다. 두개의 동사 사이에는 원래 to나 and가 있는 것으로 생각하면 된다.

screen expressions

★ **Go get[have]~** 가서 …해라

Go have sex with one of his ex-girlfriends. 가서 걔 옛 여친들 중 한 명과 섹스해.

★ **Come+V** 와서 …해라 ▶ ~come see~ 와서 …하다

Do you want to **come see** a movie with us? 와서 우리랑 같이 영화볼래?

★ **~ go+V~** 가서 …하다

You could **go get** lucky with a hot girl if you want.
원한다면 가서 섹시한 여자와 하라고.

Why don't you **go get** us some coffee to drink?
가서 마실 커피 좀 사가지고 와.

이 표현이 나오는 영화_
<라라랜드>, <러브액츄얼리>, <친구와 연인사이>, <노팅힐>

screen conversation

A: I heard you called Mindy after your semester ended.

B: That's when she decided to come see me.

A: 너 학기가 끝난 후에 민디에게 전화했다며.
B: 바로 그때가 민디가 와서 날 보기로 결정했을 때야.

A: Let's go get some coffee.

B: All I want to do is take a nap.

A: 가서 커피를 좀 마시자.
B: 내가 하고 싶은 건 낮잠 자는 것 뿐이야.

055

너와 크리스가 가까운 사이구나

I see that you and Chris are close

단순히 「…가 보인다」라는 의미로 I see sth, 혹은 I see that S+V나 I see what S+V하게 되면 「…하구나」, 「…하네」, 「…을 알겠어」라는 뜻의 패턴이 된다. 다시 말해서 …하는 것이 보이니까 「…하다는 것을 알게 되다」고 생각하면 된다.

screen Expressions

★ **I see sth** …가 보이네

I see a really big cock down there. 진짜 큰 남자 성기가 달려있네.

★ **I see S+V** …하네, …하구만

I see you're sitting there alone. 저기 혼자 앉아 있는거 같은데요.

I see you're sweating. What is it you've done?
땀을 흘리던데. 무슨 짓을 한거야?

★ **I see what~** …을 알겠어

I see what you're getting at. You want to keep me away from her.
무슨 말 하는지 알겠어. 걔하고 가까이 못있게 하려는거지.

이 표현이 나오는 영화_
<첫키스만 50번째>, <노팅힐>

screen conversation

A: Everyone is wearing winter coats today.

B: I see the weather got colder.

A: 오늘 다들 겨울 코트를 입었네.
B: 날씨가 더 추워지네.

A: Do you understand my explanation?

B: Yes, I see what you're getting at.

A: 내 설명을 이해했어?
B: 어, 무슨 말 하려는지 알겠어.

걔가 나타날 경우에 알고 싶어

I just want to know in case he shows up

in case of~는 「…일지도 모르니」, 「…의 경우가 생길지도 모르니」라는 말로 in case (that) S+V의 형태로도 쓴다. in case 이하의 일이 일어날지도 모르니 대비하고 준비하라는 말씀. just in case는 단독으로는 「만약을 대비해서」라는 뜻이고 just in case S+V하게 되면 「…한 경우에 한해서」라는 의미로 only if와 같은 의미.

screen Expressions

★ **in case of+N** …의 경우에

Use the subway **in case of** a traffic jam.
차가 막히는 경우에는 지하철을 이용해.

▶ **in case (that) S+V** …의 경우에 대비해

I just want to know **in case** he shows up.
걔가 나타날 경우에 알고 싶어.

▶ **just in case S+V** …한 경우에 한해서 ▶ just in case 만약을 대비해서

Buy me a coffee **just in case** I get sleepy.
내가 졸릴 때에 한해서 내게 커피를 사줘.

이 표현이 나오는 영화_
<악마는 프라다를 입는다>, <노팅힐>, <러브액츄얼리>, <어바웃타임>

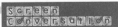

screen conversation

A: Why are there so many alarms in this building?

B: The alarms are there in case of a fire.

A: 이 빌딩에는 경보장치가 왜 그렇게 많은거야?
B: 화재의 경우에 대비해서 있는거야.

A: Sounds like it's going to be a huge party.

B: We got extra food just in case more people show up.

A: 아주 성대한 파티가 될 것 같네.
B: 더 많은 사람들이 올 경우를 대비해 음식을 추가로 준비했어.

팀에게 거짓말해서 속상해

I feel bad about lying to Tim

로코영화에서 감정표현은 많이 나올 수밖에 없다. 이때는 감정이 많은 동사 feel을 이용하여 I feel+형용사~ 의 형태로 감정상태를 표현하면 된다. 여기서는 많이 쓰이는 I feel awful~, I feel bad~, I feel terrible~ 세가지 경우를 살펴보도록 한다.

Screen Expressions

★ **I feel awful about~** …가 끔찍해

I feel really awful about how I acted before.
내가 전에 한 행동 때문에 기분이 정말 끔찍해.

★ **I feel bad for~** …로 속상해

I feel bad about lying to Tim, but it worked.
팀에게 거짓말해서 마음이 좀 걸리지만, 그래도 먹혔어.

★ **I feel terrible about~** …로 기분이 매우 안좋아

I feel terrible about looking into his life like this.
걔의 삶을 이런 식으로 들여다보게 돼서 정말 속상해.

이 표현이 나오는 영화_
<라라랜드>, <미비포유>, <노트북>, <로맨틱홀리데이>, <프로포즈>, <어바웃타임>, <첫키스만 50번째>, <굿럭척>, <쉬즈더맨>, <브리짓 존스의 베이비>

Screen Conversation

A: I feel awful about **embarrassing you.**

B: **Yeah, you shouldn't have told people that I failed.**

A: 널 당황케해서 정말 기분이 끔찍해.
B: 그래, 넌 내가 실패했다는 말을 하지 말았어야 했는데.

A: **When you lose your temper, you're very cruel.**

B: I feel terrible about **the things I said when I was angry.**

A: 너 성질 부릴 때 아주 잔인하더라.
B: 화났을 때 한 말들 때문에 기분이 매우 안좋아.

내 잘못인 것 같아

I feel like it's my fault

뭔가 먹고 싶거나 하고 싶을 때는 I feel like ~ing을 쓰면 된다. 반대로 뭔가 하고 싶지 않을 때는 I don't feel like ~ing라 한다. 반면 명사나 절이 와서 I feel like+N[S+V]하게 되면 "…한 것 같아"라는 의미가 된다. I feel like S+V의 경우에는 like를 생략할 수도 있다.

Screen Expressions

★ **I feel like ~ing** …하고 싶어 ▶ I don't feel like ~ing …하고 싶지 않아

  I feel like going to the beach today. 오늘 해변에 가고 싶어.

★ **I feel like S+V** …인 것 같아

  I still feel like something's not right. 아직도 뭔가 잘못된 것 같아.

  I feel like we've been here before. 우리 전에 여기 와본 것 같아.

★ **I feel S+V** …인 것 같아 ▶ I think you feel that S+V 네가 …라고 생각하는 것 같아

  I feel that more girls would date me if I wore nice clothes.
  내가 멋진 옷을 입으면 더 많은 여자들이 나랑 데이트할 것 같아.

이 표현이 나오는 영화_
<미비포유>, <로맨틱홀리데이>, <이프온리>, <러브액츄얼리>

Screen Conversation

A: It's difficult to work for uptight bosses.

B: Yeah, I feel that we are really lucky.

A: 깐깐한 상사 모시기가 얼마나 힘든데요.
B: 맞아요, 우린 정말 운이 좋은 것 같아요.

A: Randy said he has been faithful to me.

B: I feel like he's been lying to us.

A: 랜디는 내게 속인게 없다고 말했어.
B: 우리에게 거짓말하는 것 같아.

열심히 일하는 모습이 인상적이네

I'm impressed with your hard work

「be+형용사~」의 형태로 감정을 나타내는 세개의 패턴을 알아본다. 먼저 …에 인상적으로 감동을 받았을 때는 be very impressed by~, …에 놀랐을 때는 be amazed that S+V, 그리고 …하는게 아주 좋다고 할 때는 be thrilled to+V라고 하면 된다.

Screen Expressions

★ **I'm very impressed by[with]~** …가 무척 인상적이야
We're impressed by your generosity.
당신의 관대함에 우리는 감명받았어.

★ **I'm just amazed that S+V** …에 놀랐어
I'm amazed that he is in that good of shape.
걔 건강이 그렇게 좋다니 놀랍네.

★ **I'm so thrilled to+V** …하는게 너무 좋아 ▶ I'm attracted to~ …에 끌리다
I'm so thrilled to finally meet Jack's friends.
마침내 잭의 친구들을 만난다고 하니 정말 신나.

이 표현이 나오는 영화_
<미비포유>, <악마는 프라다를 입는다>, <브리짓 존스의 일기>, <노팅힐>

Screen Conversation

A: **Your cousin told me all about his work.**

B: I'm very impressed by **his knowledge.**

A: 네 사촌이 자기 일에 대해 자세히 내게 말했어.
B: 난 걔가 알고 있는거에 감탄했어.

A: I am thrilled to **meet you.**

B: **Well, it is nice to meet you too.**

A: 널 만나게 돼서 너무 기뻐.
B: 어, 나도 만나서 반가워.

060

넬 다시 만나 너무 좋아

It's so lovely to see you again

"…하니 좋다"고 할 때는 간단히 It's good to+V 혹은 It's good that S+V의 형태로 쓰면 된다. 더 좋다고 할 때는 It's better to+V, It's better that S+V, 그리고 최고라고 할 때는 better 대신 best를 쓰면 된다. 또한 "…하는 것이 멋지거나 좋다"고 할 때는 It's lovely to+V라고 한다.

Screen Expressions

★ **It's good to+V[that S+V]** …하는 것이 좋아

It's good that we got out and did something physical.
나가서 활동적인 일을 하는게 좋아.

★ **It's better to+V[that S+V]** …하는 것이 더 나아

I think it's better that we break it off before she gets hurt.
걔가 상처받기 전에 헤어지는게 더 나을 것 같아.

★ **It's best to+V[that S+V]** …하는게 최고야 ▶ **It's lovely to+V** …하는 것이 멋져

I think maybe it's best that we stop seeing each other.
우리가 서로 만나지 않는 것이 최선일 것 같아.

이 표현이 나오는 영화_
<러브액츄얼리>, <미비포유>, <친구와 연인사이>, <프렌즈 위드 베네핏>

Screen Conversation

A: We never should have slept together.

B: It's better we forget what happened.

A: 우리 절대로 함께 자지 말았어야 했는데.
B: 있었던 일을 잊는게 더 나을거야.

A: The festival has been a great success.

B: It's lovely to see everyone having a good time.

A: 축제는 대성공이었어.
B: 모든 사람들이 좋은 시간을 보내는 것을 보니 좋아.

정말 그러고 싶어
I'm willing to do that

진심에서 우러나서 "기꺼이 …하고 싶다"라고 할 때는 I'm willing to+V의 패턴을 활용한다. 강조하려면 I'm more than willing to+V라고 하고, 반대로 상대방이 기꺼이 …할건지 물어볼 때는 Are you willing to+V? 라고 한다.

screen expressions

★ **I'm willing to+V** 기꺼이 …할래

I'm willing to leave that to fate. 난 기꺼이 운명에 맡길거야.

★ **I'm more than willing to+V** 아주 기꺼이 …할래

I'm more than willing to help you. 기꺼이 너를 도와줄래.

★ **Are you willing to+V?** …할테야?

Are you willing to have a chat with me?
나하고 얘기 좀 나눌 생각이 있어?

I need to know if you **are willing to** marry me.
네가 나랑 기꺼이 결혼해줄지 알아야겠어.

이 표현이 나오는 영화_
<로맨틱홀리데이>, <미비포유>, <프로포즈>, <브리짓 존스의 베이비>

screen conversation

A: Are you fast enough to beat them in a race?

B: I'm more than willing to **compete against them.**

A: 경주에서 걔네들을 물리칠 정도로 빨라?
B: 기꺼이 걔네들을 상대로 겨룰거야.

A: Are you willing to **work on weekends?**

B: Sure. I'll do anything to get this job.

A: 주말에도 일을 하겠습니까?
B: 물론요. 취업만 된다면 뭐든지 할게요.

내게 자세히 말해주지 않아도 돼

I don't need you to give me details

need는 「필요하다」라는 말로 내가 처한 사정상 반드시 「…을 해야하거나 필요하다」는 뉘앙스. 자신의 필요가 꼭 이루어져야 한다는 강한 느낌을 주는 패턴이다. 반면 I need you to+V하게 되면 you가 to+V의 행위를 해야 한다고 강조하는 표현이다.

Screen Expressions

★ **I need to+V** …해야 돼

I need to ask you about your sex life.   네 성생활에 대해 물어봐야 돼.

★ **I need you to+V** 네가 …해야 돼 ▶ **I don't need you to+V** 네가 …하지 않아도 돼

I need you to get this done by tomorrow.   내일까지 이걸 끝내야 해

I don't need you to give me details.   내게 자세히 얘기해주지 않아도 돼.

★ **You need to+V** 넌 …을 해야 돼

You need to find a better way to communicate with your wife.
아내랑 대화하기 위해 더 좋은 방법을 찾아야 돼.

이 표현이 나오는 영화_
<러브, 로지>, <악마는 프라다를 입는다>, <친구와 연인사이>

Screen Conversation

A: **You are lazy and people don't like you.**

B: I don't need you to **criticize me.**

A: 넌 게을러서 사람들이 싫어해.
B: 네가 나를 비난하지 않아도 돼.

A: **I wasn't able to enter law school.**

B: You need to **try to do it again.**

A: 난 로스쿨에 들어갈 수가 없었어.
B: 넌 다시 한번 시도를 해봐야 돼.

얘기를 꾸며낼 필요가 없어

You don't have to make up stories

의무의 조동사 중에서 should에 비해 must와 함께 비교적 「강한 의무」를 나타내는 표현인 have to+V는 You don't have to+V라는 빈출 패턴을 만들어낸다. "…할 필요가 없다"라는 뜻으로 You don't need to+V 라고 해도 된다.

Screen Expressions

★ **I have to+V** …을 해야 돼

I have to leave right away for the meeting. 회의가 있어서 지금 당장 가봐야겠는데.

★ **You don't have to+V** …할 필요가 없어

You don't have to walk me home. 집까지 안 데려다 줘도 되는데요.

You don't have to worry about a thing here.
여기서는 하나도 걱정할 필요가 없어.

★ **You don't need to+V** …을 할 필요가 없어

You don't need to do anything you don't want to.
네가 원하지 않는 것은 할 필요가 없어.

이 표현이 나오는 영화_
<500일의 썸머>, <노팅힐>, <굿럭척>, <로맨틱 홀리데이>, <첫키스만 50번째>, <쉬즈더맨>, <악마는 프라다를 입는다>

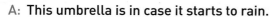

Screen Conversation

A: This umbrella is in case it starts to rain.

B: You don't have to **take it with you.**

A: 이 우산은 비가 내릴 때를 대비한거야.
B: 우산 가져갈 필요가 없어.

A: I'm going to be busy the next few days.

B: You don't need to **come here tomorrow.**

A: 앞으로 며칠간 바쁠거야.
B: 넌 내일 여기 오지 않아도 돼.

좀 쉬어

You should get some rest

should는 의무의 조동사 중에서 ought to+V와 더불어 「약한 의무」를 나타내는 것으로 「…하는 편이 낫다」, 「…해야지」 정도의 의미를 갖는다. 당연히 이루어져야 하는 의무사항이나 상대방에게 조언할 때 사용하면 된다.

Screen Expressions

★ **I should+V** …을 해야 될 것 같아 ▶ I think I should+V …해야 될 것 같아

I think I should stay here with Alexis. 난 알렉시스와 여기 남아야 될 것 같아.

Do you think **I should** marry my girlfriend?
내가 여친과 결혼해야 된다고 생각해?

★ **You should+V** 넌 …을 해야 해

You should be more careful when you speak! 말할 때 더 좀 조심해!

★ **You should not+V** …을 해서는 안돼

You shouldn't be dating at all until your divorce is final.
이혼이 마무리될 때까지 데이트하면 안돼.

이 표현이 나오는 영화_
<500일의 썸머>, <로맨틱홀리데이>, <노트북>, <미비포유>, <라라랜드>, <첫키스만 50번째>,
<악마는 프라다를 입는다>, <왓이프>, <어바웃타임>, <왓이프>, <프로포즈>, <러브, 로지>, <브리짓 존스의 베이비>,
<프렌즈 위드 베네핏>, <굿럭척>

Screen Conversation

A: Candy broke her leg and is in the hospital.

B: I should go to visit her.

A: 캔디는 다리가 부러져서 병원에 입원했어.
B: 병문안 가야겠네.

A: It seems like I always get into arguments.

B: You should not cause so much trouble.

A: 내가 늘상 말다툼을 하는 것 같아.
B: 너무 많은 논란을 일으키지는마.

걘 내가 널 잊지 못했다는 것을 알게 됐어

He realized that I hadn't got over you

뭔가 「이해한다」고 할 때는 I understand~ 다음에 이해하는 내용을 S+V의 형태로 넣어주면 된다. 뭔가 몰랐던 것을 새롭게 알았다고 할 때는 I realize that S+V를, 그리고 어떤 사실을 알게 되었다고 할 때는 I notice S+V라고 쓰면 된다.

Screen Expressions

★ **I understand S+V** …을 이해해
  ▶ I don't understand why S+V 왜 …인지 이해가 안돼
  I understand that sex is a part of life. 섹스가 인생의 일부라는 것을 이해해.
  I don't understand why you came. 네가 왜 왔는지 이해가 안돼.

★ **I realized S+V** …을 깨달았어
  I realized we've been unfair to you. 우리가 너에게 불공평했다는 걸 깨달았어.

★ **I notice S+V** …을 알게 됐어
  I notice she had plastic surgery. 걔 성형수술했네.

이 표현이 나오는 영화_
<악마는 프라다를 입는다>, <브리짓 존스의 일기>, <로맨틱홀리데이>, <프렌즈 위드 베네핏>, <러브, 로지>

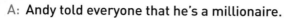

Screen Conversation

A: **Andy told everyone that he's a millionaire.**

B: **I don't understand why he lies so much.**

A: 앤디는 자기가 백만장자라고 떠벌리고 있어.
B: 걘 왜 그렇게 거짓말을 많이 하는지 이해가 안돼.

A: **Why didn't you go into your apartment?**

B: **I realized I had lost my keys.**

A: 왜 네 아파트에 들어가지 않은거야?
B: 열쇠를 잃어버린 것을 깨달았어.

걘 나에 대한 환상을 갖고 있지 않다고 생각해

I suspect she does not fantasize about me

이번에는 유명한 suspect와 doubt의 차이점을 알아본다. 먼저 I suspect that S+V하게 되면 "…가 맞을거라고 의심하다, 생각하다"가 되며, I doubt that[if] S+V는 그렇지 않을거라는 생각을 깔고서 "…인지 의심스럽다"라는 뜻이 된다.

screen Expressions

★ **I suspect S+V** …일거라 의심돼, …가 맞다고 생각해

I suspect she wants to borrow some of my money.
걔는 내게서 돈 좀 빌리려는 것 같아.

★ **I doubt S+V** …가 아닐거라 의심스러워

I doubt people will give it much thought. Don't worry about it.
사람들이 그것에 대한 생각을 많이 하지 않을거야. 너무 걱정마.

★ **I doubt if S+V** …인지 의심스러워

I doubt if she took the keys.
걔가 열쇠를 가졌을까봐 걱정돼.

이 표현이 나오는 영화_
<브리짓 존스의 일기>, <500일의 썸머>, <라라랜드>, <브리짓 존스의 베이비>, <미비포유>, <로맨틱홀리데이>

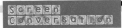
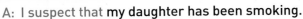

screen conversation

A: I suspect that **my daughter has been smoking.**

B: **You'd better talk to her before it becomes a habit.**

A: 우리 딸이 담배를 피우는 것 같아.
B: 습관되기 전에 걔에게 타일러야 해.

A: **Kim's boyfriend just kissed Millie.**

B: I doubt **she saw what happened.**

A: 킴의 남친이 방금 밀리에게 키스했어.
B: 걔가 잘못 본 것 같아.

넌 정말이지 겁쟁이야

You're such a wimp

어떤 단어를 강조하려면 very나 much, 좀 발전하면 so 등만을 생각하게 된다. 여기서는 한걸음 더 나아가 「such a+명사」의 형태를 알아본다. 우리말로는 「무척 …하다」 정도로 생각하면 된다. 명사 앞에 형용사가 있을 때도 있고 없을 때도 있다.

screen Expressions

★ **I'm such a~** 난 정말 …야

I'm such a huge fan, I love your work.
난 정말 광팬이예요, 당신 작품을 정말 좋아해요.

★ **You're such a~** 넌 정말 …야 ▶ She is such a~ 걘 정말 …야

You're such a devoted father. 너는 정말 헌신적인 아버지야.

She is such a bore. 걘 정말이지 지겨운 사람이야.

★ **That is such a~** 그건 정말 …야

That was such a fail on my part. 그건 정말이지 내 잘못이었어.

이 표현이 나오는 영화_
<노팅힐>, <친구와 연인사이>, <이프온리>, <러브, 로지>

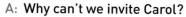

screen conversation

A: **Why can't we invite Carol?**

B: **I don't like her. She is such a bore.**

A: 왜 캐롤을 초대하면 안되는거야?
B: 난 걔가 싫어. 정말 지겨운 애야.

A: **You should have married her when you had the chance.**

B: **I know, that was such a fail on my part.**

A: 넌 기회가 있을 때 걔와 결혼했어야 했는데.
B: 알아, 그건 정말이지 내 잘못였어.

내가 열쇠를 교체했어

I had locks changed

사역동사라고 해서 특이하게도 목적어 다음에 동사원형이 바로 이어지는 경우로 대표적인 동사는 have. 먼저 목적어와 V의 관계가 능동인 「have+목적어+V」, 「have+목적어+~ing」과 그리고 사물[사람]과 pp와의 관계가 수동인 「have+사물+pp」의 경우를 살펴본다.

Screen Expressions

★ **have sb+V** …에게 …하도록 시키다

Have him give us a call when he comes in. 걔가 들어오면 우리에게 전화하도록 해.

★ **have sb+ ~ing** …에게 …하도록 시키다

How long are you going to **have her working** here?
얼마동안 걔를 여기서 일을 시킬거야?

★ **have sth[sb]+pp** (다른 사람을 시켜서)…을 …하게 하다
▶ 자기가 직접하지 않았기 때문에 이 패턴을 사용하는 것임.

I **had my computer upgraded.** 컴퓨터를 업그레이드 했어.

You **had her examined** by a psychiatrist that night?
그날 밤 걔를 정신과 의사에게 진찰을 받게 했죠?

이 표현이 나오는 영화_
<악마는 프라다를 입는다>

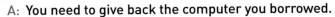

Screen Conversation

A: You need to give back the computer you borrowed.

B: I'll have somebody bring it to your apartment.

A: 빌려간 컴퓨터 돌려줘야 돼.
B: 다른 사람시켜서 네 아파트로 갖다주도록 할게.

A: This place looks great and smells clean.

B: I had the apartment cleaned up yesterday.

A: 이 집은 근사하고 산뜻한 냄새가 나.
B: 어제 아파트 청소시켰어.

걔가 너와 섹스하도록 했네

You got her to have sex

이번에는 사역동사도 아닌 것이 사역동사인 have처럼 사용되는 패턴이다. get~+pp의 경우는 have와 같지만 get 다음에 사람이 오는 경우에는 비사역동사의 본색을 드러내 get sb to+V의 형태로 쓰인다. 의미는 동일하여 "…가 …하도록 시키다"이다.

Screen Expressions

★ **get sb+to V** …에게 …하도록 시키다

I'll **get somebody to** cover my shift. 내 근무시간을 대신할 사람을 데려올게.

You **got her to** have sex with you. 넌 걔가 너와 섹스하게끔 했네.

★ **get sth+pp** …을 …하게 하다

I never meant for it to **get this messed up.** 난 절대로 일을 망치려고 그런건 아니었어.

★ **get sb+pp** …을 …하게 하다 ▶ Don't get me started on~ …이야기는 꺼내지도마

I was trying to help all of us. I was trying to **get us rescued.**
난 우리 모두를 도우려고 했어. 난 우리가 구조되도록 노력했어.

Don't get me started on rebound sex. 실연을 극복하기 위한 섹스 얘기는 꺼내지도마.

이 표현이 나오는 영화_
<노트북>, <노팅힐>, <프로포즈>

Screen Conversation

A: I think Roy took the novel you were reading.

B: Could you get him to bring it back?

A: 로이가 네가 읽던 소설을 가져간 것 같아.
B: 걔보고 다시 가져오라고 할래?

A: They fight all the time. The relationship is bad.

B: There must be a way to get it turned around.

A: 걔네들 늘상 싸워. 사이가 안좋아.
B: 관계를 호전시킬 방법이 있을텐데.

난 안으로 들어가기 싫어

Don't make me go in there

사역동사 이야기를 하는데 make를 빼놓으면 섭섭. 사역의 「강제성」이 have나 get보다 강해 무조건 주어의 의지대로 해야 된다는 뉘앙스를 풍긴다. 먼저 make sb[sth]+형용사로 「…을 …하게 만들다」와 make sb[sth]+V로 「…가 …하게 하다」라는 두개의 패턴을 살펴본다.

Screen Expressions

★ **make sb[sth]+형용사** …을 …하게 만들다

It'll only **make a bad situation worse.**
그건 단지 사태를 더 어렵게 할 뿐이야.

I **made you uncomfortable** last night. I'm so sorry.
지난밤에 너를 불편하게 해서 미안해.

★ **make sb[sth]+동사** …을 …하게 만들다

You **made me feel like** an idiot.
너 때문에 바보가 된 기분이야.

There are ways to **make this work.**
이걸 돌아가게 하는 방법이 있을거야.

이 표현이 나오는 영화_
<노트북>, <로맨틱홀리데이>, <500일의 썸머>, <첫키스만 50번째>, <악마는 프라다를 입는다>, <어바웃타임>,
<왓이프>, <프로포즈>, <친구와 연인사이>, <쉬즈더맨>, <굿럭척>

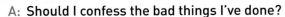

Screen Conversation

A: Should I confess the bad things I've done?

B: No, it'll only make a bad situation worse.

A: 내가 저지른 나쁜 짓들을 털어놔야 될까?
B: 아니, 그건 단지 사태를 더 어렵게 만들거야.

A: It's important that you talk to her.

B: Don't make me go in there.

A: 네가 걔에게 얘기하는 것은 중요한 일이야.
B: 나 안으로 들어가지 않을래.

왜 그렇게 말하는거야?

What makes you say that?

사역동사 make sb+V를 응용한 패턴으로 What makes sb+형용사?하면 "뭣 때문에 sb가 형용사하냐?"고 묻는 것이고, 동사를 붙여서 What makes sb+동사?하게 되면 "왜 sb가 동사하냐?"고 물어보는 패턴이 된다. 잘 알려진 What makes you think~?는 난이도에 따라 다음 단계에서 살펴보기로 한다.

Screen Expressions

★ **What makes you+형용사?** 뭣 때문에 네가 …한거야?

What makes you so sure he left?
걔가 떠났다고 어떻게 그렇게 확신해?

What makes you so special? 넌 뭐가 그리 특별해?

★ **What makes you+동사?** 왜 네가 …하는거야?

What makes you say that? 왜 그렇게 말하는거야?

★ **What made you+동사?** 왜 네가 …한거야?

What made you quit your job? 어째서 일을 그만둔거야?

이 표현이 나오는 영화_
<프로포즈>, <악마는 프라다를 입는다>, <굿럭척>, <500일의 썸머>

Screen Conversation

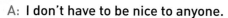

A: I don't have to be nice to anyone.

B: You don't? What makes you so **special?**

A: 난 누구든지 친절하게 대할 필요가 없어.
B: 그럴 필요가 없다고? 넌 뭐가 그리 특별한데?

A: What made you **quit your job?**

B: The boss was mean and the salary was low.

A: 어째서 일을 그만둔거야?
B: 사장이 비열하고 급여도 낮아서.

너무 신경쓰지마

Don't let it bother you

사역동사 한가지를 더 알아본다. 사역동사로 잘 인식되지 못하는 동사, let이 그 주인공이다. 실제 스크린영어에서 사용빈도를 따지면 사역동사 중 최고일게다. 두가지 패턴을 알아두면 되는데 let me+V의 형태와 I'll let you+V의 형태가 바로 그것이다.

Screen Expressions

★ **Let me+V** 내가 …할게(요)

Let me get you some coffee. It will wake you up.
내가 커피 갖다줄게. 잠이 깰거야.

★ **I'll let you+V** 네가 …하도록 할게

We will let you know that later. 그거 나중에 알려줄게.

★ **let sth+V** …가 …하도록 하다

We're not going to **let that happen.** I promise you.
다시 그런 일 없을거야. 약속해.

Don't **let it bother** you! 너무 신경쓰지마!

이 표현이 나오는 영화_
<라라랜드>, <미비포유>, <노트북>, <로맨틱홀리데이>, <500일의 썸머>, <프로포즈>, <왓이프>, <어바웃타임>,
<이프온리>, <악마는 프라다를 입는다>, <첫키스만 50번째>, <프렌즈 위드 베네핏>, <굿럭척>, <친구와 연인사이>,
<쉬즈더맨>, <러브, 로지>, <브리짓 존스의 베이비>

Screen Conversation

A: **These people are very upset.**

B: Let me **talk to them.**

A: 이 사람들 화가 정말 많이 났어.
B: 내가 얘기해볼게.

A: **I need to get a message to your boss.**

B: I'll let you **speak to him in person.**

A: 네 사장에게 메시지 전달해야 돼요.
B: 직접 말씀하실 수 있도록 할게요.

내가 그거 도와줄게

Let me help you with that

동사 help의 경우를 살펴보자면 특이하게도 help sb+V의 형태로 쓰인다. 물론 help sb to+V의 형태도 틀린 것은 아니지만 추세는 to~없이 쓰는 것을 선호한다. 또한 help~ ing나 help~with~의 형태도 함께 연습해보기로 한다.

screen expressions

★ **help sb +V[~ing]** …가 …하는 것을 돕다

You have got to **help me get** Tammy.
내가 태미의 마음을 사로잡을 수 있도록 도와줘.

★ **help+V** …하는데 도움이 되다

It will **help solve** the traffic problems.
그건 교통문제를 해결하는데 도움이 될거야.

★ **help sb with~** …가 …하는 것을 돕다

He sent me to **help you with** your grief.
슬픔에 잠겨있는 널 도와주라고 걔가 날 보냈어.

이 표현이 나오는 영화_
<라라랜드>, <미비포유>, <노트북>, <로맨틱홀리데이>, <500일의 썸머>, <러브, 로지>, <브리짓 존스의 베이비>,
<프렌즈 위드 베네핏>, <굿럭척>, <친구와 연인사이>, <첫키스만 50번째>, <어바웃타임>

screen conversation

A: She said she has romantic problems.

B: You've got to help her with that.

A: 걘 연애사업에 문제가 있다고 그래.
B: 네가 그 문제는 도와주도록 해.

A: Is Vicky going to help me with my diet?

B: I'm afraid she's too busy to do that.

A: 비키가 나 다이어트하는거 도와줄까?
B: 걔 그러기엔 너무 바쁜 것 같던데.

내가 도울 수 있다면 알려줘

Let me know if I can help

Let me+V의 패턴 중에서 가장 많이 쓰이는 것은 단연코 Let me know~와 I'll let you know~일 것이다. 즉 let과 know가 합쳐서 만드는 패턴이다. 먼저 Let me know~ 다음에 다양한 의문사절을 붙여서 역시 다양한 문장을 만들어보자.

screen Expressions

★ **Let me know what~** …을 알려줘

Let me know what you find out. 네가 알아낸 것을 알려줘.

★ **Let me know when[where]~** …을 알려줘

Let me know when they get back to you.
걔네들이 언제 너에게 연락을 줄지 알려줘.

★ **Let me know if[how]~** …인지 알려줘

Let me know if you need anything. 뭔가 필요한게 있으면 알려줘.
Let me know how the party goes. 파티가 어떻게 돼가고 있는지 알려줘.

이 표현이 나오는 영화_
<악마는 프라다를 입는다>, <미비포유>, <굿럭척>

screen conversation

A: Denise isn't sure she's ready to get married.

B: Let me know what **she decides to do.**

A: 데니스는 결혼할 준비가 되었는지 확신이 없어.
B: 걔가 어떻게 하기로 하는지 알려줘.

A: The computer was not working yesterday.

B: Let me know if **the new software fixes the problem.**

A: 컴퓨터가 어제 제대로 작동하지 않더라고.
B: 새로운 소프트웨어가 문제를 해결하는지 알려줘.

아들인지 딸인지 내가 알려줄게

I'll let you know if it's a boy or a girl

이어서 let sb know을 축으로 하는 빈출 패턴. 앞서 살펴본 Let me know~와 반대되는 의미로 I'll let you know~하게 되면 상대방에게 "내가 …을 알려준다"는 의미의 패턴이다. 역시 know 다음에 다양한 의문사절을 붙여본다. know 대신 다른 동사를 넣어보는 응용력도 발휘해본다.

Screen Expressions

★ **I'll let you know S+V** …을 알려줄게

I wanted to **let you know** I'm getting divorced.
나 이혼한다는거 알려주고 싶었어.

★ **I'll let you know wh~** …을 알려줄게

We will let you know when we know.
우리가 알게 되면 너한테 알려줄게.

★ **I'll let you know if~** …인지 알려줄게

I'll let you know if it's a boy or a girl.
아들인지 딸인지 내가 알려줄게.

이 표현이 나오는 영화_
<미비포유>, <노트북>, <로맨틱홀리데이>, <프로포즈>, <왓이프>, <악마는 프라다를 입는다>, <프렌즈 위드 베네핏>,
<굿럭척>, <친구와 연인사이>, <러브, 로지>

Screen Conversation

A: **Ask Bill if he'd like to go out for a drink.**

B: I'll let you know what **he says.**

A: 빌에게 나가서 한잔 하고 싶은지 물어봐.
B: 걔가 뭐라고 하는지 알려줄게.

A: **It's a great day to be near the ocean.**

B: I'll let you know if **we go to the beach.**

A: 해변가에 있기에 아주 좋은 날이야.
B: 우리가 해변에 갈건지 알려줄게.

076

저렇게 되지 않도록 희망하자

Let's hope it doesn't come to that

상대방에게 뭔가 함께 행동을 하자고 권할 때는 Let's+동사를 쓰고 반대로 함께 …하지 말자고 할 때는 Let's not+동사라 하면 된다. Let's~는 Let us~가 축약된 것이다. 이의 응용표현이 Let's hope S+V와 Let's not forget~의 두 패턴도 익혀둔다.

Screen Expressions

★ **Let's+V** …하자 ▶ **Let's not+V** …하지 말자

Let's take a coffee break. 잠깐 커피 마시며 쉬자구.

Let's not go downtown tonight. 오늘밤은 시내에 가지 말자.

★ **Let's hope S+V** …을 함께 바라자

Well, **let's hope** it doesn't come to that.
저렇게 되지 않도록 희망하자.

★ **Let's not forget~** …을 잊지 말자

Let's not forget we promised to attend the wedding.
우리가 결혼식에 가기로 약속했던거 잊지 말자.

이 표현이 나오는 영화_
<러브액츄얼리>, <라라랜드>, <미비포유>, <노트북>, <500일의 썸머>, <로맨틱홀리데이>, <첫키스만 50번째>,
<이프온리>, <어바웃타임>, <왓이프>, <러브, 로지>, <친구와 연인사이>, <굿럭척>, <프렌즈 위드 베네핏>

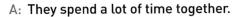

Screen Conversation

A: They spend a lot of time together.

B: Let's hope they fall in love.

A: 걔네들 정말 많은 시간을 같이 보내.
B: 걔네들이 사랑하는 사이이기를 바라자.

A: The party is to celebrate her birthday.

B: Let's not forget to bring along a present.

A: 파티는 걔 생일을 기념하기 위한거야.
B: 선물 가져오는거 잊지 말자.

우린 동거하기로 했어
We decided to move in together

숙고 끝에 뭔가 결정을 내렸다는 의미로 (have) decided to+V 혹은 (have) decided that S+V의 형태로 쓰인다. have를 넣어 현재완료로 사용하는 것은, 길고 짧음을 떠나 과거부터 고민하다 내리는 결심이라는 내용을 함축하고 있기 때문이다.

Screen Expressions

★ **I('ve) decided to+V** …하기로 결정[심]했어

I decided to crawl into bed with him. 난 걔와 침대로 살며시 들어가기로 했어.

My ex decided to dump me during the holiday break.
전 남친이 휴가기간에 나를 버리기로 결정했나봐.

★ **I('ve) decided not to+V** …하지 않기로 결정[심]했어

I decided not to go to the party. 그 파티에는 가지 않기로 했어.

★ **I('ve) decided S+V** …하기로 결정[심]했어

After careful consideration, **I've decided that** I'm getting married.
신중히 고려한 끝에, 난 결혼하기로 결심했어.

이 표현이 나오는 영화_
<노팅힐>, <미비포유>, <노트북>, <왓이프>, <어바웃타임>, <이프온리>, <악마는 프라다를 입는다>,
<첫키스만 50번째>, <굿럭척>, <친구와 연인사이>, <러브, 로지>

Screen Conversation

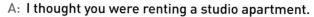

A: I thought you were renting a studio apartment.

B: I've decided not to **stay there.**

A: 방하나짜리 아파트를 임대했다고 생각했는데.
B: 거기에서 살지 않기로 했어.

A: You seemed so in love with Louie.

B: I've decided that **he is a lousy boyfriend.**

A: 넌 루이와 아주 깊이 사랑에 빠진 것 같았어.
B: 난 걔가 형편없는 남친이라고 판단했어.

집까지 바래다 드릴까요?

Shall I take you to your place?

일상생활에서 shall의 사용은 will에게 점점 많이 잠식당해서 겨우 명맥을 유지하고 있을 뿐이다. 바로 그 명맥이 이 Shall I~?, Shall we~?, shall we say, 그리고 부가의문문으로 쓰이는, shall we? 등이다. 부담없이 이 정도만 익혀본다.

Screen Expressions

★ **Shall I+V?** ···해줄까요? = Let me+V

Shall I take you to your place?
집까지 바래다 드릴까요?

★ **Shall we+V?** ···할까요? = Let's+V

Shall we go to the movies after work?
퇴근 후에 영화보러 갈래요?

★ **Shall we say,** (주로 약속시간을 정할 때) 말하자면,

Oh absolutely. **Shall we say,** around seven?
물론이고 말고. 말하자면 7시경으로 할까?

이 표현이 나오는 영화_
<노팅힐>, <미비포유>, <노트북>, <로맨틱홀리데이>, <악마는 프라다를 입는다>, <이프온리>, <어바웃타임>,
<브리짓 존스의 베이비>, <브리짓 존스의 일기>, <러브액츄얼리>

Screen Conversation

A: God, it's morning and I feel so sleepy.

B: Shall we get a cup of coffee?

A: 맙소사, 아침인데 너무 졸립네.

B: 커피한잔 마실까?

A: I can meet you tomorrow night.

B: Shall we say, sometime around seven?

A: 내일 저녁에 너 만날 수 있어.

B: 말하자면, 7시경 정도로 할까?

체육관 가는 길이야

I'm on my way to the gym

「길위에 있는」이란 의미로 뭔가 한 곳에서 다른 지점으로 이동 중이란 뜻이다. on the way (over) here하면 「이쪽으로 오는 도중에」, on the way back하면 「돌아오는 도중에」라는 의미. 또한 소유격으로 써서 on my way라고도 하는데 on my way home은 「집에 오는 도중에」, on my way to work는 「출근하는 길에」가 된다.

Screen Expressions

★ **be on the[one's] way (to)~** …로 가는 중이다
   Chris is on his way up to Boston. 크리스는 보스턴으로 가는 길이야.
   I'm on my way to the gym, I'll meet you there.
   체육관 가는 길이야. 거기서 보자.

★ **be on the[one's] way out to~** …하려고 나가는 길이다
   I'm just on my way out to meet a client. 고객을 만나러 막 나가려는 참이야.

★ **be on the[one's] way back (from)~** …에서 돌아오는 길이다
   I was just on my way back from Brian's house.
   브라이언 집에서 돌아오는 길이었어.

이 표현이 나오는 영화_
<미비포유>, <이프온리>, <노트북>, <어바웃타임>, <악마는 프라다를 입는다>, <브리짓 존스의 베이비>, <러브, 로지>

Screen Conversation

A: **You seem like you're in a hurry.**

B: I'm on my way to **meet one of my clients.**

A: 너 서두르는 것처럼 보인다.
B: 내 고객중 한명 만나러 가는 중이야.

A: **When is she going to see him?**

B: **Pam is on her way up to** the hotel room.

A: 언제 걔가 그를 만나는거야?
B: 팸은 호텔방으로 올라가고 있어.

예의를 지키는게 중요해

It's important to be polite

어떤 일이 중요하다고 언급할 때는 important를 써서 It's important to+V, It's important for sb to+V, 혹은 It's important that S+V의 형태를 사용한다. 조금 완화시켜서 말하려면 앞에 I think~를 붙이면 된다. 쉽다고 생각하는 것과 실제 사용할 수 있는 능력은 별개다. 겸손하게 익혀보도록 한다.

screen expressions

★ It's important to+V …하는 것이 중요해

It's important to know who you're getting into bed with.
누구와 잘 것인가를 아는게 중요해.

★ It's important for sb to+V …가 …하는 것이 중요해

It's important for both of us to bond with him.
우리 둘 다 걔와 유대관계를 맺는게 중요해.

★ It's important that S+V …하는 것이 중요해

It's important that you tell us the truth.
네가 우리에게 진실을 말하는 것이 중요해.

이 표현이 나오는 영화_
<악마는 프라다를 입는다>, <500일의 썸머>, <라라랜드>, <미비포유>, <노트북>, <로맨틱홀리데이>, <러브, 로지>, <굿럭척>, <친구와 연인사이>, <쉬즈더맨>, <브리짓 존스의 베이비>

screen conversation

A: **Why do I have to show him my text messages?**

B: It's important for him to **trust you.**

A: 왜 내가 걔에게 문자를 보여줘야 돼?
B: 걔한테는 너를 신뢰하는게 중요해서 그래.

A: **I don't like you spending all your time with other people.**

B: It's important **we resolve these problems.**

A: 네가 네 시간을 거의 다 다른 사람들과 보내는게 싫어.
B: 이 문제들을 해결하는게 중요해.

여기 신부가 오네

Here comes the bride

누군가가 말하는 사람 쪽으로 다가오고 있을 때 사용하는 표현으로 Here sb comes라고 하거나 혹은 도치해서 Here come sb의 형태로 쓰면 된다. 꼭 오는게 사람일 필요는 없고 사물이 와도 된다.

Screen Expressions

★ **Here sb comes** …가 이리로 오네

Here she comes now. Be cool! 지금 쟤가 저기 오네. 침착해!

★ **Here comes sb** …가 이리로 오네

Here comes the bride. 여기 신부가 오네.

Here comes our new boss, be polite.
신입 사장님이 저기 오신다. 예를 갖춰.

★ **Here comes sth** …가 이리로 오네

Here comes what's left of breakfast.
아침식사 남은게 여기 오네.

이 표현이 나오는 영화_
<러브액츄얼리>, <500일의 썸머>, <첫키스만 50번째>, <브리짓 존스의 베이비>, <친구와 연인사이>

Screen Conversation

A: Here comes **one of my former professors.**

B: **Let's say hello to her.**

A: 여기 예전 교수 중 한 분이 오시네.
B: 그 분께 인사하자.

A: Here comes what's **left of breakfast.**

B: **Oh, it doesn't look very good.**

A: 아침식사 남은게 여기 오네.
B: 그렇게 좋아 보이지는 않네.

너 없이는 살 수 없을 것 같아

I don't think I can live without you

I think~는 앞서 문장의 앞에 위치해서 전달하는 문장의 내용을 한단계 가볍게 해준다고 여러 번 언급된 적이 있는 패턴이다. 하지만 I think~를 활용한 패턴은 많이 쓰이고 중요하기 때문에 3번에 걸쳐 집중적으로 파헤쳐본다.

screen expressions

★ **I think S+V** ···한 것 같아 ▶ In fact, I think S+V 실은 ···인 것 같아

I think Pam has been acting very badly.
팸이 요즘 행동이 매우 거칠어졌어.

★ **I'm thinking of[about] ~ing** ···할까 생각중이야

I'm thinking about coloring my hair. 머리를 염색할까 생각중이야.

I'm thinking about opening up my own restaurant.
내 식당을 낼까 생각중이야.

★ **I don't think S+V** ···인 것 같지 않아

I don't think I can live without you, OK? 너없이는 살 수 없을 것 같아, 알았어?

이 표현이 나오는 영화_
<노팅힐>, <라라랜드>, <미비포유>, <노트북>, <로맨틱홀리데이>, <500일의 썸머>, <프로포즈>, <왓이프>,
<어바웃타임>, <이프온리>, <첫키스만 50번째>, <악마는 프라다를 입는다>, <프렌즈 위드 베네핏>, <굿럭척>,
<친구와 연인사이>, <러브, 로지>

screen conversation

A: Do you know if she's had a serious relationship?

B: In fact, I think she's dating someone now.

A: 걔가 진지한 연애를 하고 있다는거 알아?
B: 실은 걔가 지금 누군가 만나고 있는 것 같아.

A: He gave her the necklace as a present.

B: I don't think Emily wants it anymore.

A: 그는 걔에게 선물로 목걸이를 줬어.
B: 에밀리가 그걸 더 이상 원하지 않을 것 같은데.

난 걔가 모든 걸 망쳤다고 생각했어

I thought she messed everything up

과거형을 써서 I thought S+V하게 되면 먼저 단순하게 "과거에 …라고 생각했었다"라는 의미로도 쓰이지만, 실제로는 과거에 그런 줄 알았는데 알고 보니 그렇지 않다라는 뜻으로 더욱 많이 쓰인다. 함께 부정 강조형인 I never thought S+V도 함께 살펴본다.

screen Expressions

★ **I thought S+V** …라고 생각했어

I thought he was cute. I hit on him.
난 걔가 귀엽다고 생각해서 꼬셨어.

★ **I thought S+V** …라고 생각했었는데, …인 줄 알았는데

I thought you were on my side.
난 네가 내 편인 줄 알았어.

★ **I never thought~** …을 생각못했어

I never thought you'd want a fifth kid.
네가 다섯 번째 아이를 원하리라고는 생각못했어.

이 표현이 나오는 영화_
<이프온리>, <첫키스만 50번째>, <브리짓 존스의 베이비>, <노팅힐>, <로맨틱홀리데이>, <러브, 로지>,
<브리짓 존스의 베이비>, <친구와 연인사이>, <굿럭척>, <라라랜드>, <미비포유>, <노트북>

screen Conversation

A: **Julie and Sam are splitting up.**

B: **No kidding. I thought they had a strong marriage.**

A: 줄리하고 샘이 갈라설거야.
B: 말도 안돼. 금슬이 좋은 줄 알았는데.

A: **You saw Robbie in the bar?**

B: **I thought he was cute. I hit on him.**

A: 바에서 로비를 봤어?
B: 난 걔가 귀여워 꼬셨어.

그게 먹힐거라고 생각해?

You think that'll work?

이번에는 상대방의 의견을 물어보는 패턴으로 가장 단순하게 Do you think S+V?라고 하면 된다. 여기서 'Do'는 생략하고 그냥 You think S+V?라고 써도 된다. 또한 Don't you think S+V?라고 물으면 단순히 의견을 물을 수도 있지만 당연히 그렇지 않냐고 확인하는 내용의 패턴이 되기도 한다.

screen Expressions

★ **Do you think S+V** ···라고 생각해?

Do you think it's, like, a little too slutty for me?
저기 그게 내게는 좀 야하다고 생각해?

★ **You think S+V?** ···라고 생각해?

So you think I'm not good enough for him?
그럼 넌 내가 걔한테 딸린다는거야?

★ **Don't you think S+V?** ···라고 생각하지 않아?

Don't you think he's been through enough?
넌 걔가 충분히 겪었다고 생각하지 않아?

이 표현이 나오는 영화_
<미비포유>, <왓이프>, <라라랜드>, <노트북>, <로맨틱홀리데이>, <첫키스만 50번째>, <악마는 프라다를 입는다>,
<이프온리>, <어바웃타임>, <굿럭척>, <프렌즈 위드 베네핏>, <친구와 연인사이>, <러브, 로지>,
<브리짓 존스의 베이비>, <쉬즈더맨>

screen conversation

A: Do you think Terry likes my sister?

B: He flirts with her when they're together.

A: 테리가 내 여동생을 좋아하는 것 같아?
B: 함께 있을 때는 네 여동생에게 추파를 던져.

A: Randy tried to kiss me last night.

B: Don't you think he acted badly?

A: 랜디가 어젯밤에 내게 키스하려고 했어.
B: 걔가 못되게 굴었다고 생각하지 않아?

너 샘 기억하지

I believe you remember Sam

I believe in~하게 되면 단순히 믿는다라는 I believe+N와 달리 「…의 존재를 믿다」, 「…가 옳다고 믿는다」가 된다. 그리고 believe 다음에 S+V절이 이어지면 "…라고 생각하다," "…라고 믿다"가 되며 반대로 믿지 않는 다라고 말하려면 I don't believe S+V라 하면 된다.

Screen Expressions

★ **I believe S+V** …라고 생각해, …라고 믿어 ▶ **We believe S+V** …라고 생각해

I believe she was sexually molested by Chris.
난 크리스가 걔를 성추행했다고 생각해.

★ **I don't believe S+V** …라고 생각하지 않아
▶ I can't believe S+V …라니 놀라워

I didn't believe what Blair was telling me. 블레어가 내게 말한 것을 믿지 않았어.

★ **Do you believe S+V?** …라고 생각해?

Do you believe the rumors that Brian is gay?
브라이언이 게이라는 소문을 믿어?

이 표현이 나오는 영화_
<노팅힐>, <이프온리>, <미비포유>, <로맨틱홀리데이>, <러브, 로지>, <브리짓 존스의 베이비>, <굿럭척>

Screen Conversation

A: **Did you see Evelyn's cell phone?**

B: **We believe she took it home.**

A: 에블린의 핸드폰을 봤어?
B: 걔가 집에 가져간 것 같아.

A: **No one has seen my brother today.**

B: **I don't believe he came to the class.**

A: 오늘 내 동생을 본 사람이 없네.
B: 걔가 학교에 오지 않은 것 같아.

너를 생각하지 않을 수가 없어

I can't stop thinking about you

can't stop ~ing는 직역하면 「…하는 것을 멈출 수가 없다」, 즉 「계속 …할 수밖에 없다」라는 의미이다. I can't stop loving you처럼 사랑을 주제로 하는 로코에서 사용하기에 좋은 패턴이다. stop oneself (from) ~ing와 같은 맥락의 의미이다.

Screen Expressions

★ **I can't stop ~ing** …할 수밖에 없어 ▶ I can't stop A from ~ing A가 계속 …해
She'd gone through a really bad breakup and **couldn't stop crying.**
걔는 끔찍한 이별을 겪어서 울음을 그칠 수가 없었어.
I can't stop it from going through my head. 그게 계속 내 머리 속에서 떠나질 않아.

★ **I can't stop thinking~** 계속 …을 생각하지 않을 수가 없어
I can't stop thinking about you. 너를 생각하지 않을 수가 없어.

★ **stop oneself (from) ~ing** …계속 …할 수밖에 없어
You will do anything to **stop me from** having sex with him.
무슨 수를 써서라도 내가 걔랑 섹스하는거 말려.

이 표현이 나오는 영화_
<노팅힐>, <친구와 연인사이>, <브리짓 존스의 일기>

Screen Conversation

A: I can't stop thinking about **you.**

B: **I know. I enjoy being with you so much.**

A: 너를 생각하지 않을 수가 없어. B: 알아. 너랑 같이 있는게 너무 좋아.

 스크린 명대사 _ 노트북

"I could be whatever you want. You just tell me what you want and I'll be that for you." -Noah
난 네가 원하는대로 뭐든 될 수 있어. 원하는게 먼지 말만해. 내가 널 위해 그렇게 되어줄게.

진정한 짝을 찾는 것은 불가능할까?

Is it impossible to find a soul mate?

뭔가 가능하다고 할 때는 It's possible to+V, 그리고 It's possible that S+V하게 되면 "…가 가능하다," 즉 "…일 수도 있다"라는 의미가 된다. 반대로 하려면 It's impossible to+V나 It's impossible S+V라고 하면 된다.

Screen Expressions

★ **It's possible (for sb) to+V** (…가) …하는 것은 가능해, …일 수도 있다
   It's possible to meet them here. 걔네들을 여기서 만나는 것도 가능해.

★ **It's possible S+V** …일 수가 있어 ▶ **Is it possible that S+V?** …일 수도 있어?
   It's possible he will come back. 걔가 다시 돌아올지도 몰라.
   Is it possible to love two people at the same time?
   동시에 2명을 사랑할 수가 있어?

★ **It's impossible to+V[that S+V]** …하는 것은 불가능해
   It's impossible for males to look at breasts and think at the
   same time. 남자들은 여자 가슴을 보면서 동시에 생각하기란 불가능해.

이 표현이 나오는 영화_
   <악마는 프라다를 입는다>, <미비포유>, <로맨틱홀리데이>, <이프온리>, <어바웃타임>, <왓이프>

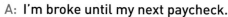

Screen Conversation

A: I'm broke until my next paycheck.

B: It's possible for me to **lend you money.**

A: 다음 급여 때까지 빈털터리야.
B: 내가 너에게 돈을 좀 빌려줄 수 있는데.

A: I think Steve took my bag.

B: It's impossible that **he took it.**

A: 스티브가 내 가방 가져간 것 같아.
B: 걔가 가져가는 것은 불가능해.

LEVEL 01

088

난 이게 몹시 기다려져

I'm looking forward to this

look forward to+명사[~ing]는 편지 등의 전형적인 결구로 아주 유명한 표현이다. 여기서는 I'm looking forward to~ 다음에 명사, ~ing, 그리고 sb ~ing(…가 …하는 것을)의 형태를 차례대로 말해보자.

Screen Expressions

★ **I'm looking forward to+명사** …를 몹시 기다려

The girls **are looking forward to** this.
소녀들은 이걸 무척 기다리고 있어.

★ **I'm looking forward to ~ing** …하기를 몹시 기다려

I'm looking forward to working with you.
너랑 함께 무척 일하고 싶어.

★ **I'm looking forward to sb ~ing** …가 …하기를 몹시 기다려

I'm really looking forward to you and me having sex.
너와 내가 섹스하기를 몹시 기다리고 있어.

이 표현이 나오는 영화_
<러브액츄얼리>, <프로포즈>, <악마는 프라다를 입는다>, <첫키스만 50번째>

Screen Conversation

A: So you quit and took a job elsewhere?

B: I'm looking forward to **starting my new job.**

A: 그래서 넌 그만두고 다른 곳에 취직했어?
B: 새로운 일을 시작하는게 몹시 기다려져.

A: Gina and her family are in town today.

B: I'm really looking forward to them **visiting us.**

A: 지나네 가족이 오늘 시내에 온대.
B: 그들이 우리를 방문하기를 정말 바래.

개네들은 성공할거라 생각해

I assume they will be successful

assume에는 「…을 맡다」, 「…인 척하다」라는 의미도 있으나 스크린영어와 미드영어에서 가장 많이 쓰이는 의미는 …가 사실일거라, 맞을거라 「추정하다」, 「추측하다」, 「생각하다」라는 뜻이다. 이 의미의 assume을 집중적으로 파헤쳐보자.

Screen Expressions

★ **I assume S+V** …을 하고 있구나 ▶ **I'll assume S+V** …일거라 생각할거야

I assume that that's why you were stopping by.
그래서 네가 들른거라고 생각하고 있어.

★ **I always assumed S+V** 난 항상 …라고 생각했었어

I always just assumed they'd get back together.
난 항상 개네들이 다시 합칠거라 생각했었어.

★ **Let's assume that[what] S+V** …라고 가정해보자

Let's assume that she wasn't faking orgasm.
개가 진짜 오르가즘을 느낀다고 가정해보자.

이 표현이 나오는 영화_
<악마는 프라다를 입는다>, <왓이프>, <어바웃타임>, <러브, 로지>, <프렌즈 위드 베네핏>, <친구와 연인사이>

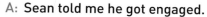

Screen Conversation

A: Sean told me he got engaged.

B: I always assumed he was gay.

A: 숀은 자기가 약혼했다고 나한테 말했어.
B: 난 항상 개는 게이라고 생각했었어.

A: Why does she always come and talk to me?

B: Let's assume she wants to date you.

A: 왜 개는 늘상 내게 와서 말을 거는거야?
B: 개가 너하고 데이트하고 싶어하는거겠지.

주위 사람들을 절대로 믿지 마라

Never trust people around you

부정명령문은 Don't+V나 Don't be~로 시작하면 된다. 또한 부정의 내용을 강조하려면 Never+V라고 하면 된다. 특히 Never mind~ 는 "…을 신경쓰지마라"라는 뜻으로 다음에는 명사나 ~ing 혹은 S+V절이 온다는 것을 기억해둔다.

Screen Expressions

★ **Never+V** 절대로 …하지 마라

You shouldn't quit. **Never** give up. 그만두면 안돼. 절대 포기하지마.

★ **Never mind A[~ing]** …을[…하는 것을] 신경쓰지마라

Never mind him. You and I need to have a talk.
걘 신경꺼. 너와 내가 얘기 좀 해야 돼.

★ **Never mind S+V** …을 신경쓰지마라

Never mind that she just got married. 걔가 결혼한 직후라는 건 신경쓰지마.
Never mind what I want. What do you want?
내가 원하는 걸 생각하지마. 넌 뭘 원하는데?

이 표현이 나오는 영화_
<노팅힐>, <500일의 썸머>, <라라랜드>, <노트북>, <500일의 썸머>, <악마는 프라다를 입는다>, <이프온리>,
<어바웃타임>, <왓이프>, <프로포즈>, <브리짓 존스의 베이비>

Screen Conversation

A: I liked him, but found out he was a liar.

B: Never trust people around you.

A: 난 걔를 좋아했는데 거짓말쟁이인게 밝혀졌어.
B: 주변 사람들을 절대로 믿지마.

A: I heard Mindy slept with a lot of guys.

B: Never mind people gossiping.

A: 민디가 여러 남자와 자고 다닌다고 들었어.
B: 사람들이 뒷담화하는거 신경쓰지마.

날 떠나라고 했잖아

I told you to leave me

말귀를 못알았든거나 혹은 말을 잘 안듣는 상대방에게 하는 말로 "내가 …(하)라고 말했잖아"라는 뉘앙스의 패턴. I told you to+V 혹은 I told you that S+V의 형태로 쓴다. 부정으로 말하려면 I told you not to+V 라 한다.

Screen Expressions

★ **I told you to+V** …하라고 말했잖아
  ▶ I told you not to+V …하지 말라고 말했잖아
  I told you to play hard to get. 내가 비싸게 굴라고 말했는데.

★ **I told you that S+V** …라고 말했잖아
  I told you it's none of your concern. 네가 상관할 일이 아니라고 말했는데.

★ **I told her[him] that S+V** 난 걔에게 …라고 말했어
  I told her you were otherwise engaged. 걔에게 네가 다른 일을 하고 있다고 말했어.
  I told her she'd be crazy to not like it.
  난 걔에게 그걸 좋아하지 않다니 제정신이 아니라고 말했어.

이 표현이 나오는 영화_
<프로포즈>, <친구와 연인사이>, <노팅힐>, <악마는 프라다를 입는다>, <브리짓 존스의 베이비>, <미비포유>,
<로맨틱홀리데이>

Screen Conversation

A: **She never did what she promised to do.**

B: I told you not to **trust her.**

A: 걘 자기가 하기로 한 약속을 절대 지키지 않아.
B: 걔 믿지 말라고 했잖아.

A: **What did you say to her?**

B: I told her **she can take it or leave it.**

A: 걔에게 뭐라고 했니?
B: 이걸 받아들이든지 아님 그만 두자고 했어.

092

말 조심하라고 부탁했잖아

I asked you to watch your language

일반적으로 tell sb to+V는 명령조로 동급이나 아랫사람에게 쓰는데 반하여 ask는 위아래 구분없이 상대적으로 공손히 요청할 때 사용된다. 여기서는 ask를 이용한 표현으로 바로 이전의 tell의 예문과 비교해가면서 확인해보면 그 의미차이를 감각적으로 느낄 수 있을 것이다.

Screen Expressions

★ **I asked you to+V** 너에게 …을 해달라고 했어

I asked you to marry me, and you said yes.
난 너와 결혼하자고 했고 넌 승낙했어.

★ **I asked sb to+V** …에게 …을 해달라고 했어

I asked her to strip naked and dance for me.
걔한테 발가벗고 날 위해 춤을 추라고 했어.

★ **I was asked to+V** …하라는 요청을 받았어

I was asked to go there instead of Karl.
칼 대신 내가 거기 가라는 요청을 받았어.

이 표현이 나오는 영화_
<굿럭척>, <로맨틱홀리데이>, <프로포즈>, <첫키스만 50번째>, <굿럭척>

Screen Conversation

A: I asked you to **send the photos to my mom.**

B: **I'm sorry, but I accidentally deleted them.**

A: 너보고 우리 엄마에게 사진을 보내라고 부탁했잖아.
B: 미안해, 실수로 삭제해버렸어.

A: **What are you doing next Sunday?**

B: I was asked to **be best man at the wedding.**

A: 다음 일요일에 뭐할거야?
B: 결혼식에서 신랑들러리 해달라고 부탁받았어.

갠 크리스에게 데이트 신청하려고 전화했어

She called to ask out Chris

내가 전화하고 나서 전화를 하게 된 「사연」이나 「이유」를 말하는 표현법. I'm calling about+명사의 가장 단순한 형태로 쓰이기도 하거나 아니면 to+V를 붙여 조금 길게 말하기도 한다. 물론 시제도 과거로 해서 I called~라고 해도 된다.

Screen Expressions

★ **I'm calling about~** ···건으로 전화하는거야

I'm calling about tomorrow's meeting.
내일 회의건으로 전화했어.

★ **I'm calling to+V** ···하려고 전화하는거야
  ▶ I'm calling you because S+V ···때문에 전화하는거야

I'm calling to make an appointment with Dr. Novak.
노박 선생님 예약하려고 전화했는데요.

★ **I called to+V** ···하려고 전화했어

I called to apologize to you. 너에게 사과하려고 전화했어.

이 표현이 나오는 영화_
<악마는 프라다를 입는다>, <쉬즈더맨>

Screen Conversation

A: I'm calling about **the apartment you have for rent.**

B: **Okay, what would you like to know about it?**

A: 임대 내놓으신 아파트 때문에 전화드리는데요.
B: 네, 뭘 알고 싶으시죠?

A: **So why did you want to talk to me?**

B: I called to **ask you out to a dance.**

A: 그래 뭐 때문에 나에게 말하고 싶었어?
B: 댄스파티에 같이 가자고 할려고 전화했어.

널 도와주러 온거야

I'm here to help you

여기(here)에 온 「이유」를 말하는 패턴. 가장 단순히 I'm here to+V 형태를 쓰면 되고 좀 더 응용해서 I'm here to see if~, 즉 "…인지 여부를 확인하려고 들렀다"고 말할 수 있다. 또한 "…을 말하려 왔다"고 하려면 I'm here to tell you that S+V라고 하면 된다.

Screen Expressions

★ **I'm here to+V** …하러 왔어 ▶ You here to+V? …하러 왔어?

I'm here to take your sister out to dinner.
저녁식사하러 네 누이 데리러왔어.

★ **I'm here to see if~** …인지 알아보려고 들렀어 = I came here to see if~

I'm here to see if everyone is safe. 다들 무사한지 보려고 왔어.

★ **I'm here to tell you S+V** …을 말하러 왔어
  ▶ I'm here to ask~ …을 부탁하러 왔어

I'm here to tell you that you'll get nothing!
넌 하나도 못얻을거라 말하러왔어!

이 표현이 나오는 영화_
<러브액츄얼리>, <미비포유>, <노트북>, <500일의 썸머>, <브리짓 존스의 베이비>, <프렌즈 위드 베네핏>

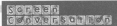
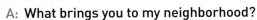

Screen Conversation

A: **What brings you to my neighborhood?**

B: I'm here to see if **you need help.**

A: 이 동네에는 무슨 일로 온거야?
B: 네가 도움이 필요한지 알아보려고 왔어.

A: **People said my dad got into an accident.**

B: I'm here to tell you **he was injured.**

A: 사람들이 그러는데 아버지가 사고를 당하셨다고 해.
B: 부상을 당하셨다고 말해주려 왔어.

너에게 상처를 주러 온게 아냐
I didn't come here to hurt you

앞에서는 be here를 써서 온 이유를 말한 반면, 이번에는 동사 come를 써서 여기(here)에 온 이유를 말하는 패턴이다. I came here to+V를 기본으로 하는데, V에 자주 등장하는 단어로는 say, tell, talk, pick, see 등이 있다.

Screen Expressions

★ **I came here to+V** …하러 왔어

I came here to let you know that I love you.
널 사랑한다는 걸 말하려고 왔어.

★ **I came by to+V** …하러 들렀어 ▶ come by 대신 drop by, stop by를 써도 된다.

I just dropped by to say your wife's bi.
네 아내가 바이섹슈얼이라는 걸 말해주러 잠깐 들렀어.

★ **I didn't come here to+V** …을 하러 오지 않았어

I didn't come here to hurt you.
너에게 상처를 주러 온게 아냐.

이 표현이 나오는 영화_
<미비포유>, <로맨틱홀리데이>, <첫키스만 50번째>, <친구와 연인사이>

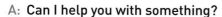

Screen Conversation

A: Can I help you with something?

B: I came by to pick up a guitar.

A: 뭘 도와드릴까요?
B: 기타를 사려고 들렀는데요.

A: You were wrong, and you won't admit it.

B: I didn't come here to argue with you.

A: 네가 틀렸고 넌 그걸 인정하지 않을거야.
B: 난 너와 다투려고 여기에 온게 아냐.

LEVEL 01

096

내가 너의 진정한 사랑이라고 했잖아

You said I was your 'soul mate'

I told~와 비슷한 패턴으로 자기가 말한 내용을 다시한번 반복하면서 자신의 의사를 명확히하거나 확인해 주는 표현법이다. I said that S+V라고 하면 되며, 반대로 상대방이 말한 내용을 확인할 때는 You said that S+V라고 하면 된다.

Screen Expressions

★ **I said that S+V** …라고 말했어 ▶ **I never said that S+V**…라고 절대 말한 적 없어

I said that you had a nice butt. 난 네 엉덩이가 멋지다고 했지.

I never said the dress was ugly to her.
그 드레스가 걔한테 보기 흉하다고 말한 적이 없어.

★ **I didn't say S+V** …라고 말하지 않았어

I said I'd have sex. **I didn't say** I'd make love.
내가 섹스를 한다고 했지. 사랑을 나눈다고 말하지 않았어.

★ **You said that S+V** …라고 말했잖아

You said you've never been to her apartment. 걔 아파트에 가본 적 없다고 말했잖아.

이 표현이 나오는 영화_
<프렌즈 위드 베네핏>, <미비포유>, <노트북>, <굿럭척>, <라라랜드>, <로맨틱홀리데이>, <500일의 썸머>, <왓이프>,
<이프온리>

Screen Conversation

A: She's nice, and has a good personality.

B: I never said that she was a bad person.

A: 걘 착하고 성품도 좋아.
B: 난 걔가 나쁘다고 말한 적이 없어.

A: Jack was furious when I told him the news.

B: You said that he wouldn't get mad.

A: 내가 잭에게 그 소식을 전하자 화를 엄청 냈어.
B: 걘 화를 내지 않을거라고 말했잖아.

Level 01 **137**

내가 널 좋아하지 않는다고 누가 그랬어?

Who said I didn't like you?

I said S+V, You said~의 연장선상에서 제 3자가 말한 내용을 전달하는 표현법인 (S)He said S+V와 "누가 …
라고 말을 했는지?"를 묻는 Who said S+V?의 패턴을 연습해본다.

Screen Expressions

★ **(S)He said S+V** 걔는 …라고 말했어

She said our father got into bed with her.
그 여자는 우리 아버지와 잤다고 말했어.

★ **Who said S+V?** 누가 …라고 말했어?

Who said that I didn't like you?
내가 널 좋아하지 않는다고 누가 그랬어?

★ **Who said anything about~?** 누가 …얘기를 한대?

Who said anything about Christmas?
누가 성탄절 얘기를 한대?

이 표현이 나오는 영화_
<노트북>, <노팅힐>, <왓이프>, <쉬즈더맨>, <친구와 연인사이>, <굿럭척>, <프렌즈 위드 베네핏>, <라라랜드>,
<미비포유>, <로맨틱홀리데이>, <500일의 썸머>

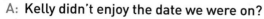

Screen Conversation

A: Kelly didn't enjoy the date we were on?

B: She said you were acting strange.

A: 켈리는 우리가 한 데이트가 좋지 않았대?
B: 네가 이상하게 굴었다고 하던데.

A: You'll have to come back to the airport tomorrow.

B: Who said the flight was cancelled?

A: 넌 내일 공항에 다시 와야 될거야.
B: 누가 항공편이 취소됐다고 말한거야?

날 떠나지 않아서 고마워

Thank you for not leaving me

가장 기초적인 그리고 가장 잘 알려진 표현인 Thank you for~를 돌다리도 두드리는 심정으로 확인해보고 간다. Thank you for~는 Thanks for~로 간단히 바꿔쓸 수 있으며 for~ 다음에는 고마운 내용을 명사나 ~ing 형으로 이어 쓰면 된다.

Screen Expressions

★ Thank you for+명사[~ing] …가 고마워

Thank you for coming to the wedding.
결혼식에 와줘서 고마워.

★ Thank you for not ~ing …하지 않아서 고마워

Thank you for not leaving me.
날 떠나지 않아서 고마워.

★ Thanks for your help on[with]~ …에 도움을 줘서 고마워

Thank you for your help with my wedding.
내 결혼식 도와줘서 고마워.

이 표현이 나오는 영화_
<노팅힐>, <500일의 썸머>, <로맨틱홀리데이>, <노트북>, <미비포유>, <라라랜드>, <첫키스만 50번째>, <프로포즈>, <왓이프>, <어바웃타임>, <이프온리>

Screen Conversation

A: I know that you slept with another woman.

B: Thank you for not **repeating that to anyone.**

A: 네가 다른 여자하고 잔 걸 알고 있어.
B: 다른 사람에게 퍼트리지 않아서 고마워.

A: The lipstick makes you look much better.

B: Thank you for your help with **my make up.**

A: 그 립스틱바르니까 너 훨씬 멋져 보여.
B: 화장하는데 도와줘서 고마워.

어떻게 그럴 수 있어?

How could you do that?

How can[could] you+V?는 상대방의 어처구니 없고 이해할 수 없는 행동에 놀라면서 하는 말로 "어떻게 …할 수가 있냐?"라는 뜻. 반대로 "어떻게 …하지 않을 수 있냐?"라고 물어보려면 How can you not+V?로 하면 된다. 좀 부드럽게 말하려면 can을 could로 바꾸면 된다.

Screen Expressions

★ **How can you+V?** 어떻게 …할 수가 있어?

How can you be so cruel to her?
걔한테 어떻게 그렇게 잔인할 수 있어?

★ **How could you+V?** 어떻게 …할 수가 있어?

How could you treat him like that?
어떻게 걜 그런 식으로 대접할 수 있어?

★ **How could you not+V?** 어떻게 …하지 않을 수 있어?

John, **how could you not** know your friend was a gay?
존, 네 친구가 게이라는 걸 어떻게 모를 수 있어?

이 표현이 나오는 영화_
<이프온리>, <러브, 로지>, <노트북>, <프렌즈 위드 베네핏>

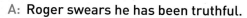

Screen Conversation

A: Roger swears he has been truthful.

B: How can you believe what he says?

A: 로저는 바람피지 않겠다고 약속했어.
B: 어떻게 걔 말을 믿을 수가 있어?

A: He asked if I would marry him.

B: How could you not accept that proposal?

A: 나보고 자기하고 결혼하겠냐고 물어봤어.
B: 어떻게 넌 그 청혼을 거절할 수가 있어?

왜 밤늦은 시간에 전화한거야?

Why are you calling me so late at night?

이번에는 상대방의 언행이 이해가 가지 않아서 직설적으로 물어보는 패턴이다. 이유의 의문사 Why를 써서 Why are you+형용사? 혹은 Why are you+~ing?라고 하면 된다. 특히 많이 쓰이는 Why are you trying[going] to~?를 주목해본다.

Screen Expressions

★ **Why are you+형용사?** 너는 왜 …하는거야?

Why are you dressed so nicely tonight? 오늘밤 왜 그렇게 멋지게 옷을 입었어?

Why are you naked? 왜 다벗고 있어?

★ **Why are you ~ing?** 너는 왜 …하는거야?

Why are you calling me so late at night? 왜 밤늦은 시간에 전화한거야?

★ **Why are you trying to+V?** 너는 왜 …을 하려는거야?

▶ Why are you going to+V? 너는 왜 …할거야?

Why are you trying to get away from me? 왜 내게서 멀어지려는거야?

이 표현이 나오는 영화_
<노팅힐>, <라라랜드>, <노트북>, <로맨틱홀리데이>, <500일의 썸머>, <첫키스만 50번째>, <프로포즈>, <왓이프>,
<프렌즈 위드 베네핏>, <굿럭척>, <친구와 연인사이>, <쉬즈더맨>, <브리짓 존스의 베이비>

Screen Conversation

A: Why are you dressed **so nicely tonight?**

B: **I've been set up on a blind date.**

A: 오늘밤 왜 그렇게 멋지게 옷을 입었어?
B: 소개팅하기로 되어 있어.

A: **You're ugly, and have a bad personality.**

B: Why are you trying to **insult me?**

A: 넌 못생겼고 성품도 더러워.
B: 왜 나에게 모욕을 주려는거야?

어디 갔다 오는거야?

Where have you been?

문법책에서나 보는거라면 얼마나 좋을까… ㅠㅠ. 사역동사의 맹활약에 뒤질세라 이해하기 힘든 현재완료 (have+pp)도 일상생활에서 무궁무진 사용된다. 여기서는 일단 기본적인 패턴 몇 가지만 알아두고 다음 단계로 넘어가기로 한다.

Screen Expressions

★ **I have+pp** 난 …을 했어 ▶ I have seen~ …을 봤어, I have heard~ …라고 들었어
  I have seen this man in a strip club. 난 스트립 클럽에서 이 남자를 본 적이 있어.

★ **I have been~** 난 …에 갔다왔어 ▶ I have been ~ing …하고 있었어
  I have been in the bathroom. 나 화장실 갔다왔어.
  I've been waiting to go out with you. You done?
  너랑 나갈려고 기다리고 있어. 다했니?

★ **Have you (ever)+pp?** …을 했어, …을 해본 적이 있어?
  Have you forgiven your husband? 네 남편을 용서했어?
  Have you ever been with a woman? 여자랑 사귀어 본 적 있어?

이 표현이 나오는 영화_
<노팅힐>, <미비포유>, <노트북>, <로맨틱홀리데이>, <500일의 썸머>, <첫키스만 50번째>, <브리짓 존스의 베이비>, <친구와 연인사이>

Screen Conversation

A: **You saw him sometime in the past?**

B: **I have seen this man in a strip club.**

A: 넌 걔를 과거 언젠가 봤다며?
B: l스트립 클럽에서 이 남자를 본 적이 있어.

A: **I don't have much experience dating.**

B: **Have you ever been with a woman?**

A: 데이트를 많이 해본 적이 없어.
B: 여자랑 사귀어 본 적이 있어?

MEMO

LEVEL 02

스크린영어가 재미있어지는
스크린영어 대표패턴!

001-111

이 얘기는 하지 말자

Can we not talk about this?

뭔가 거슬리거나 얘기하고 싶지 않은 화제가 나왔을 때, 그 얘기는 좀 하지 말자라고 불편한 심기를 드러내는 표현이다. 반대로 "…얘기를 함께 나누자"고 할 때는 Can we talk about~?이라고 하면 된다. 한편 "…에 대해 얘기할 수 없어"는 I can't talk about~이라고 한다.

Screen Expressions

★ **Can we talk about~ ?** …얘기를 나누자

Can we talk about this when I get back?
내가 돌아와서 이 얘기할까?

★ **Can we not talk about~ ?** …얘기는 하지 말자

Can we not talk about my personal life?
내 개인사는 얘기하지 말자?

★ **I can't talk about~** …얘기는 할 수 없어

I can't talk about it because it scares me too much.
너무 무서워 그 얘기는 할 수 없어.

이 표현이 나오는 영화_
<프로포즈>, <쉬즈더맨>

Screen Conversation

A: Can we talk about **what happened last night?**

B: I don't think I'm ready for that.

A: 어젯밤에 무슨 일이 있었는지 얘기해볼까?
B: 난 아직 그 준비는 안된 것 같아.

A: **We will have time to discuss it tonight.**

B: Can we not talk about **this now?**

A: 오늘밤에 그 얘기할 시간이 있을거야.
B: 지금은 그 얘기는 하지 말자.

LEVEL 02
002

너한테 푹 빠져있다는 것을 고려해볼 때,

Given that she's desperately in love with you,

좀 낯설을 수도 있지만 Given+N 혹은 Given that S+V의 패턴은 「…라는 점에서」라는 의미이다. 미드나 스크린에서 무척 많이 나오는 표현이다. 그래서 Given the circumstances는 「상황을 감안할 때」, Given this situation은 「이런 상황에서」라는 뜻을 갖는다.

Screen Expressions

★ **Given this situation,** 이런 상황에서,
  ▶ Given the circumstances 상황을 감안할 때
  Not entirely inappropriate **given the circumstances.**
  상황을 감안할 때 완전히 부적절한 것은 아냐.

★ **Given everything that's happened,** 모든 일을 고려해볼 때,
  ▶ Given that, 그런 점에서,
  So given that, do you trust Jack? Or don't you? 그런 점에서 넌 잭을 믿니 안믿니?

★ **Given that S+V** …라는 점에서
  Given that it is her fault, it seems appropriate. 걔잘못이라는 점에서 그건 적절해보여.

이 표현이 나오는 영화_
<미비포유>, <로맨틱홀리데이>, <브리짓 존스의 일기>

Screen Conversation

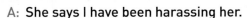

A: She says I have been harassing her.

B: Given the situation, **you should stop contacting her.**

A: 걘 내가 자기를 괴롭혔다고 해.
B: 상황을 고려해볼 때, 넌 걔와 접촉을 하지 마라.

A: I think Brian is a very handsome man.

B: Given that **he is divorced, you can date him.**

A: 브라이언은 매우 잘생긴 사람이고 생각해.
B: 걔가 이혼했으니, 걔와 데이트해봐.

내가 걔하고 자는 사이라고 말했어?

Did I mention I'm sleeping with her?

mention은 「언급하다」라는 뜻으로 뒤에 that S+V절을 취할 수가 있다. 그래서 Did I mention S+V?하면 "내가 …라는 사실을 말했나?," Not to mention+N[S+V]하면 "…는 말할 것도 없고," "…는 물론"이라는 의미가 된다. 참고로 Now that you mention it은 「그러고 보니」라는 다른 의미의 표현이다.

Screen Expressions

★ Did I mention (that) S+V? 내가 …라고 말했었나?
Did I mention that I'm sleeping with Chris? 내가 크리스와 자는 사이라고 말했었나?

★ Not to mention+명사[S+V] …은 말할 것도 없고, …을 물론
This needs to be organized, **not to mention** cleaned up.
이건 깨끗이 치우는 건 말할 것도 없고 정리정돈을 해야 돼.

The house is beautiful, **not to mention** it has many rooms.
그 집은 아름다워, 방이 많은 것은 말할 것도 없고.

★ Now that you mention it 그러고보니
Now that you mention it, I haven't seen him. 그러고보니, 난 걔를 본 적이 없어.

이 표현이 나오는 영화_
<어바웃타임>, <러브액츄얼리>, <악마는 프라다를 입는다>

Screen Conversation

A: Your brother seems kind of mean.

B: Did I mention that he's been to jail?

A: 네 형은 좀 비열해보여.
B: 형이 감방갔다 온 적이 있다고 내가 말했었나?

A: Why don't you like Ashley?

B: She talks all the time, not to mention she's dumb.

A: 왜 애슐리를 좋아하지 않아?
B: 바보인 건 말할 것도 없고 도대체 입을 다물지를 않아.

네가 그랬다는게 믿기지 않아!

I can't believe you did that!

I can't believe~는 상대방의 말에 놀라거나 믿기지 않을 때 던지는 표현으로 무척 많이 나오는 패턴이다. 다시 말해서 I can't believe S+V하게 되면 S+V라는 내용을 믿지 않겠다는 말이 아니라 믿기지 않을 정도로 「놀랍다」라는 뉘앙스를 풍기게 된다.

screen expressions

★ **I can't believe S+V** 정말 …야, …가 믿기지 않네
▶ **I can't believe it** 이럴 수가, 놀라워라
I just can't believe that Rob cheated on you. 롭이 너를 배신하고 바람폈다는게 놀라워.
I can't believe you that you have had sex with the woman staying in my house. 내 집에 머무는 여자와 네가 섹스를 했다니 말이 돼.

★ **I can't believe how~** 정말 …해
I can't believe how much I'm dying to see her. 정말이지 걜 보고 싶어 죽겠어.

★ **Can you believe S+V?** …가 믿겨져?
Can you believe this is already happening? 벌써 이렇게 됐어?

이 표현이 나오는 영화_
<라라랜드>, <어바웃타임>, <굿럭척>, <브리짓 존스의 일기>, <미비포유>, <로맨틱홀리데이>, <500일의 썸머>,
<프로포즈>, <프렌즈 위드 베네핏>, <첫키스만 50번째>, <브리짓 존스의 베이비>, <쉬즈더맨>, <이프온리>,
<러브, 로지>, <왓이프>, <악마는 프라다를 입는다>, <러브액츄얼리>

screen conversation

A: I just watched TV and slept a lot.

B: I can't believe you stayed home all weekend.

A: 난 TV를 보고 잠을 많이 잤어.
B: 주말내내 집에 있었다니 믿기지 않네.

A: I remember when your son was a baby.

B: Can you believe he is starting college?

A: 네 아들이 아기였을 때가 기억나.
B: 걔가 대학생활을 시작한다는게 믿겨져?

그게 네 것이 아니면 어떻게 하지?

What if it isn't yours?

원래 What would happen if~?가 What if S+V?로 축약된 경우. 만일 S+V의 일이 일어난다면 어떻게 해야 하는지 상대방에게 「의견」을 물어보는 패턴이다. 이를 응용한 What if I said~?는 "내가 …라고 말한다면 어떻게 할거야?"라는 표현.

Screen Expressions

★ **What if S+V?** …라면 어떻게 하지?

So what if that's true? 그럼 그게 사실이면 어쩌지?

What if you tie the knot in a month and realize that you miss Chris?
만약에 한달 후에 결혼하는데 크리스가 그리워지면?

★ **What if I said~** 내가 …라고 한다면 어떻게 할거야?

What if I said I didn't want you here? 내가 너 필요없다고 한다면 어떻게 할거야?

★ **What if sb thinks S+V?** …가 …라고 믿으면 어떻게 하지?

What if she thinks I'm sweet on her?
걔가 내가 자길 좋아한다고 생각하면 어떡하지?

이 표현이 나오는 영화_
<라라랜드>, <미비포유>, <이프온리>, <러브, 로지>, <왓이프>, <노팅힐>, <악마는 프라다를 입는다>,
<로맨틱홀리데이>, <브리짓 존스의 베이비>

Screen Conversation

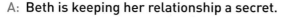

A: Beth is keeping her relationship a secret.

B: What if I asked her about it?

A: 베스는 자기 사귀는 것을 계속 비밀로 해.
B: 내가 그것에 대해 물어본다면 어떨까?

A: I don't know how you feel about me.

B: What if I said I loved you?

A: 나에 대한 너의 감정이 어떤지 모르겠어.
B: 내가 너를 사랑한다고 말한다면 어떻게 할거야?

분명히 그게 네 계획의 일부겠지

I bet that's part of your plan

bet은 「내기에 돈을 걸다」라는 동사로 I bet S+V하게 되면 비유적으로 자신이 돈을 걸 정도로 자기가 하는 말에 강한 확신을 가지고 있다는 의미이다. I will bet S+V, I bet you S+V라고 써도 된다. 주어를 바꾸어서 You bet S+V라 해도 상대방이 역시 돈을 걸어도 좋을 정도로 자기 말에 「확신하다」는 의미.

Screen Expressions

★ **I('ll) bet S+V** 분명히 …해 ▶ I bet you! 확실해!, 정말야!

I bet you will find a new boyfriend soon.
곧 틀림없이 새로운 남친을 만나게 될거야.

★ **I bet you S+V** 분명히 …해 ▶ I bet you+돈+that S+V 분명히 …할거야

I bet you a hundred bucks that she will go out with me.
장담하는데 걘 나와 데이트할거야.

★ **You bet S+V** …가 확실해 ▶ You bet your ass S+V 확실히 …할거야

You bet I'll be there. 꼭 거기에 갈게.

You bet your ass I'm gonna fire you! 틀림없이 난 널 해고할거야!

이 표현이 나오는 영화_
<미비포유>, <로맨틱홀리데이>, <브리짓 존스의 일기>, <악마는 프라다를 입는다>, <브리짓 존스의 베이비>, <굿럭척>,
<쉬즈더맨>, <이프온리>, <첫키스만 50번째>

Screen Conversation

A: Someone broke into this building.

B: **I bet** that person is still inside.

A: 누군가 건물에 침입했어.
B: 틀림없이 그 놈이 안에 아직 있다구.

A: **You bet** I want coffee...nice and hot and...

B: Just finish your soup, and we'll get naked.

A: 당연히 아주 따끈따끈한 커피를 마시고 싶고….
B: 언능 수프나 다 먹어 그리고 다벗고 놀자고.

무슨 일인지 알겠어

I can see what's going on

앞서 배운 I see S+V에서 조동사 can이 삽입된 경우이다. I see that~과 의미는 비슷하다. 먼저 I can see that 이라고 단독으로 쓰이면 "알겠어"라고 뜻이 된다. 또한 뒤에 절을 받아 I can see S+V하면 "…임을 알겠다," "…이구나"라는 의미가 된다.

screen Expressions

★ **I can see that S+V** …이구나. …임을 알겠어

I can see that she's excited about getting married.
걔는 결혼하는게 기대가 되나 보구나.

★ **I can see how much~** 얼마나 …한지 알겠어

I can see how much you care about Betty. 네가 얼마나 베티를 생각하는지 알겠어.

★ **I can see why S+V** …한 이유를 알겠어 ▶ I can see what~ …을 알겠어

I can see why you want to keep her around. 네가 걔를 왜 곁에 두려는지 알겠어.
I can see what's going on. 무슨 일인지 알겠어.

이 표현이 나오는 영화_
<프로포즈>, <쉬즈더맨>, <브리짓 존스의 일기>

screen conversation

A: **This has been an unbelievable day!**

B: I can see **you are happy.**

A: 오늘은 정말 믿을 수 없는 날이었어!
B: 기뻐하는 것 같네.

A: **They always fought over little things.**

B: I can see why **they divorced.**

A: 걔네들 사소한 일로 늘상 싸웠어.
B: 걔네들이 이혼한 이유를 알겠어.

네가 사랑에 빠지면 어떻게 되는거야?

What happens if you fall in love?

happen to+V는 「우연히 …하다」라는 뜻이 반면 happen to sb하게 되면 「…에게 어떤 일이 일어나다」라는 의미가 된다. 그래서 What happens (to~) if[when] S+V는 "…하게 되면 (…는) 어떻게 되는거야?"라는 패턴이 된다.

★ **What happens (to sb[sth]) if[when] S+V?** …이면 어떻게 되는거야?

What happened when your boyfriend forgot your birthday?
네 남친이 네 생일을 까먹다니 어떻게 된 거야?

What happens to him if he doesn't pass the admissions test?
걔가 입학시험에 떨어지면 어떻게 되는거야?

★ **What happens with[to]~?** …가 어떻게 되는거야?, …는 무슨 일이야?

▶ What's happening? 잘지내?

What happened with you and Tim?
팀하고 무슨 일 있었어?

이 표현이 나오는 영화_
<노트북>, <500일의 썸머>

A: **I think this will fix your problems.**

B: **What happens if it doesn't work?**

A: 이게 네 문제들을 해결해줄거라 생각해.   B: 그렇게 되지 않으면 어떻게 되는거야?

스크린 명대사 _ 노트북

"But despite their differences, they had one important thing in common. They were crazy about each other." – Noah
하지만 그들의 차이점에도 불구하고, 그들에게 중요한 한가지는 똑같았다. 그들은 서로에게 미쳐있었다.
(*나이든 Noah의 회상)

무슨 일이 일어날지 누가 알겠어?

Who knows what could happen?

앞서 학습한 "…는 아무도 모른다"라는 뜻의 God[Lord] knows+의문사~와 같은 표현이다. 곧이 곧대로 "누가 …을 알고 있냐?"고 단순히 물어볼 수도 있고 문맥에 따라 "…을 누가 알겠어?"라는 문장이 되기도 한다. 단독으로 쓰이는 Who knows?는 "누가 알겠어?"라는 표현.

Screen Expressions

★ **Who knows what S+V?** 누가 …을 알아?, 누가 …알겠어?

Who knows what the future will bring? 미래가 어떻게 될지 누가 알겠어?

Who knows what they talk about in bed?
걔네들이 침대에서 뭘 얘기하는지 어떻게 알겠어?

★ **Who knows how to+V?** 누가 …하는 방법을 알아?, 누가 …을 알겠어?

Who knows how to get there? 누가 거기에 가는 방법을 알아?

★ **Who knows where S+V?** 어디에 …하는지 누가 알겠어?

Who knows where he went to find another whore?
걔가 다른 창녀를 찾으러 어디로 갔는지 누가 알겠어?

이 표현이 나오는 영화_
<친구와 연인사이>, <러브, 로지>

Screen Conversation

A: **Perry has not decided if he'll take the job.**

B: **Who knows what he will do?**

A: 페리는 그 일자리를 선택할지 여부를 결정하지 못했어.
B: 걔가 어떻게 할지 누가 알겠어?

A: **I don't think Sylvia came home last night.**

B: **Who knows where she spent the night?**

A: 실비아가 지난밤에 집에 온 것 같지 않아.
B: 걔가 어디서 밤을 보냈는지 누가 알겠어?

왜 나한테 거짓말을 한거야?

Why did you lie to me?

Why did you+V?는 상대방이 과거에 왜 그런 행동을 했는지 물어보는 패턴. 우리말로는 "왜 …을 한거야?"라는 의미가 된다. 반대로 "왜 …을 하지 않았어?"라고 물어볼 때는 Why did you not[never]+V? 또는 Why didn't you+V?라고 하면 된다.

Screen Expressions

★ **Why did you+V?** 왜 …했어?

Why did you lock yourself in the bathroom?
왜 화장실에 문잠그고 있었어?

★ **Why did you not[never]+V?** 왜 …을 하지 않았어?

Why did you not ask her out?
왜 걔에게 데이트 신청을 하지 않았어?

★ **Why didn't you+V?** 왜 …을 하지 않았어?

Why didn't you agree to go out with Chris?
넌 왜 크리스와 데이트하는 걸 반대했어?

이 표현이 나오는 영화_
<라라랜드>, <노트북>, <로맨틱홀리데이>, <프로포즈>, <왓이프>, <프렌즈 위드 베네핏>, <브리짓 존스의 베이비>

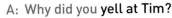

Screen Conversation

A: Why did you **yell at Tim?**

B: He was bothering me while I worked.

A: 왜 팀에게 소리를 지른거야?
B: 내가 일하는데 날 귀찮게 하잖아.

A: I was afraid he would do something bad.

B: Why did you not **tell anyone?**

A: 걔가 뭔가 안좋은 일을 할까봐 걱정됐어.
B: 왜 다른 사람에게 얘기를 하지 않았어?

왜 온다고 내게 말하지 않았어?

Why didn't you tell me you were coming?

앞서 언급한 Why did you~?나 Why didn't you~?의 응용패턴. 먼저 Why did you tell me[say]~?는 상대방 보고 과거에 왜 그런 말을 했는지 물어보는 패턴이고, 반대로 Why didn't you tell me~?하게 되면 "왜 …을 내게 말하지 않았냐"고 비난할 수 있는 패턴이다.

screen Expressions

★ **Why did you tell me[say]~** 왜 …라고 했어?

Why did you tell Tim that Jill was getting a boob job?
넌 왜 질이 가슴성형을 받을거라고 팀에게 말했어?

★ **Why didn't you tell me~ ?** 왜 내게 …을 말하지 않았어?

Why didn't you tell me about them? 왜 내게 그들에 관해 말을 하지 않았어?

Why didn't you just tell her the truth? 걔한테 진실을 왜 말하지 않았어?

★ **Why didn't you tell me S+V** 왜 내게 …을 말하지 않았어?

Why didn't you tell me you were coming? 왜 온다고 내게 말하지 않았어?

이 표현이 나오는 영화_
<이프온리>, <왓이프>, <첫키스만 50번째>, <프렌즈 위드 베네핏>

screen conversation

A: **It looks like Carol won't show up.**

B: Why did you tell me **she was coming?**

A: 캐롤은 올 것 같지 않아.
B: 왜 걔가 올거라고 내게 말한거야?

A: **After five days, I was allowed to leave the hospital.**

B: Why didn't you tell me **you were ill?**

A: 5일 후에 난 퇴원해도 된대.
B: 왜 아프다고 내게 말하지 않았어?

LEVEL 02

012

나더러 어쩌라고?

What do you want me to do?

이번에는 What과 do you want to+V가 합쳐서 만드는 패턴으로, What do you want to+V?하면 "넌 …을 …하기를 원해?"가 된다. What do you want to do with~?처럼 응용하면 "…을 어떻게 할거냐," 그리고 What do you want me to+V?하게 되면 "내가 뭘 하기를 네가 원하냐"고 물어보는 다소 복잡한 패턴이 된다.

Screen Expressions

★ **What do you want to+V?** 넌 …을 …하기를 원해?

What do you want to eat for lunch today?
오늘 점심으로 뭘 먹고 싶어?

★ **What do you want to do with~ ?** …을 어떻게 하고 싶어?

What do you want to do with your life?
네 인생을 어떻게 살고 싶어?

★ **What do you want me to+V?** 내가 뭘 …하면 좋겠어?

What do you want me to tell you?
나보고 너에게 무슨 말을 하라고?

이 표현이 나오는 영화_
<미비포유>, <프로포즈>, <첫키스만 50번째>

Screen Conversation

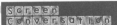

A: What do you want to **have for lunch?**

B: How about getting a hamburger?

A: 점심으로 뭐 먹을래?
B: 햄버거가 어때?

A: **A group of people is waiting outside.**

B: What do you want me to **say to them?**

A: 일단의 사람들이 밖에서 기다리고 있어.
B: 내가 그들에게 뭐라고 얘기하면 좋겠어?

저거 어떻게 하지?

What do I do with that?

내가 어떻게 해야 될지 모르는 상황에서 쓰는 패턴으로 What do I do with~?하게 되면 "…을 어떻게 하지?," 그리고 좀 길게 말하려면 What do I do if S+V?처럼 if 절을 연결하여 쓰면 된다. 우리말로는 "…하면 난 어떻게 하지?"라는 의미.

screen Expressions

★ **What do I do with~ ?** …을 어떻게 하지?

What do I do with these files?
이 파일들을 어떻게 하지?

★ **What do I do if S+V?** …하면 난 어떻게 하지?

What do I do if he refuses?
걔가 거절하면 난 어떻게 하지?

★ **What did I do to+V?** 내가 뭐 …일을 했어?

What did I do to deserve to be fired?
내가 뭐 해고당할 짓을 한게 있어?

이 표현이 나오는 영화_
<친구와 연인사이>, <악마는 프라다를 입는다>, <미비포유>

screen Conversation

A: **What do I do with the extra food?**

B: **Could you see if anyone wants to take it home?**

A: 남은 음식 어떻게 하지?
B: 집에 가져가고 싶어하는 사람 확인 좀 해줄테야?

A: **Be very careful. That's the teacher's computer.**

B: **What do I do if it breaks?**

A: 조심히 다뤄. 그건 선생님 컴퓨터야.
B: 내가 망가트리면 난 어떻게 하지?

앤디를 지지해주겠다고 약속해줘

Promise me you'll stand by Andy

I promise (you)!는 뭔가 약속을 지키겠다고 다짐할 때 사용하는 표현. 약속이 뭔지를 함께 말하려면 I promise to+V(…하겠다고 약속해), 아니면 I promise (you) that S+V(…을 꼭 약속할게)의 형태를 사용하면 된다.

screen expressions

★ I promise S+V 꼭 …을 할게

I promise I'll never broach the subject again.
다시는 그 주제를 화제로 꺼내지 않을게.

★ I promise you S+V 정말 …을 꼭 할게

I promise you I'm not gonna do anything wrong.
내 다짐지만 아무런 나쁜 짓을 하지 않을거야.

★ Promise me S+V …을 약속해줘, …을 다짐해줘

Promise me you'll stand by Andy. Even if you don't agree with him.
비록 앤디와 의견이 달라도 걔 편이 되어준다고 약속해.

이 표현이 나오는 영화_
<러브, 로지>, <로맨틱홀리데이>, <첫키스만 50번째>, <프로포즈>

screen conversation

A: Sometimes I don't know how Ann feels about me.

B: I promise you that she loves you.

A: 때론 앤이 나에 대해 어떤 감정인지 모르겠어.
B: 장담하는데 걘 너를 사랑해.

A: This was a very romantic weekend.

B: Promise me you won't forget it.

A: 이번 주말은 정말 낭만적이었어.
B: 앞으로 잊지 않겠다고 약속해줘.

LEVEL 02

015

정말 난 그러지 않았어
I swear I didn't do it

I swear~는 I promise처럼 자기가 하는 말이 진심임을 강조하는 표현이다. 「…라고 맹세하다」라고 할 때는 I swear S+V, 그리고 좀 더 자신의 진정성을 강조하려면 신(God)을 모셔와서 I swear to God S+V라고 하면 된다.

Screen Expressions

★ **I swear S+V** 정말이지 …야

I swear I didn't know she was a hooker. 난 정말이지 그 여자가 창녀인지 몰랐어.

★ **I swear to you. S+V** 정말이지 …해
  ▶ I swear on my life S+V 내 인생을 걸고 말하는데 …야

I swear to you. I didn't see any woman in the car.
정말이지 차에서 어떤 여자도 못봤어.

★ **I swear to God S+V** 맹세코 …야

I swear to God you are never going to see me again.
맹세코 넌 날 다시 못 볼 줄 알아.

이 표현이 나오는 영화_
<미비포유>, <굿럭척>, <로맨틱홀리데이>, <라라랜드>, <첫키스만 50번째>, <이프온리>, <악마는 프라다를 입는다>, <프렌즈 위드 베네핏>

Screen Conversation

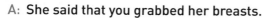

A: **She said that you grabbed her breasts.**

B: **I swear I never touched her.**

A: 걘 네가 자기 가슴을 움켜 잡았다고 그랬어.
B: 정말이지 난 절대로 걔를 만지지 않았어.

A: **No one believes what you said.**

B: **I swear to God I'm telling the truth.**

A: 아무도 네가 한 말을 믿지 않아.
B: 맹세코 난 진실을 말하고 있어.

LEVEL 02

016

넌 다를거라 생각했는데

I thought you'd be different

Level 01에서 살펴본 I thought S+V를 응용한 표현. I thought S would+V는 과거시점에서 "…할거라 생각했는데 그렇지 않았다"는 뉘앙스를 담고 있으며, I thought I said[told]~는 상대방을 「질책」하는 패턴으로 "…라고 말한 것 같은데"라는 의미이다.

screen expressions

★ **I thought you would+V** 너 …할거라 생각했어

I thought you'd be happier. 난 네가 더 행복할거라 생각했는데.

I thought Dan would make a good father. 난 댄이 훌륭한 아버지가 될거라 생각했어.

★ **I thought I told you (not) to+V~** 내가 …하라고(하지 말라고) 말한 것 같은데

I thought I told you not to speak to him anymore.
더 이상 걔한테 말하지 말라고 한 것 같은데.

★ **I thought I told you that S+V** 내가 …하라고 말한 것 같은데

I thought I told you I never want to see you again.
다신 절대로 널 보고 싶지 않다고 말한 것 같은데.

이 표현이 나오는 영화_
<러브, 로지>, <악마는 프라다를 입는다>, <로맨틱홀리데이>

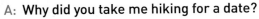

screen conversation

A: **Why did you take me hiking for a date?**

B: I thought you would **enjoy it.**

A: 왜 하이킹 데이트를 한거야?
B: 네가 좋아할거라 생각했어.

A: **You're still dating Brad, aren't you?**

B: I thought I told you that **it was finished.**

A: 너 아직 브래드와 데이트하고 있지, 그렇지 않아?
B: 끝났다고 너에게 말한 것 같은데.

내 말은 네가 변태라는 말이야

I'm saying you're perverted

I'm saying S+V는 자신이 이미 한 말을 다시 확인 정리해줄 때 사용하는 문장으로 I mean S+V와 비슷하다고 생각하면 된다. 여기에 just를 삽입하여 I'm just saying S+V하게 되면 같은 맥락으로 내가 하는 말은 별뜻은 없고 "단지 …을 말하려는 것뿐이야"라는 뉘앙스.

screen expressions

★ **I'm saying S+V** (내 말은)…라는 말이야

I'm saying you know nothing about me.
내 말은 넌 나에 대한 아는게 하나도 없다는거야.

★ **I'm just saying S+V** (내 말은) 그냥 …하다는거지

I'm just saying she's not gonna break up with Jim.
내 말은 단지 걔가 짐과 헤어지지 않을거라는 말이야.

★ **I'm not saying S+V** …라는 말은 아냐

I'm not saying it was my finest hour.
그때가 내 최고의 전성기는 아니지.

이 표현이 나오는 영화_
<노팅힐>, <왓이프>, <500일의 썸머>, <첫키스만 50번째>

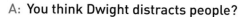

screen conversation

A: **You think Dwight distracts people?**

B: **I'm saying** he talks too much.

A: 드와이트가 분위기를 산만하게 만드는 것 같아?
B: 걔가 말을 너무 많이 한다는 말이야.

A: **She was fired because her boss was cruel.**

B: **I'm not saying** she deserved it.

A: 걔는 사장이 잔인해서 잘린거야.
B: 걔가 잘릴만했다고 말하는게 아냐.

개가 누구랑 자는지 상관안해

I don't care who she sleeps with

어떻게 되든지 신경을 안쓰거나 무관심하다고 할 때는 I don't care~를 기본으로 I don't care about+N[~ing], 혹은 I don't care what S+V나 I don't care if S+V의 형태로 말하면 된다. 좀 더 상관없음을 강조할 때는 I don't give a shit[fuck] if S+V라고 하면 된다.

Screen Expressions

★ **I don't care about+명사[~ing]** ···는 신경안써, 상관없어

I don't care about you working with her.
네가 개랑 일하는거 상관안해.

★ **I don't really care what[who]~** ···는 알게 뭐람, 신경안써

I don't care what she told you.
개가 너한테 뭐라고 했던 상관없어.

★ **I don't care if~** ···이든 말든 알게 뭐야 = I don't give a shit[fuck] if~

I don't care if Susan outs our affair.
난 수잔이 우리 부정을 폭로한다고 해도 상관없어.

이 표현이 나오는 영화_
<러브, 로지>, <친구와 연인사이>, <악마는 프라다를 입는다>, <프렌즈 위드 베네핏>, <노팅힐>

Screen Conversation

A: **People think that you're acting crazy.**

B: I don't care what **anyone says.**

A: 사람들은 네가 이상하게 행동한다고 생각해.
B: 누가 뭐라든지 난 신경안써.

A: **Why are you wasting money at a casino?**

B: I don't care if **I lose all my money.**

A: 왜 카지노에서 돈을 낭비하는거야?
B: 내 돈 다 잃어도 신경안써.

걔가 그럴 때는 정말 싫어

I hate it when she does that

hate은「싫다」로 좀 강한 어조의 단어. I hate sth[sb](~ing), I hate ~ing, I hate to+V 등 다양하게 쓰이나 여기서는 I hate it when~, 즉 "…할 때 난 정말 싫더라"라는 표현을 익혀본다. 또한 "…하는게 좋다, 싫다"라고 할 때는 I hate[love] the way S+V라고 하면 된다.

screen expressions

★ **I hate it when S+V** …할 때는 정말 싫어

I hate it when she worries about me.
걔가 날 걱정할 때는 정말 싫더라.

★ **I hate the way S+V** … 하는게 정말 싫어

I hate the way she has her boyfriend on a string.
걔가 자기 남친을 맘대로 조정하는게 싫어.

★ **I love the way S+V** …하는게 정말 좋아

I love the way she sometimes licks her lips before she talks.
난 걔가 가끔 말하기 전에 입술을 핥는게 정말 좋아.

이 표현이 나오는 영화_
<로맨틱홀리데이>, <500일의 썸머>

screen conversation

A: **Everyone started to leave around 10 pm.**

B: I hate it when **parties end.**

A: 다들 오후 10시 경에 가기 시작했어.
B: 파티가 끝나면 싫더라.

A: **I spent several hours at the hair salon.**

B: I love the way **your hair looks.**

A: 난 미용실에서 여러 시간을 보냈어.
B: 네 머리스타일 맘에 든다.

끝났다고 말하지마

Don't tell me that it's over

말도 안되는 것을 상대방이 말할 때는 Don't tell me that~이라고 하며, 이때의 의미는 "…라고 말하지마," "설마 …라는 얘기는 아니겠지?"라는 뜻의 패턴이 된다. 단독으로 Don't tell me!는 "설마," "말도 안돼!"라는 말로 Never tell me!라 해도 된다.

Screen Expressions

★ **Don't tell me to+V** …라고 하지마

Don't tell me to calm down!
나보고 침착하라고 하지마!

★ **Don't tell me what[how]~** …라고 하지마

Don't tell me what to do! 나에게 이래라 저래라 하지마!

Don't tell me where she belongs.
걔가 어디 소속이라고 말하지마.

★ **Don't tell me (that) S+V** 설마 …라는 얘기는 아니겠지

Don't tell me I did this! 설마 내가 그랬다는 건 아니겠지!

이 표현이 나오는 영화_
<로맨틱홀리데이>, <굿럭척>, <악마는 프라다를 입는다>, <이프온리>

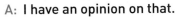

Screen Conversation

A: I have an opinion on that.

B: Don't tell me what you think.

A: 나 그것에 대해 의견이 있어.
B: 네 생각을 나에게 말하지마.

A: The car you wanted is not available.

B: Don't tell me that someone bought it.

A: 손님이 원했던 자동차는 없습니다.
B: 설마 다른 사람이 사갔다는 말은 아니겠죠.

내가 말한거 기억해둬

Remember what I told you

이번에는 「기억」(remember)에 관한 패턴 몇가지 알아본다. 먼저 I can't remember what~하게 되면 "…을 기억하지 못한다," (Do) You remember what[when]~하면 "…을 기억해?," 그리고 마지막으로 "…을 명심하라"고 할 때는 Remember to+V 혹은 Remember that S+V라 하면 된다.

screen expressions

★ **I can't remember what~** …가 기억안나
  ▶ I can't remember the last time S+V …한 마지막 때가 기억안나
  I can't remember the last time we kissed. 언제 마지막으로 키스했는지 기억도 안나.

★ **(Do) You remember what[when]~** …가 기억나?
  Remember that guy who used to cry every time we had sex?
  섹스할 때마다 울던 그 남자 기억나?

★ **Remember S+V[wh~]** …을 기억하라고 ▶ Remember to+V 명심하고 …해
  Remember how you hate people talking behind your back?
  네가 네 뒤에서 욕하는 사람들을 얼마나 싫어하는지 기억해봐?

이 표현이 나오는 영화_
<노팅힐>, <악마는 프라다를 입는다>, <라라랜드>, <미비포유>, <노트북>, <로맨틱홀리데이>

screen conversation

A: He told me a big secret.

B: You remember what he said to you?

A: 걔가 나에게 중요한 비밀을 말해줬어.
B: 너한테 뭐라고 했는지 기억나?

A: Remember that red dress you had?

B: It made me look real sexy.

A: 네가 입었던 저 빨간 드레스 기억나?
B: 그 옷 때문에 내가 정말 섹시하게 보였지.

그건 실수였다고 판명났어

It turns out it was a mistake

turn out은 「…로 판명나다」, 「…로 밝혀지다」, 「…로 입증되다」라는 뜻으로 It turns out S+V하게 되면 "…로 밝혀지다"라는 의미가 된다. 'It'을 생략하고 그냥 Turns out S+V라고 해도 되며, 과거로 쓰려면 It turned out S+V라 하면 된다.

screen Expressions

★ It turns out that S+V …로 밝혀지다, …로 판명나다

It turns out that I'm not pregnant after all. 난 결국 임신이 아닌 것으로 판명났어.

I was not dumped. **It turns out** he was two-timing me.
난 차인 게 아니고 걔가 양다리 걸치고 있었던거야.

★ Turns out S+V …로 판명나다

Turns out that she lied to us. 걔가 우리에게 거짓말한 것으로 밝혀졌어.

★ It turned out S+V …로 밝혀졌어, …로 판명났어

It turned out that he wasn't in love with me like I thought.
내가 생각했던 것처럼 걘 나를 사랑하지 않았던 것으로 판명났어.

이 표현이 나오는 영화_
<로맨틱홀리데이>, <악마는 프라다를 입는다>, <프로포즈>

screen conversation

A: Had you met my boyfriend before?

B: **It turns out that** we went to the same university.

A: 전에 내 남친 만난 적 있어?
B: 알고보니 같은 대학교를 나왔더라고.

A: You said you wanted to chat with Cora.

B: **It turned out** she had already left.

A: 너 코라하고 얘기하고 싶다고 말했잖아.
B: 걘 벌써 가버렸더라고.

우리 섹스해야 될 것 같아

I'm thinking we should have sex

I'm thinking of[about] ~ing는 앞서 언급했듯이 앞으로 「…할 예정」을 말할 때 사용하는 표현이다. 과거형으로 I was thinking of[about] ~ing하면 과거에" …을 할 생각이었다"라는 패턴이 된다. 또한 I'm thinking that S+V는 "…할 것 같아"라는 의미.

Screen Expressions

★ **I'm thinking of[about]~** …을 생각하고 있어 ▶ I'm thinking that~ …할 것 같아

I'm just thinking about people who are unkind.
난 그저 불친절한 사람들에 대해 생각하고 있어.

I'm thinking we should have sex. 우리 섹스해야 될 것 같아.

★ **I was thinking of[about] ~ing** …할 생각이었어

▶ I'm thinking of[about] ~ing …할 생각이야

I was thinking of going out for dinner tonight. 난 오늘 저녁 외식할 생각이었어.

★ **Are you planning to+V[on ~ing]?** …할 생각이야?

I was planning on talking to you about it first. 너에게 먼저 그 얘기를 할 생각이었어.

이 표현이 나오는 영화_
<미비포유>, <로맨틱홀리데이>, <500일의 썸머>, <프렌즈 위드 베네핏>, <어바웃타임>, <왓이프>, <러브액츄얼리>

Screen Conversation

A: **Why are you being so quiet?**

B: **I'm thinking about** my mom.

A: 왜 그렇게 말이 없는거야?
B: 엄마를 생각하고 있는 중이야.

A: **This resort offers full body massages.**

B: **I'm thinking of** trying it.

A: 이 휴양지에서는 전신 마사지를 제공해.
B: 한번 해볼 생각이야.

024

함께 해도 될까?

Mind if I join you?

Would[Do] you mind+ ~ing[if~]?는 "…해도 될까요?"라는 말로 정중하게 상대방의 허락이나 양해를 구하는 표현이다. 조심해야 되는 것은 mind는 '꺼리다'라는 부정동사이기 때문에 대답할 때 No하면 "그렇게 하라," 그리고 Yes는 "하지 마라"는 뜻이 된다.

Screen Expressions

★ **Do[Would] you mind ~ing?** …하면 안될까?

Would you mind telling me what's happening now?
이게 무슨 일인지 내게 말해주면 안될까요?

★ **Do[Would] you mind if S+V?** …해도 괜찮아?

Do you mind coming back tomorrow?
내일 다시 오면 안될까요?

★ **Mind if S+V?** …해도 괜찮아?

Mind if I steal my girlfriend away for a minute?
잠깐 여친과 얘기해도 될까요?

이 표현이 나오는 영화_
<미비포유>, <로맨틱홀리데이>, <쉬즈더맨>, <노팅힐>, <프로포즈>, <브리짓 존스의 베이비>

Screen Conversation

A: We saw several celebrities on the tour.

B: Do you mind **texting me some pictures?**

A: 여행중에 유명인을 여러명 봤어.
B: 내게 문자로 사진을 보내주면 안될까?

A: Mind if **I smoke a cigar in here?**

B: **No, I would like you to go outside to smoke.**

A: 여기서 시가 한 대 피우는 안될까요?
B: 네, 피시려면 밖에 나가서 피워주세요.

내가 양성애자라고 말해도 괜찮을까?

Do you mind me saying I'm bi?

Do[Would] you mind ~ing[S+V]?의 기본형을 토대로 몇가지 응용패턴을 알아보자. 먼저 Do you mind me (not) saying~?은 "…라고 말해도[말하지 않아도] 괜찮아?"가 되고, I don't mind sb ~ing하게 되면 "…가 … 해도 상관없어"라는 패턴이 된다.

Screen Expressions

★ **Do you mind me not saying~ ?** …라고 말하지 않아도 괜찮아?

   Do you mind me asking why you didn't go to work?
   왜 출근 안했는지 내가 물어봐도 돼?

★ **I don't mind sb ~ing** …가 …해도 괜찮아

   I don't mind you being friends with a guy. 네가 남자와 친구가 돼도 괜찮아.

★ **I hope you don't mind me ~ing** 내가 …해도 괜찮기를 바래

   ▶ If you don't mind me asking[saying] 이런 말해서 그렇지만

   I hope you don't mind me using your computer. 네 컴퓨터 써도 괜찮겠지.

   If you don't mind me asking, why are you divorcing? 이런 말해서 그렇지만, 왜 이혼해?

이 표현이 나오는 영화_
<노팅힐>, <굿럭척>

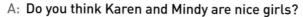

Screen Conversation

A: **Do you think Karen and Mindy are nice girls?**

B: Do you mind me not saying **anything about them?**

A: 카렌과 민디는 착한 여자애들이라고 생각해?
B: 내가 그들에 대해 말하지 않아도 괜찮겠어?

A: **I was surprised to hear you'd be visiting.**

B: I hope you don't mind me **staying here.**

A: 네가 온다는 말을 듣고 놀랐었어.
B: 내가 여기에 머물러도 괜찮기를 바래.

그거 사과할게요

I apologize for that

sorry보다 정중한 표현으로 우리말의 「사과하다」에 해당하는 단어로 생각하면 된다. 그다음에 꼭 알아두어야 할 것은 for 다음에는 사과하게 만든 행위, to 다음에는 사과하는 사람을 써주면 된다는 것이다. 그래서 완성하면 I apologize to sb for sth의 형태가 된다.

screen Expressions

★ **I apologize to sb for sth** …에게 …대해 사과할게요

I am not going to apologize for having a healthy sex life!
건강한 성생활을 하고 있다는 이유로 사과하지는 않을거야!

★ **I came to apologize~** 사과하러 왔어요

I was just coming over here to apologize for my behavior.
내 행동에 사과하려 여기에 들렀던거야.

★ **I feel I should apologize~** 사과해야 될 것 같아

I feel that you should apologize to Tony for cheating.
바람핀 것에 대해 네가 토니에게 사과해야 돼.

이 표현이 나오는 영화_
<노팅힐>, <로맨틱홀리데이>

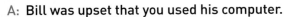

screen conversation

A: **Bill was upset that you used his computer.**

B: I apologized to him for **causing problems.**

A: 빌은 네가 자기 컴퓨터를 써서 화가 났어.
B: 문제를 일으켜서 미안하다고 걔한테 말했어.

A: **Why did you come back here?**

B: I came to apologize for **my friend.**

A: 왜 여기로 다시 돌아온거야?
B: 내 친구 행동을 사과하러 왔어.

얽매이지 않도록 확실히 해라

Make sure I don't get tied down

make sure은 「…을 확인하다」, 「확실히 하다」라는 의미로 스크린 영어에서 많은 패턴을 만들어 낸다. 여기서는 특히 I need to[have to] make sure S+V(…을 확실히 해야 돼), Let me make sure S+V, 그리고 Make sure S+V의 형태를 알아본다.

Screen Expressions

★ **I need to[have to] make sure S+V** …을 확실히 해야 돼
  ▶ I want to make sure~ …을 확인하고 싶어
  We have to make sure you do this right. 우린 네가 이걸 제대로 하는지 확실히 해야 돼.
  I just want to make sure you're prepared. 네가 준비되었는지 그냥 확인하고 싶어.

★ **Let me make sure S+V** …을 확실히 할게
  Let me make sure I understand. You don't love her?
  확인해볼게. 걔를 사랑하지 않는다는거야?

★ **Make sure S+V** 확실히 …하도록 해 = I want you to make sure S+V
  Make sure he gets the message. 걔가 메시지를 확실히 받도록 해.

이 표현이 나오는 영화_
<프로포즈>, <악마는 프라다는 입는다>, <러브액츄얼리>, <친구와 연인사이>, <쉬즈더맨>, <어바웃타임>,
<첫키스만 50번째>

Screen Conversation

A: Angela should not be staying alone.

B: I need to make sure **she is safe.**

A: 안젤라는 혼자 놔두면 안돼.
B: 걔가 안전한지 확실히 할게.

A: I'll be driving to Las Vegas tonight.

B: Make sure **you bring your license.**

A: 오늘밤 차로 라스베거스에 갈거야.
B: 면허증 확실히 챙겨.

네가 준비됐는지 알고 싶었을 뿐이야

I just wanted to see if you were ready

앞서 나온 I want (you) to+V를 응용한 패턴. I want you to be the first to~와 I (just) wanted to+V에서 V에 다양한 동사를 넣어 다양한 문장을 만들 수 있다는 점을 알아둔다. 우리말로는 "(단지) …하고 싶었을 뿐이다" 이다. 특히 빈출패턴인 I just wanted to see if S+V는 꼭 기억해두도록 한다.

Screen Expressions

★ **I want you to be the first to+V** 난 네가 첫번째로 …하는 사람이기를 바래
I want you to be the first to know about it. 난 네가 첫번째로 그걸 알기를 바래.

★ **I just wanted to see if~** 단지 …인지 알고 싶었을 뿐이야
I just wanted to see if you were ready for a threesome.
난 단지 네가 쓰리섬을 할 준비가 되었는지 알고 싶었어.

★ **I just wanted to get your opinion on~** …에 대한 의견을 듣고 싶었어
I wanted to get your opinion on this episode that I wrote.
난 내가 쓴 이 에피소드에 대한 네 의견을 듣고 싶었어.

She just wanted to get it on in front of a fireplace. 걘 단지 난로 앞에서 하길 원했어.

이 표현이 나오는 영화_
<노팅힐>, <로맨틱홀리데이>, <친구와 연인사이>, <브리짓 존스의 베이비>

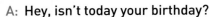

Screen Conversation

A: **Hey, isn't today your birthday?**

B: I just wanted to see if **you remembered.**

A: 야, 오늘 네 생일아냐?
B: 단지 네가 기억하고 있는지를 알고 싶었을 뿐이야.

A: **Why did you call me in here?**

B: I just wanted to get your opinion on **my outfit.**

A: 왜 이리로 오라고 전화한거야?
B: 내 의상에 대한 네 의견을 듣고 싶었어.

네가 괜찮은지 확실히 하고 싶어서

I just want to be sure you're OK

I just want(ed) to+V의 두번째 패턴으로, I just want to be sure S+V는 "그냥 …을 확실히 하고 싶어서"라는 의미이다. 또한 앞서 학습한 make sure와 합체하여 I just wanted to make sure S+V하게 되면 "단지 …를 확실히 하고 싶었을 뿐이야"라는 뜻이 된다.

Screen Expressions

★ **I just want to be sure S+V** 단지 …을 확실히 하고 싶어서

I just want to be sure you are okay.
네가 괜찮은지 확실히 하고 싶어서.

★ **I want to make sure S+V** …을 확실히 하고 싶어서

I want to make sure we get a reservation.
우리가 예약이 되었는지 확실히 하고 싶어.

★ **I just wanted to make sure S+V** 단지 …을 확실히 하고 싶었을 뿐이야

I just wanted to make sure everybody was doing okay.
단지 다들 잘하고 있는지 확인하고 싶었어.

이 표현이 나오는 영화_
<노팅힐>, <로맨틱홀리데이>

Screen Conversation

A: We've had two wedding rehearsals.

B: I just want to be sure **no one makes a mistake.**

A: 우리는 결혼리허설을 두번했어.
B: 난 단지 아무도 실수하지 않도록 확실히 하고 싶어서.

A: Thank you for checking on us.

B: I just wanted to make sure **everyone was comfortable.**

A: 우리를 살펴봐줘서 고마워요.
B: 다들 불편은 없는지 확실히 하고 싶었을 뿐이야.

나도 역시 널 사랑한다고 말하고 싶었어

I just wanted to say I love you too

이번에는 I just want(ed) to+V의 자리에 동사 say가 위치하는 경우. "단지 …라고 말하고 싶어서," 혹은 "단지 …라고 말하고 싶었을 뿐이야"라는 의미이다. say 자리에는 say thank you나 say to sb 등의 구가 올 수도 있으나 대부분 say that S+V처럼 절이 이어진다.

Screen Expressions

★ **I (just) want to say~** 단지 …을 말하고 싶었어

Once again, **I just want to say** thank you. 다시 한번 너에게 감사하다고 하고 싶어.

I want to say goodbye to my friends. 내 친구들에게 작별인사를 하고 싶어.

★ **I just wanted to say that S+V** 단지 …라고 말하고 싶었을 뿐이야

I wanted to say I love you too. 나도 역시 널 사랑한다고 말하고 싶었어.

★ **I just wanted to say up front that S+V**

단지 …라고 미리 말하고 싶었을 뿐이야

I just wanted to say up front this isn't about your private life.
난 단지 이건 네 사생활에 관한 것이 아니라고 말하고 싶었을 뿐이야.

이 표현이 나오는 영화_
<미비포유>, <노팅힐>, <500일의 썸머>, <악마는 프라다를 입는다>

Screen Conversation

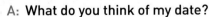

A: **What do you think of my date?**

B: I just wanted to say that **he is very nice.**

A: 내 데이트 상대 어떤 것 같아?
B: 그냥 매우 착해보인다고 말하고 싶었어.

A: **You have a beautiful body.**

B: I just wanted to say up front that **I'm married.**

A: 너 몸 예쁘다.
B: 난 단지 결혼했다고 미리 말하고 싶었을 뿐이야.

그래서 걔가 여기 없는거야

That's why she's not here

어떤 결과를 말할 때는 That's why~를 이용하면 되고 반대로 원인을 말하려면 That's because~를 이용한다. 예로 음주운전을 해서[원인] 면허증을 빼앗겼다[결과]의 경우에서 That's why~ 다음에 결과인 면허증 빼앗긴 사실을 써서 "That's why he's lost his driver's license"라고 하면 된다.

Screen Expressions

★ **This is[That's] why S+V** 바로 그래서 …하는거야

This is why I got into this business. 그래서 내가 이 사업에 뛰어든거야.

My parents are getting a divorce, **that's why** I had to go to camp.
부모님이 이혼중이셔서 캠프에 가야만 했어.

★ **Is this why S+V?** 그래서 …하는거야?

Is this why I don't have a boyfriend? 그래서 내가 남친이 없는건가?

★ **That's because S+V** 그건 …때문이야

That's because I didn't send her an invitation.
내가 걔한테 초대장을 보내지 않았기 때문이야.

이 표현이 나오는 영화_
<로맨틱홀리데이>, <쉬즈더맨>, <첫키스만 50번째>, <500일의 썸머>, <왓이프>, <라라랜드>, <프렌즈 위드 베네핏>, <친구와 연인사이>, <브리짓 존스의 일기>, <러브액츄얼리>, <미비포유>, <브리짓 존스의 베이비>, <굿럭척>

Screen Conversation

A: **The air conditioner in their room is broken.**

B: **That's why they are complaining.**

A: 걔네들 방 에어컨이 고장났어.
B: 그래서 걔네들이 불평을 하는구나.

A: **I heard he broke up with Bonnie.**

B: **That's because he's an idiot.**

A: 걔가 보니와 헤어졌다며.
B: 그건 걔가 바보이기 때문이야.

그게 바로 그들이 내게 계속하는 말이야

That's what they keep telling me

That's what S+V~은 …하는 것이 바로 that이라는 의미로 "바로 그게 …하는 거야"라는 의미. 강조구문으로 더 강조하려면 That's exactly what~으로 하면 되고 부정하려면 That's not what S+V라 하면 된다. 물론 That 대신에 This나 It을 써도 된다.

screen Expressions

★ **This is[That's] what S+V** 그게 바로 …야
  That's what I love about him. 그게 바로 내가 걔를 좋아하는 점이야.
  This is exactly what I was hoping for. 이건 바로 내가 바라던 것이야.

★ **This isn't[That's not] what S+V** …한 것은 그게 아냐
  This isn't what it looks like. 이건 보이는 것과는 달라.

★ **It's what makes~** 바로 그게 …하게 만드는거야
  It's what makes it so warm this time of year.
  바로 그게 연중 이맘 때 기후를 따뜻하게 만드는거야.

이 표현이 나오는 영화_
<왓이프>, <500일의 썸머>, <첫키스만 50번째>, <러브, 로지>, <라라랜드>, <러브액츄얼리>, <로맨틱홀리데이>, <노트북>

screen conversation

A: **You're going to spend the day at the museum?**

B: **That's what Tom wants to do.**

A: 박물관에서 하루를 보낼거야?
B: 그게 바로 톰이 하고 싶어하는거야.

A: **Sometimes people act a little crazy.**

B: **It's what makes working here interesting.**

A: 때때로 사람들은 좀 이상한 행동들을 해.
B: 바로 그 때문에 여기서 일하는게 흥미로와.

바로 저렇게 돌아가는거야
That's how it works

This is[That's]~ 패턴은 That's what~ 처럼 what만 쓰이는 것은 아니다. That's how~는 "그렇게 해서 …했어," That's when~은 "바로 그때 …한거야," 그리고 This is where~하게 되면 "여기가 …하는 곳이야"라는 의미가 각각 된다.

Screen Expressions

★ **That's how S+V** 그렇게 해서 …했어
▶ Is that how S+V? 그렇게 …하는거야?

That's how she came to start an affair with her boss.
그렇게 해서 걘 사장과 바람을 피기 시작하게 되었어.

★ **That's when S+V** 바로 그때 …한거야
▶ Is that when S+V? 바로 그때 …한거야?

Is that when they decided to divorce? 걔네들이 이혼하기로 한게 바로 그때야?

★ **This is where S+V** 여기가 …하는 곳이야 ▶ Is this where~? 바로 여기서 …하는거야?

Sam, **is that where** he touched you? 샘, 바로 저기서 걔가 널 만진거야?

이 표현이 나오는 영화_
<노팅힐>, <로맨틱홀리데이>, <첫키스만 50번째>

Screen Conversation

A: She said Josh was a friend of her roommate.

B: Is that how **they first met?**

A: 걘 조쉬가 자기 룸메이트의 친구라고 했어.
B: 그렇게 해서 걔네들이 처음 만난거야?

A: Show me where Jerry was lying down.

B: This is where **we found him.**

A: 제리가 어디서 뻗어 있었는지 알려줘.
B: 바로 여기서 걔를 발견했어.

034

요점은 네가 내가 알고 있는 최고의 남자라는거야

Point is, you're the best guy I know

뭔가 「요점」이나 「핵심」을 상대방에게 말하고자 할 때 사용하는 표현으로 The point is that S+V의 형태를 사용하면 된다. "중요한 점은 …이라는거야"라는 뜻. 강조하려면 The whole point is that S+V라고 하면 되고, "내 요점은 …야"라고 말하려면 My point is that~이라고 한다. that~ 대신에 to+V를 써도 된다.

Screen Expressions

★ **The point is that S+V** 요점은 …라는거야
   = The point is to+V = Point is, S+V

   The point is I've dated Chris for over a year.
   요점은 내가 일년 넘게 크리스와 데이트를 하고 있다는거야.

★ **The whole point is that S+V** 가장 중요한 점은 …이야
   The whole point is to keep my heart beating.
   가장 중요한 점은 내 심장을 계속 뛰게 하는거야.

★ **My point is that S+V** 내 요점은 …야 = My point is to+V
   My point is that I didn't do anything wrong.
   내 요점은 난 아무런 나쁜 짓을 하지 않았다는거야.

이 표현이 나오는 영화_
<노팅힐>, <500일의 썸머>, <프로포즈>, <악마는 프라다를 입는다>

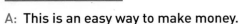

Screen Conversation

A: This is an easy way to make money.

B: The point is that **you are breaking the law.**

A: 이렇게 하면 돈을 쉽게 벌겠는 걸.
B: 문제는 불법이라는거야.

A: Vera wasn't upset to find him with another woman.

B: My point is **she caught him.**

A: 베라는 그가 다른 여자와 있는 걸 알고도 화를 내지 않았어.
B: 중요한 것은 바람피는 것을 잡았다는거지.

문제는 걔네들이 날 사랑한다는거야

The problem is that they love me

풀어야 될 「문제」가 뭔지 말할 때 사용하는 패턴으로 The problem is ~ing, The problem is that S+V의 형태로 사용된다. that 대신에 what이 와서 The problem is what~으로 쓰이기도 한다. 강조하려면 real을 삽입하여 The real problem is~로 하면 된다.

Screen Expressions

★ **The problem is ~ing** 문제는 …하는거야

The problem is dealing with the pain.
문제는 고통을 해결하는 것이야.

★ **The problem is that S+V** 문제는 …라는거야

The problem is that this woman is a gigantic pain in my ass.
문제는 이 여자가 엄청 큰 골칫거리라는거야.

★ **The problem is what S+V** 문제는 …라는거야

The problem is what happened in the room.
문제는 방에서 무슨 일이 일어났냐는거야.

이 표현이 나오는 영화_
<노팅힐>, <러브액츄얼리>, <노트북>, <악마는 프라다를 입는다>, <프로포즈>

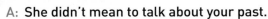

Screen Conversation

A: She didn't mean to talk about your past.

B: The problem is that she told him my secrets.

A: 걘 네 과거를 말하려는 것은 아니었어.
B: 문제는 걔가 그에게 내 비밀을 말했다는거야.

A: I thought Bob began the interview very well.

B: The problem is what he did next.

A: 밥이 인터뷰 시작을 아주 잘했다고 생각해.
B: 문제는 그 다음을 어떻게 했냐는거지.

중요한 점은 걔네 둘 다 정말 레즈비언이라는거야

The thing is they're two real lesbians

The thing is that S+V는 뭔가 중요하고 핵심적인 것을 말할 때 요긴한 패턴. "중요한 것은 …야," "문제의 핵심은 …야"라는 뜻으로 thing 앞에 good, main, important, weird 등의 형용사를 넣어가면서 변형해볼 수 있다. 아주 많이 등장하는 패턴이다.

Screen Expressions

★ **The thing is S+V** 중요한 것은 …야

The thing is they're two real lesbians. 중요한 점은 걔네 둘 다 정말 레즈비언이라는거야.

★ **The weird thing is S+V** 이상한 것은 …야

The weird thing is that she reminds me more of you than Peter.
이상한 점은 걔를 보면 피터보다 네가 더 생각난다는 점이야.

★ **The main thing is S+V** 핵심은 …야

▶ The important thing is S+V 중요한 점은 …야

The important thing is it's over and it doesn't matter.
중요한 건 끝났다는거고 상관없다는거야.

이 표현이 나오는 영화_
<라라랜드>, <브리짓 존스의 일기>, <프로포즈>, <브리짓 존스의 베이비>, <악마는 프라다를 입는다>, <왓이프>, <노팅힐>, <러브, 로지>

Screen Conversation

A: Patty has a meeting at the conference center.

B: The thing is **she hates going there.**

A: 패티는 컨퍼런스 센터에서 회의가 있어.
B: 중요한 것은 걔가 거기 가기 싫어한다는거지.

A: Your necklace was right here on the bed.

B: The weird thing is **I never saw it.**

A: 네 목걸이는 침대 바로 여기에 있었어.
B: 이상한 점은 난 전혀 본 적이 없다는거야.

사실은 나도 몰라

The truth is I have no idea

앞의 패턴에서 thing 대신에 truth, secret, trouble 등이 오는 경우이다. (The) Truth is that S+V는 "사실은 ⋯야," The secret is that S+V는 "비밀은 ⋯야," 그리고 The trouble with~ is that S+V는 "⋯와의 문제는 ⋯야"라는 뜻이 된다. The truth~ 가 문법적으로 맞지만 일상에서는 Truth is~라고 쓰기도 한다.

Screen Expressions

★ **(The) Truth is S+V** 사실은 ⋯야

Truth is I was dying to sleep with him.
사실은 내가 걔랑 정말 자고 싶었었어.

★ **The secret is S+V** 비밀은 ⋯야

The secret is he is broke.
걔가 빈털터리라는 건 비밀이야.

★ **The trouble with ~ is S+V** ⋯와의 문제는 ⋯야

The trouble with drinking is you feel bad the next day.
음주의 문제는 담날 기분이 안좋다는거지.

이 표현이 나오는 영화_
<미비포유>, <노팅힐>, <프로포즈>, <러브액츄얼리>, <악마는 프라다를 입는다>, <어바웃타임>

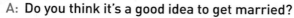

Screen Conversation

A: **Do you think it's a good idea to get married?**

B: The truth is **I don't really know.**

A: 결혼하는게 좋은 생각인 것 같아?
B: 사실은 나도 정말 모르겠어.

A: **Why doesn't Susan have many friends?**

B: The trouble with Susan is **she starts arguments.**

A: 왜 수잔에게는 친구가 많지 않아?
B: 수잔의 문제는 언쟁을 하기 시작한다는거야.

그게 내가 지금 할 수 있는 전부야

That's all I can do right now

That's all S+V는 S+V를 강조하는 패턴으로 "…하는 것은 그게 전부야"라는 의미이다. 그래서 "내가 바라는 것은 그뿐이야"라고 하려면 That's all I ask, "내가 갖고 있는 것은 이게 전부야"는 That's all I got이라고 하면 된다. "…하는게 전부가 아냐"라고 반대로 하려면 That's not all S+V라고 하면 된다.

Screen Expressions

★ **That's all I can+V** 내가 …할 수 있는 것은 그게 다야

That's all I can come up with right now.
그게 지금 내가 생각해낼 수 있는 전부야.

★ **That's all I need to+V** 내가 필요한 건 …뿐이야

That's all I need to know.
내가 알고 싶은 건 그게 다야.

★ **That's not all S+V** …만 하는 것은 아냐

That's not all I do.
내가 그것만 하는게 아냐.

이 표현이 나오는 영화_
<프로포즈>, <첫키스만 50번째>, <이프온리>, <러브, 로지>, <프렌즈 위드 베네핏>, <굿럭척>

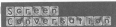
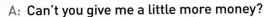

Screen Conversation

A: **Can't you give me a little more money?**

B: **That's all I can do for you.**

A: 돈 좀 더 빌려줄 수 없어?
B: 그게 내가 할 수 있는 전부야.

A: **They discussed some work related issues.**

B: **That's not all they talked about.**

A: 걔네들은 업무와 관련된 문제들을 논의했어.
B: 그것만 얘기한 것은 아냐.

039

네가 임신했을 가능성은?

Any chance you're pregnant?

「기회」나 「가능성」을 언급하는 패턴을 알아보자. 이때 쓰이는 단어는 chance로, The chances are S+V하면
"…일 것 같다," (Is there) Any chance of~?하면 "…할 가능성이 있어?," 평서문으로 Any chance of~하면
"…할 가능성이 …하다"라는 의미가 된다.

Screen Expressions

★ **The chances are S+V** …일 것 같아
  ▶ There's a chance S+V …할 가능성이 있어

  There's a chance you could get hurt. 네가 다칠 수도 있어.

★ **(Is there) Any chance that S+V?** …할 가능성이 있어?
  ▶ Any chance of ~ing? …할 가능성이 있어?

  Is there any chance that you could stay home today?
  오늘 너 집에 남아 있을 수 있어?

★ **I didn't get a chance to+V** …할 기회가 없었어

  I didn't get a chance to get back to her. 걔에게 전화를 다시 할 기회가 없었어.

이 표현이 나오는 영화_
<노팅힐>, <러브액츄얼리>, <로맨틱홀리데이>

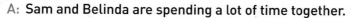

Screen Conversation

A: Sam and Belinda are spending a lot of time together.

B: Chances are he slept with her.

A: 샘과 벨린다는 함께 많은 시간을 보내.
B: 걔 그녀와 잤을 것 같아.

A: Any chance of lending me some money?

B: No, sorry, I hardly have any myself.

A: 돈 좀 빌려 줄 수 있어?
B: 미안하지만 안돼. 나도 갖고 있는게 거의 없어.

이혼하지 그래?

Why not divorce?

Why not?은 단독으로 상대방 제안에 대한 대답으로 "안될 이유가 뭐 있겠어?," "왜 안되는 거야?" 혹은 "그러지 뭐"라는 뜻으로 쓰인다는 것은 이미 설명하였다. 여기서는 Why not+V?의 패턴을 알아보는데 이는 상대방에게 제안하는 것으로 "그냥 …해"라는 의미이다. 반면 Why+V?는 "왜 …해?"라는 뜻.

Screen Expressions

★ **Why not+명사?** 왜 …는 안돼?

　Why not me? 왜 나는 안돼?

★ **Why not+V?** 그냥 …해

　If that's the case, **why not** just admit it?
　실제 그렇다면 왜 그냥 인정하지 그래.

★ **Why+V** 왜 …해? ▶ Why wait until S+V? 왜 …까지 기다리는거야?

　Why wait all this time? **Why not tell** me then?
　왜 마냥 기다리고 있는거야? 그냥 내게 말해봐.

이 표현이 나오는 영화_
<노트북>, <왓이프>, <이프온리>

Screen Conversation

A: I've got to walk out to my car.

B: Why not **wait till it stops raining?**

A: 내 차있는데까지 걸어가야 돼.
B: 비가 그칠 때까지 기다려.

A: You'd better talk to Joey about his bad habits

B: Why **bother? It won't do any good.**

A: 넌 조이에게 걔의 나쁜 습관에 대해 말해.
B: 뭐하러 그래? 아무런 도움이 되지 않을거야.

그거 우리가 가져가는게 나아

We might as well take it with us

might as well+V는 "…하는 편이 낫다"라는 표현으로 I[We] might as well+V(우리는 …하는게 나아)나 You might as well+V(넌 …하는게 나아)라는 패턴으로 많이 쓰인다. might 대신에 may를 써서 may as well+V 라고 해도 된다.

Screen Expressions

★ **I might as well+V** …하는 편이 나아

I might as well just come out and say it. 그냥 당당히 말해버리는게 나을 것 같아.

★ **We might as well+V** …하는 편이 나아

We might as well just go our separate ways.
우리 서로 각자의 길을 가는게 나아.

★ **You might as well+V** 넌 …하는게 낫겠어

You might as well fill me in. 넌 내게 보고하는게 나아.

You might as well flush it down the toilet. 그런 건 완전히 없애버려.

이 표현이 나오는 영화_
<미비포유>, <러브, 로지>, <악마는 프라다를 입는다>

Screen Conversation

A: It's late and we have to get up early.

B: I might as well **go to bed.**

A: 늦었네. 우리 일찍 일어나야 돼.
B: 나도 자야되겠네.

A: They wouldn't allow me to join them.

B: You might as well **forget about it.**

A: 걔네들은 날 끼워주지 않으려할거야.
B: 그냥 잊어버리는게 나을거야.

넌 이걸 함께 할 필요가 없어

You can't be a part of this

be (a) part of~는 「…의 부분」이라는 말로 「…의 일원이다」, 「…의 일부이다」, 「…에 참가하다」, 혹은 「관련되다」, 「연루되다」라는 의미의 표현. 문맥에 따라 자연스럽게 우리말로 옮겨야 한다. 한편 네이티브들은 부정관사 'a'를 넣기도 하거나 빼고 쓰기도 한다. 너무 집착할 필요는 없다.

Screen Expressions

★ **be (a) part of sth** …일부이다, …에 연루되다

You can't be a part of this. 넌 이럴 필요가 없어.

I get to be part of the worst part of your life now.
난 이제 네 인생의 최악인 부분의 일부가 되었네.

I want to be part of someone's life, not all of it.
난 누군가의 삶의 전부가 아니라 일부가 되고 싶어.

I think **that's part of** the problem. 그게 문제의 일부인 것 같아.

★ **I want no part of~** …에 관여하고 싶지 않아

If I'm Chris, **I want no part of** this. 내가 크리스라면, 난 여기에 관여하고 싶지 않아.

이 표현이 나오는 영화_
<라라랜드>, <미비포유>, <굿럭척>, <프로포즈>, <러브, 로지>, <왓이프>, <브리짓 존스의 일기>

Screen Conversation

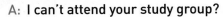

A: I can't attend your study group?

B: **No.** You can't be part of **the group.**

A: 네 스터디그룹에 참여할 수 없니?
B: 어. 넌 그룹에 가입할 수 없어.

A: They are setting up a dating service.

B: I want no part of **what they are doing.**

A: 걔네들은 데이팅서비스를 준비하고 있어.
B: 난 걔네들이 하는 일에 관여하고 싶지 않아.

그렇게 말하려는게 아니었어

I didn't mean to say that

mean to+V는 「…할 생각이야」, 「…할 작정이다」라는 의미. 특히 과거형인 meant to+V의 형태가 많이 쓰인다. 여기서는 I meant to+V와 오해풀 때 유용한 I didn't mean to+V를 살펴본다. V 자리에는 주로 say, tell 등의 동사가 온다.

screen Expressions

★ **I mean to+V** …할 생각이야, …할 작정이야

I mean to ask my girlfriend to marry me.
여친에게 청혼할 생각이야.

★ **I meant to+V** …할 생각이었어

I meant to tell you, I don't love you anymore.
진작 말하려고 했는데, 난 너 더 이상 사랑하지 않아.

★ **I didn't mean to+V** …할 생각이 아녔어, …하려는게 아니었어

I really didn't mean to make you miserable.
널 비참하게 하려고 한 건 아냐.

이 표현이 나오는 영화_
<노팅힐>, <첫키스만 50번째>, <왓이프>, <로맨틱홀리데이>

screen Conversation

A: **Joanne and Rachel said they'll go to an amusement park.**

B: I meant to **ask what they planned for the weekend.**

A: 조앤과 레이첼은 놀이동산에 갈거라고 했어.
B: 주말에 무슨 계획이 있냐고 물어보려고 했어.

A: **Richard is still broken hearted.**

B: I didn't mean to **hurt him.**

A: 리차드는 아직도 마음 아파해.
B: 걔를 아프게 할 생각은 아녔어.

크리스 생각을 하지 않을 수가 없어

I can't help but think about Chris

자기 의지와 상관없이 어떤 상황이 돌아갈 때, 즉 "나도 …을 어쩔 수가 없어"라고 말할 때는 I can't help ~ing을 쓰면 된다. ~ing 대신에 V를 쓰고 싶다면 I can't help but+V나 I have no choice but to+V를 사용하면 된다.

Screen Expressions

★ **I can't help ~ing** …하지 않을 수가 없어

I can't help feeling that Tony hates me.
토니가 날 싫어한다는 느낌을 지울 수가 없어.

★ **I can't help but+V** …하지 않을 수가 없어

I can't help but think about Chris.
난 크리스 생각을 하지 않을 수가 없어.

★ **I have no choice but to+V** …하지 않을 수가 없어

I had no choice but to get divorced.
난 이혼할 수밖에 없었어.

이 표현이 나오는 영화_
<이프온리>

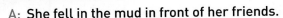

Screen Conversation

A: **She fell in the mud in front of her friends.**

B: **I can't help laughing about it.**

A: 걔 친구들 앞에서 진흙탕에 넘어졌어.
B: 난 웃지 않을 수가 없었어.

A: **You're really going to help her out?**

B: **I have no choice but to do what she wants.**

A: 너 정말 걔를 도와줄거야?
B: 걔가 원하는 것을 하는 수밖에 없어.

그건 "난 너를 사랑해"라고 말하는 것과 같아

It's like saying, "I love you"

like는 「…와 같은」이라는 의미로 It's like~ 하면 "…와 같은거네," "…하는 것과 같은 셈이야" 등의 뜻으로 쓰이는 패턴이다. 주로 바로 앞 대화에서 얘기한 사물이나 상황을 비유적으로 다시 한번 이야기할 때 쓰는 말로 It's like~ 다음에는 명사, ~ing, 절 등이 다양하게 올 수 있다.

Screen Expressions

★ **It's like (sb) ~ing** (…가) …하는 것과 같아

It's like Chris dying on top of his mistress.
그건 크리스가 복상사하는 것과 같아.

★ **It's like S+V** …하는 것과 같아

It's like a girl broke up with you and you're stalking her.
헤어진 여자를 스토킹하는 것 같은데.

★ **It's like saying(,) S+V** …라고 말하는 것과 같아

It's like saying, "I love you."
그건 "난 너를 사랑해"라고 말하는 것과 같아.

이 표현이 나오는 영화_
<라라랜드>, <미비포유>, <악마는 프라다를 입는다>, <500일의 썸머>, <굿럭척>, <노팅힐>, <프로포즈>

Screen Conversation

A: Art and his ex-girlfriend are ignoring each other.

B: It's like they never met before.

A: 아트와 옛 여친은 서로 본체만체 하고 있어.
B: 전혀 만난 적이 없었던 것 같아.

A: People have told me Nancy is acting very odd.

B: It's like saying she needs mental help.

A: 사람들이 낸시의 행동이 이상하다고 말해줬어.
B: 걔는 정신적 도움이 필요하다고 말하는 셈이네.

넌 팸과 사랑에 빠진 것 같지 않아

Not like you're in love with Pam

It's like ~ing[S+V]의 반대 패턴으로 It's not like~하면 "…와 같지 않다"고 말하는 표현이다. 마찬가지로 It's not like~ 다음에는 명사[~ing], 그리고 S+V가 올 수 있다. It's~는 생략하고 간단히 Not like~라고 해도 된다.

Screen Expressions

★ It's not like S+V …와 같지 않아
It's not like we're gonna be married forever.
우리가 평생 결혼할 것 같지 않아.

★ Not like+명사[~ing, S+V] …와 같지 않아
Not like you're in love with Pam. 넌 팸과 사랑에 빠진 것 같지 않아.

★ Not like the way S+V …하는 방식과 달라
Not like the way other people do. 다른 사람들이 하는 방식과는 달라.

이 표현이 나오는 영화_
<로맨틱홀리데이>, <프로포즈>, <브리짓 존스의 베이비>, <왓이프>, <러브액츄얼리>

Screen Conversation

A: **You should have told me he was here.**

B: It's not like **I lied about it.**

A: 넌 걔가 여기 있다고 내게 말했어야 했는데.
B: 내가 거짓말한 것은 아냐.

A: **Mr. Trueman is very kind to visitors.**

B: Not like the way **he treats us.**

A: 트루만 씨는 방문객들에게 정말 친절해.
B: 우리를 대하는 방식과는 달라.

데이트한 여자와 자지 못해 안됐어

It's just a shame you didn't get lucky

뭔가 계획이나 예상대로 되지 않아 「안타깝다」, 「유감이다」, 「안됐어」 정도의 말을 하려면 shame이란 단어를 써서 It's[That's] a shame S+V라고 하면 된다. 강조하려면 It's such a shame S+V라고 하면 된다. It's~는 생략하고 그냥 A shame~이라고 시작해도 된다.

Screen Expressions

★ **It's[That's] a shame to+V** …하다니 안타까운 일이야

It's a shame to stop posting online.
인터넷에 글을 더 이상 올리지 않다니 안타까운 일이야.

★ **It's[That's] (such) a shame S+V** …은 (정말) 안됐어

▶ A shame S+V …는 안됐어

It's a shame Vicky could not go out with you. 비키가 너와 데이트할 수 없었다니 안됐어.

A shame you did not attempt it. 그걸 시도하지 않았다니 안타깝구만.

★ **What a shame S+V** …가 아쉬워

What a shame your wife isn't here. 네 아내가 못와서 안됐어.

이 표현이 나오는 영화_
<어바웃타임>, <브리짓 존스의 일기>

Screen Conversation

A: **They gave up and decided to divorce.**

B: It's a shame **it didn't work out.**

A: 걔네들은 그만 포기하고 이혼하기로 했어.
B: 제대로 되지 않아서 안됐네.

A: **Paula and Herb will be out of town this weekend.**

B: What a shame **they can't come.**

A: 폴라와 허브는 이번 주말에 시외로 갈거야.
B: 오지 못하다니 정말 아쉽네.

그러니까 걔는 싱글이라는거네

So you're saying that she's single

앞서 나온 I'm saying S+V에서 주어가 You로 바뀐 패턴으로, 뭔가 상대방에게서 믿기지 않은 말을 들었을 때나 놀라운 이야기를 듣고서 반문하거나 혹은 상대방의 말을 확인할 때 쓰는 표현이다. Are you saying that S+V?라고 해도 되고, 여기서 'Are'는 생략되기도 한다.

Screen Expressions

★ **Are you saying S+V?** …라는 말이야?

Are you saying you don't want to go out with me?
넌 나와 데이트하지 않겠다는 말이야?

★ **You're saying that S+V?** …라는 말이야?
  ▶ You're saying that S+V …라는 말이지

You're saying you're attracted to your teacher?
선생님한테 끌린다는 말이야?

★ **You're just saying that~** 괜히 그렇게 말하는거지

You're just saying that to make me feel better.
나 기분 좋게 하려고 괜히 그렇게 말하는거지.

이 표현이 나오는 영화_
<미비포유>, <프렌즈 위드 베네핏>, <노트북>, <굿럭척>, <이프온리>, <어바웃타임>

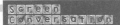
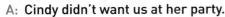

Screen Conversation

A: Cindy didn't want us at her party.

B: Are you saying **we weren't invited?**

A: 신디는 자기 파티에 우리가 오는걸 원치 않았어.
B: 우리가 초대받지 못했다는 말이야?

A: You are so smart and handsome.

B: You're just saying that to **flatter me.**

A: 넌 정말 똑똑하고 잘생겼어.
B: 나 기분 좋으라 괜히 그렇게 말하는거지.

내가 걔를 만날 수 없다는 말야?

You're telling me I can't see her?

Are you saying~?과 같은 맥락으로 상대방이 좀 예상못한 말을 하거나 기대에 못미치는 말을 했을 때 급실망하면서 혹은 예상못한 일에 놀라면서 상대방의 말을 반복하면서 할 수 있는 말이다. Are you telling me that S+V?, 혹은 You're telling me S+V(?)의 형태로 쓰인다.

screen expressions

★ **Are you telling me S+V?** …라는 말이야?

Are you telling me you don't want to stay?
가고 싶다는 얘기야?

★ **You're telling that S+V?** …라는 말이야?

You're telling me I can't see her?
내가 걔를 만날 수 없다는 말야?

So you're telling me he's not just another dumb jock.
그래 네 말은 걔 역시 멍청이라는 말이지.

이 표현이 나오는 영화_
<굿럭척>, <쉬즈더맨>, <로맨틱홀리데이>

screen conversation

A: I have never had sex with a man.

B: Are you telling me **you are a virgin?**

A: 난 남자와 섹스를 해본 적이 없어.
B: 너 처녀라는 말이야?

A: Your husband was in an accident this morning.

B: You're telling me that **he's in the hospital?**

A: 네 남편이 오늘 아침 사고를 당했어.
B: 지금 병원에 있다는 말야?

다른 사람이 어떻게 생각하든 무슨 상관이야?

Who cares what anybody thinks?

Would you care for~?는 상대방의 「의향」을 묻거나 「제안」을 하는 표현. 특히 "…을 먹겠냐?"고 물어볼 때 자주 사용된다. 그외 care는 「신경쓰다」라는 의미가 되어 Why do you care~?하면 "왜 …을 신경쓰냐," Who cares if[what]~?는 "누가 …을 신경이나 쓴대?"라는 말로 I don't care~과 같은 의미.

Screen Expressions

★ **All I care about is~** 난 오직 …만을 신경쓸 뿐이야

All I care about is having fun. 내 관심사는 오직 즐기는거야.

★ **Why do you care so much about~?** …에 왜 그렇게 신경쓰는거야?

Why do you care so much about your ex-husband?
왜 그렇게 전 남편에 대해 신경을 많이 써?

★ **Who cares if[what]~?** 누가 …을 신경이나 쓴대?

Who cares if it's true? 그게 사실이건 말건 누가 신경이나 쓴대?

Who cares what anybody thinks?
다른 사람이 어떻게 생각하든 무슨 상관이야?

이 표현이 나오는 영화_
<라라랜드>, <프로포즈>, <굿럭척>, <프렌즈 위드 베네핏>

Screen Conversation

A: **It's nice to see you playing with your kids.**

B: All I care about is **being a good dad.**

A: 네가 아이들과 노는 모습을 보니 좋아.
B: 난 오직 좋은 아빠가 되기만을 신경쓸 뿐이야.

A: **I saw him staring at a pretty girl on the bus.**

B: Why do you care so much about **what he does?**

A: 난 걔가 버스에서 예쁜 여자를 쳐다보는 것을 봤어.
B: 걔가 뭘하건 왜 그렇게 신경을 쓰는거야?

왜 걔는 톰을 사랑하는거야?

Why is it that she loves Tom?

Why is it that S+V?는 「이유」를 물어보는 패턴으로 How come S+V?로 생각하면 된다. 단독으로 Why is it that?으로도 사용되며 혹은 Why is it+명사[형용사]?의 형태로도 사용된다. 또한 How를 쓴 How is it that S+V? 역시 「이유」를 묻는 패턴이다.

Screen Expressions

★ Why is it+명사[형용사]? 왜 …야?

Why is it so important to you? 그게 왜 너에게 그렇게 중요해?

Why was it so weird between you two? 너희 둘 사이는 왜 그렇게 이상했던거야?

★ Why is it that S+V? 왜 …야?

Why is it that all you gay men hate women so much?
왜 게이들은 여자들을 그렇게 싫어하는거야?

★ How is it that S+V? 어떻게 …야?

How is it that Paul has a key to your house?
어떻게 폴이 네 집 열쇠를 갖고 있는거야?

이 표현이 나오는 영화_
<라라랜드>, <로맨틱홀리데이>, <악마는 프라다를 입는다>, <쉬즈더맨>

Screen Conversation

A: He said he has been dating the same girl for years.

B: Why is it that **we never met her?**

A: 걔는 오랫동안 한 여자와 데이트를 하고 있다고 그랬어.
B: 왜 우리는 전혀 못본거야?

A: I have millions of dollars in investments.

B: How is it that **you have so much money?**

A: 난 많은 돈을 투자하고 있어.
B: 어떻게 넌 그렇게 돈이 많은거야?

LEVEL 02

052

그녀를 보자마자 난 사랑에 빠졌어

The moment I saw her, I fell in love

every time S+V는 「…할 때마다」라는 의미의 표현. 비슷한 표현으로 시간을 나타내는 명사, 즉 the minute, the moment, the second가 S+V를 이끌며 「…하자마자」, 「…하는 순간」이라는 뜻의 패턴을 만들어낸다. 이 시간명사들을 우물안 개구리처럼 명사로만 해석하려고 고집하면 답이 나오지 않는다.

Screen Expressions

★ **every time S+V** 매번 …할 때마다

You don't have to say thank you **every time** we have sex.
우리가 섹스할 때마다 매번 감사하다고 말할 필요는 없어.

★ **the minute[second] S+V** …하자마자

Bob is gonna fire you **the second** I'm gone.
밥은 내가 잘리자 마자 당신을 해고할거야.

★ **the moment S+V** …하자마자

The moment I saw her, I fell in love.
난 그녀를 보자마자 바로 사랑에 빠졌어.

이 표현이 나오는 영화_
<노팅힐>, <프로포즈>

Screen Conversation

A: Is Carrie staring over here again?

B: She looks, every time you talk to a girl.

A: 캐리가 또 이쪽을 쳐다보고 있어?
B: 네가 여자에게 말을 걸 때마다 쳐다봐.

A: The plane will get there around seven in the morning.

B: Call me the second you arrive.

A: 비행기는 오전 7시 경에 거기에 도착할거야.
B: 도착하자마자 내게 전화해.

네가 맞다고 어떻게 그렇게 확신하는거야?

How can you be so sure you're right?

How can you be so+형용사? 형태의 패턴. "어떻게 그렇게 …할 수 있냐?"고 물어보는 문장으로 뭔가 상대방이 지나치게 '형용사'한다는 의구심을 갖고 반문하는 표현이다. 특히 How can you be so sure S+V?의 패턴이 압도적으로 많이 쓰인다.

Screen Expressions

★ **How can you be so+형용사?** 어떻게 그렇게 …할 수 있어?

How can you be so irresponsible? 어떻게 그렇게 무책임한거야?

★ **How can you be so sure S+V?** 어떻게 그렇게 …을 확신할 수 있어?

How can you be so sure you are right? 네가 맞다고 어떻게 그렇게 확신하는거야?

How can you even be so sure he's here?
어떻게 걔가 여기 있다고 그렇게 확신할 수 있어?

★ **How can you be so interested in~ ?**
어떻게 그렇게 …에 관심을 가질 수가 있어?

How can you be so interested in silly things? 어떻게 그렇게 한심한 일에 관심가질 수가 있어?

이 표현이 나오는 영화_
<노팅힐>, <러브, 로지>

Screen Conversation

A: The fortune teller said I'll have a sad life.

B: How can you be so sure **she is right?**

A: 점쟁이가 그러는데 내 인생이 슬플거래.
B: 그 점쟁이가 맞다고 어떻게 그렇게 확신할 수 있어?

A: I love to read about Superman and Batman.

B: How can you be so interested in **comic books?**

A: 수퍼맨과 배트맨 만화책 읽는 것을 좋아해.
B: 넌 어떻게 만화책에 그렇게 관심을 가질 수가 있어?

걔네들은 전혀 만난 적이 없던 것처럼 보여

It's as if they had never met

S+V as if~ 하게 되면 실제는 아니지만 주어가 마치 as if 이하처럼 행동하거나, "…인 것처럼 보이다"라는 의미를 갖는다. V 자리에는 주로 act, look, appear, be 등이 오게 된다. 물론 as if 대신에 as though를 써도 된다.

screen Expressions

★ **It's as if[though]~** …처럼 보여

It's as though she is always in church.
걔는 항상 교회에 있는 것처럼 보여.

★ **He acts as if[though]~** …인 것처럼 행동해

Chris acts as if he is the god's gift to women.
크리스는 자기가 여성에게 내린 신의 선물인 것처럼 행동해.

★ **It appears[looks] as if[though]~** 마치 …인 것처럼 보여

She looks as if she has something else on her mind.
걔는 뭔가 딴 생각을 하고 있는 것처럼 보여.

─────────────

이 표현이 나오는 영화_
<노팅힐>, <미비포유>, <어바웃타임>, <이프온리>, <첫키스만 50번째>

screen conversation

A: **Your brother is an arrogant jerk.**

B: **He acts as if he's better than us.**

A: 네 형은 거만한 얼간이야.
B: 우리보다 잘난 것처럼 행동해.

A: **Rachel looks as if she is angry.**

B: **She was just fired from her job.**

A: 레이첼은 화가 난 것처럼 보여.
B: 방금 직장에서 잘렸거든.

마침내, 난 시간을 내서 쉴 수가 있어

Finally, I can allow myself to relax

앞서 Level 01에서 allow sb to나 be allowed to~를 학습해봤다. 여기서 새롭게 배울 표현은 allow oneself to+V로, 이는 자신 스스로에게 「…하는 것을 허용한다」는 의미, 즉 「긴장풀고 평소에 하지 않던 것을 해보다」, 「몰두[열중]하다」라는 의미로 사용된다.

Screen Expressions

★ **I will not allow myself to+V** …하도록 내버려두지는 않을거야

I'll not allow myself to get fat again.
다시는 살찌지 않도록 할거야.

★ **You haven't allowed yourself to+V** 넌 …를 해보려고 하지 않았잖아

You haven't allowed yourself to connect with a girl.
넌 여자와 깊게 엮이려고 해보지 않았잖아.

★ **I can't bring myself to~** …할 마음이 내키지 않아

I can't bring myself to go back in that room.
저 방으로 다시 돌아가고픈 맘이 전혀 생기지 않아.

이 표현이 나오는 영화_
<러브액츄얼리>, <첫키스만 50번째>

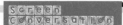

Screen Conversation

A: **Your outfit looks ridiculous!**

B: I will not allow myself to **be insulted.**

A: 네 의상은 정말이지 우스워보여!
B: 모욕만 받고 있지는 않을거야.

A: **Why do you care what Mary thinks?**

B: I can't bring myself to **disappoint her.**

A: 메리가 뭘 신경쓰던 왜 상관야?
B: 걔를 실망시키고 싶지 않은 맘이야.

무슨 일이 일어날지 알고 있어?

Do you realize what's gonna happen?

비교적 간단한 패턴으로 Do you+V (what) S+V?의 형태이다. 주로 동사 자리에 나오는 think, know, see 등은 다 각각의 패턴에서 다루었기 때문에 여기서는 Do you admit S+V?, Do you agree S+V?, 그리고 Do you realize S+V?의 세개 패턴만 정리해본다.

screen Expressions

★ Do you admit that S+V? …을 인정해?

Do you admit that you were wrong?
네가 틀렸다는 것을 인정해?

★ Do you agree that S+V? …에 동의해?

Do you agree that we should do this?
우리가 이것을 해야 한다는 것에 동의해?

★ Do you realize S+V? …을 깨달았어?, …을 알아차렸어?

Don't you realize that sex is not fun and games? It's dangerous.
섹스는 재미난 놀이가 아니라는 걸 깨닫지 못했어? 섹스는 위험한거야.

이 표현이 나오는 영화_
<러브액츄얼리>, <어바웃타임>

screen conversation

A: We shouldn't have broken this table.

B: Do you admit that **we need to fix it?**

A: 우리는 이 테이블을 부숴트리지 말았어야 했는데.
B: 우리가 수리해야 된다는거 인정하지?

A: Every year more people can't find a place to live.

B: Do you agree that **the problem has become worse?**

A: 매년 많은 사람들이 살 곳을 찾지 못하고 있어.
B: 문제가 악화됐다는 것에 동의해?

오늘밤 뭐 계획있어?

Have you got plans for tonight?

이번에는 have got~을 토대로 몇 가지 패턴을 연습해본다. 먼저 You've got~하면 "넌 …가 있어"라는 뜻으로 You have~와 동일한 의미로 생각하면 된다. 이의 부정인 You haven't got~은 You don't have~와 같은 의미, 그리고 Have you got~?은 You've got~의 의문형으로 보면 된다.

Screen Expressions

★ **You've got~** 넌 …가 있어 = You have~
  ▶ You've got sb ~ing …가 …하고 있어
    You've got Emma waiting in your bedroom. 엠마가 침실에서 기다리고 있어.

★ **You haven't got~** 넌 …가 없어 = You don't have~
    You haven't got any new e-mail. 새로 도착한 메일이 없어.

★ **Have you got~?** …가 있어?
    Have you got something to say? 뭐 할 말이 있어?
    Have you got plans for tonight? 오늘밤 뭐 계획있어?

이 표현이 나오는 영화_
<노팅힐>, <라라랜드>, <미비포유>, <로맨틱홀리데이>, <왓이프>, <어바웃타임>, <이프온리>

Screen Conversation

A: You've got **somebody waiting in your office.**

B: **Tell them I'll arrive soon.**

A: 사무실에서 기다리는 사람들이 있어요.
B: 곧 도착한다고 말해줘요.

A: Have you got **any new information?**

B: **No, we still haven't heard anything.**

A: 뭐 새로운 정보 있어?
B: 아니, 아직 아무런 얘기도 못들었어.

그럼 내 기분이 어떻게 될거라 생각해?

How do you think that makes me feel?

How do you think S+V?하면 "어떻게 …했을거라 생각해?," "어떻게 …했을 것 같아?"라는 의미. 과거형 How did you think S+V와 더불어 "…가 …하는거에 대해 어떻게 생각해?"라는 How do you feel about sb ~ing?까지 욕심내본다.

screen Expressions

★ **How do you think S+V?** 어떻게 …했을 것 같아?

How do you think I landed such a rich husband?
내가 어떻게 돈많은 남편을 잡았을 것 같아?

★ **How did you think S+V?** …을 어떻게 생각했어?

How did you think he passed the exam?
걔가 어떻게 시험에 합격했다고 생각했어?

★ **How do you feel about sb ~ing?** …가 …하는거에 대해 어떻게 생각해?

How do you feel about the two of us having a baby together?
우리 둘이 함께 아이를 갖는거 어떻게 생각해?

이 표현이 나오는 영화_
<어바웃타임>, <친구와 연인사이>, <러브액츄얼리>

screen conversation

A: How do you think **you did on the exam?**

B: **I'm sure I got the highest grade in the class.**

A: 너 시험성적 어떻게 나올 것 같아?
B: 반에서 일등했을게 확실해.

A: How do you feel about **Fred attending your wedding?**

B: **That's fine. He's a really nice guy.**

A: 프레드가 네 결혼식에 참석하는거에 대해 어떻게 생각해?
B: 괜찮아. 걘 정말 착한 친구야.

난 네가 거기 있는걸 못참겠어

I can't stand you being there

I can't stand~는 "…을 참지 못하겠다"는 뜻으로 can't stand~ 다음에 명사나 S+V절이 이어진다. 또한 to를 붙여서 I can't stand to~라 해도 되는데 이때 to~ 다음에는 V를 쓰면 된다. 또한 I can't stand ~ing의 형태로 쓰이기도 하는데 이의 응용패턴이 I can't stand sb ~ing(…가 …하는 것을 못참겠다)도 함께 알아둔다.

Screen Expressions

★ **I can't stand+명사[~ing, S+V]** …을 못참겠어

I can't stand the thought of you with another woman!
난 네가 다른 여자랑 있다는 생각을 못 참겠어!

I hate you! **I can't stand** being around you!
난 네가 싫어! 네 곁에 더 이상 못있겠어!

★ **I can't stand sb ~ing** …가 …하는 것을 못참겠어

I can't stand you being there. 난 네가 거기 있는걸 못참겠어.

★ **I can't stand to+V** …하는 것을 못참겠어

I couldn't stand to see you in pain. 난 네가 고통스러워하는 것을 볼 수가 없었어.

이 표현이 나오는 영화_
<친구와 연인사이>, <러브액츄얼리>

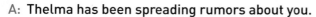

Screen Conversation

A: Thelma has been spreading rumors about you.

B: I can't stand her **gossiping to everyone.**

A: 텔마가 너에 대한 소문을 퍼트리고 있어.
B: 난 걔가 사람들에게 뒷담화하는 것을 참을 수가 없어.

A: I can't stand to **wait for a long time.**

B: I know what you mean. I'm really impatient.

A: 난 오랜 시간 기다리는 것을 참을 수가 없어.
B: 무슨 말인지 알겠어. 난 정말 성질이 급해.

아버지가 병에 걸렸다는 것을 알게 됐어

I found out my dad has gotten sick

같은 find가 쓰이지만 find와 find out은 서로 의미가 다르다. find가 「물리적인 물건」을 찾는 것임에 반해, find out은 어떤 「추상적인 사실」을 알아내는 것을 뜻한다. 여기서는 언급하는 find out 다음에는 명사나 that[if, what~]절 등이 다양하게 온다.

Screen Expressions

★ I (just) found out S+V …을 알아냈어

He found out that Gale is not his own son.
게일이 자기의 아들이 아니라는 걸 알아냈어.

I found out that he was also seeing this other girl.
걘 역시 이 다른 여자를 만나는 걸 알아냈어.

★ I found out (about) what S+V …관해서 알아냈어

I found out what Paul is up to. 폴이 지금 뭘하는지 알아냈어.

★ You found out S+V(?) 넌 …을 알아냈어(?)

You found out what the secret prize is? 비밀 상품이 뭔지 알아냈어?

이 표현이 나오는 영화_
<로맨틱홀리데이>, <노팅힐>, <첫키스만 50번째>, <프로포즈>, <어바웃타임>, <굿럭척>, <러브, 로지>

Screen Conversation

A: Why are you taking an umbrella?

B: I just found out **a storm is coming.**

A: 왜 우산을 가져가는거야?   B: 폭풍이 오고 있다는 것을 알게 됐어.

 스크린 명대사 _ 미비포유

"I get that this could be a good life. but it's not, "My life." It's not even close. You never saw me, before. I loved my life. I've really loved it. - Will

이렇게 사는 것도 괜찮을 수 있겠죠. 하지만 그건 내 인생이 아니에요. 전혀 아니에요. 전에 나의 모습을 본 적이 없잖아요. 난 내 인생을 정말 사랑했어요.

내가 너를 좋아할지도 모른다는 생각이 들기 시작해

I'm starting to think I might like you

「…하기 시작한다」라는 의미의 동적표현인 I'm starting to+V의 대표패턴은 I'm starting to think~로 "…라는 생각이 들기 시작해"라는 뜻이다. 또한 주어를 바꿔 You're starting to+V하게 되면 "넌 …하기 시작한다"라는 의미.

Screen Expressions

★ **I'm starting to feel~** …라고 느끼기 시작해

I'm starting to feel uncomfortable about us having sex.
우리가 섹스하는게 불편하게 느껴지기 시작해.

★ **I'm starting to think S+V** …라는 생각이 들기 시작해

Chris, **I'm starting to think** I might like you.
크리스, 내가 너를 좋아할지도 모른다는 생각이 들기 시작해.

★ **You're starting to+V** 넌 …하기 시작해

Are you staring at me or her? Because **you're starting to** freak me out. 날 보는거야 걜 보는거야? 왜냐면 너 쳐다보는게 오싹하기 시작해서 말야.

이 표현이 나오는 영화_
<러브액츄얼리>, <어바웃타임>, <첫키스만 50번째>, <미비포유>, <로맨틱홀리데이>

Screen Conversation

A: No one likes the new schedule.

B: I'm starting to think it is a bad idea.

A: 새로운 일정을 좋아하는 사람은 아무도 없어.
B: 안좋은 방안이라는 생각이 들기 시작해.

A: I'm always thinking about Ericka.

B: You're starting to miss her.

A: 난 항상 에리카를 생각하고 있어.
B: 걔를 그리워하기 시작하는구나.

넌 아주 키스를 잘하는 것 같아

I have a feeling you're a very good kisser

have a feeling 혹은 have the feeling이라고 하면 「…라는 느낌이 든다」라는 주관적인 생각을 나타내는 표현이다. 그래서 I have a[the] feeling S+V하게 되면 "…라는 생각이 들다," "…인 것 같아"라는 의미. 단 have feelings for하게 되면 「…에게 맘이 있다」는 다른 뜻이 된다는 점을 주의한다.

Screen Expressions

★ **I have a feeling S+V** …인 것 같아
  ▶ **I have a bad feeling~** …라는 불길한 생각이 들어
  I have a feeling that you are a very good kisser. 넌 아주 키스를 잘하는 것 같아.

★ **I've got a sneaky feeling S+V** …일거라는 느낌이 아주 조금 들어(* 한 10% 정도)
  I've got a sneaky feeling we'll see him again. 걜 다시 볼거라는 느낌이 아주 조금 들어.

★ **There's a very strong feeling S+V** …라는 아주 강한 느낌이 들어
  There's a very strong feeling they'll cause problems.
  걔네들이 사고칠거라는 강한 느낌이 들어.

이 표현이 나오는 영화_
<러브액츄얼리>, <프로포즈>, <굿럭척>

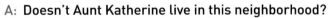

Screen Conversation

A: **Doesn't Aunt Katherine live in this neighborhood?**

B: **I have a feeling she doesn't want to see us.**

A: 캐서린 이모가 이 동네가 사시지 않아?
B: 우리를 보고 싶어하지 않으신 것 같아.

A: **Shouldn't we go with Charlie and Rose?**

B: **I've got a sneaky feeling they want to be alone.**

A: 우리가 찰리와 로즈와 함께 가야 되지 않을까?
B: 걔네들은 홀로 있기를 원할거라는 느낌이 좀 들어.

넬 보면 구역질이 나

You're making me sick

make+목적어+형용사[pp]하게 되면 「목적어를 …하게 만든다」라는 의미. 특히 기쁘게하다, 화나게하다처럼 감정적인 표현을 할 때 사용된다. 또한 make+사람+V의 형태로 「사람을 강제로 …하게 만들다」라는 표현도 많이 쓰인다. 참고로 "너로 해서 기분이 …하다"는 You make me feel+형용사의 형태가 자주 쓰인다.

screen Expressions

★ **You make me~** 넌 나를 …하게 만들어

You make me sick. This thing between us... It's over for good.
넬 보면 구역질 나. 우리 사이는 아주 끝났어.

★ **You're making me~** 넌 나를 …하게 만들어

Sit down, Jack, **you're making me** nervous.
잭 앉아, 너 때문에 초조해진다.

★ **You made me~** 넌 나를 …하게 만들었어

You made me look ridiculous to him.
너때문에 내가 걔한테 아주 우스꽝스럽게 됐어.

이 표현이 나오는 영화_
<첫키스만 50번째>, <500일의 썸머>, <미비포유>, <로맨틱홀리데이>

screen conversation

A: If I see him again, I'll beat him up.

B: Stop it. You're making me **nervous.**

A: 걜 다시 보게 되면 두들겨 팰거야.
B: 그만해. 너 때문에 내가 긴장된다.

A: Why are you so upset with me?

B: You made me **look foolish.**

A: 넌 왜 나한테 그렇게 화가 난거야?
B: 너 때문에 내가 바보처럼 보였잖아.

걔가 왜 그랬는지 모르겠네

I can't figure out why she did that

스크린, 미드 빈출표현인 figure out을 이용한 패턴. figure out은 뭔가를 이해하고 해답을 찾는 것을 말하는 것으로 I have to[need to] figure out~하면 "난 …을 알아내야 해," 그리고 I can't figure out~하면 "…을 모르겠어"라는 의미의 패턴이 된다.

Screen Expressions

★ **I have to[need to] figure out~** 난 …을 알아내야 해

We need to figure out what you all have in common.
너희들이 공통적으로 가지고 있는게 뭔지 알아내야겠어.

★ **I can't figure out why[how]~** …을 모르겠어

I can't figure out why we're not friends. 왜 우리가 친구사이가 아닌지 잘 모르겠어.

I can't figure out how you did it three times.
네가 어떻게 그걸 세번씩이나 했는지 알 수가 없네.

★ **I think I figured out~** 내가 …을 알아낸 것 같아

I think I figured out when all this happened.
이 모든 일들이 언제 일어났는지 알아낸 것 같아.

이 표현이 나오는 영화_
<로맨틱홀리데이>, <악마는 프라다를 입는다>, <노트북>, <첫키스만 50번째>

Screen Conversation

A: **She's never going to take you back.**

B: **I have to figure out what to do next.**

A: 걘 너를 다시 절대로 받아주지 않을거야.
B: 그럼 내가 어떻게 해야 하는지 알아내야겠네.

A: **They just stopped construction on this building.**

B: **I can't figure out why it wasn't finished.**

A: 이 빌딩 건축공사가 중단됐어.
B: 왜 공사를 마치지 못했는지 모르겠어.

이런 식으로 하는거야?

Is this how it works?

앞서 배운 This is[That's] how S+V의 의문형으로 어떤 일이 행해지는 방법이나 방식에 대해 물어보는 패턴이다. Is this how S+V?(이런 식으로 …하는거야?)와 Is that how S+V?(저런 식으로 …하는거야?)를 연습해본다.

Screen Expressions

★ **Is this how S+V?** 이런 식으로 …하는거야?

Is this how this relationship's gonna work?
이런 식으로 이 관계가 돌아가는거야?

Is this how you make friends?
이런 식으로 친구를 사귀는거야?

★ **Is that how S+V?** 저런 식으로 …하는거야?

Is that how you came here?
그렇게 해서 네가 여기에 온거야?

Is that how you felt when you turned thirty?
네가 30세가 되었을 때 느낌이 그랬어?

이 표현이 나오는 영화_
<왓이프>, <굿럭척>

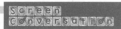
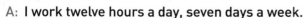

Screen Conversation

A: I work twelve hours a day, seven days a week.

B: Is this how **you became successful?**

A: 난 하루에 12시간, 일주일에 7일 일해.
B: 이런 식으로 해서 네가 성공한거야?

A: **You should go online and meet people.**

B: Is that how **I find a girlfriend?**

A: 온라인으로 사람들을 만나봐.
B: 그렇게 해서 내가 여친을 찾을까?

066

걔가 떠난 것 같아

Seems she has left

「…한 것 같아」라는 표현은 다양하다. 여기서는 It seems that S+V와 It sounds like S+V를 알아본다. seem의 경우는 It seems (to me) that~, It seems like that~의 형태로 쓰이는 반면 sound의 경우에는 like를 반드시 넣어서 It sounds like S+V의 형태로 써야 한다. 모두 다 'It'은 생략할 수 있다.

Screen Expressions

★ **(It) Seems (to me) that S+V** …처럼 보여, …인 것 같아
   It seems to me that I've seen it before somewhere.
   전에 어딘가에서 본 것 같은데.

★ **(It) Seems like that S+V** …처럼 보여, …인 것 같아
   It seems like we fight all the time these days. 우리는 요즘 매일 싸우는 것 같아.
   It seems like it's time to break up with you. 너랑 헤어질 때가 된 것 같아.

★ **(It) Sounds like that S+V** …인 것 같아 ▶ Sounds like+명사 …인 것 같아
   Sounds like you spent a lot of time with her. 너 걔와 시간을 많이 보내는 것 같아.

이 표현이 나오는 영화_
<라라랜드>, <프로포즈>, <노트북>, <러브액츄얼리>

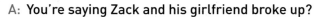

Screen Conversation

A: You're saying Zack and his girlfriend broke up?

B: Seems he left her last week.

A: 잭이 여친과 헤어졌다는 말이지?
B: 지난주에 헤어진 것 같아.

A: It seems like Tom has a lot of friends.

B: Yes, he's a nice guy.

A: 톰은 친구가 많은 것 같아.
B: 응, 걘 성격 좋은 녀석이니까.

내가 지금 울고 있는 것 같아?

Does it look like I'm crying right now?

이번에는 같은 의미로 「…처럼 보이다」 「…인 것 같다」라는 It looks like S+V의 패턴이다. 당연히 'It'은 생략 가능하며 sound처럼 반드시 Looks like~의 형태로 써야 되며 Looks like~ 다음에는 명사, ~ing, S+V 등이 온다. 물론 like 없이 look+형용사처럼 쓰이면 「…하게 보여」라는 의미.

Screen Expressions

★ **Do I not look like S+V?** 내가 …처럼 보이지 않아?
　▶ Do I look like S+V? 내가 …하는 것처럼 보여?
　Do I not look like I'd have a boyfriend? 난 남친도 없을 것처럼 보여?
　Do I look like some guy who's had sex? 내가 방금 섹스한 사람처럼 보여?

★ **(It) Looks like S+V** …처럼 보여, …인 것 같아
　▶ (It) Looks like+명사 …처럼 보여
　It looks like we've been successful. 우리는 성공해온 것 같은데.

★ **Does it look like S+V** …인 것 같아? ▶ It feels like S+V …하는 것 같아
　Does it look like I'm crying right now? 내가 지금 울고 있는 것 같아?

이 표현이 나오는 영화_
<어바웃타임>, <로맨틱홀리데이>, <악마는 프라다를 입는다>, <브리짓 존스의 베이비>, <노팅힐>, <러브액츄얼리>,
<첫키스만 50번째>, <왓이프>

Screen Conversation

A: Something is different about you.

B: Do I not look like I bought new clothes?

A: 너 뭐 좀 다르다.
B: 내가 새옷을 산 것처럼 보이지 않아?

A: I think we would make a good couple.

B: Do I look like a man you want to date?

A: 우리 좋은 커플이 될 것 같아.
B: 네가 데이트하고 싶어하는 남자처럼 내가 보여?

LEVEL
02

068

이렇게 되지 않을거라는 것을 알잖아

You know this is never gonna work

스크린이나 미드에서는 2인칭 평서문 형태로 끝을 올려 의문문으로 만드는 경우가 많다. 문맥에 따라 평서문이면 사실관계를 정리할 수도 있고 혹은 끝을 올리면 상대방에게 물어보는 문장이 될 수도 있다. 여기서는 You know S+V와 You know what S+V를 살펴본다.

Screen Expressions

★ **You know the thing [everything] about~**
넌 …에 관한 [모든] 것을 알고 있어

> **You know the thing about** our club members.
> 넌 클럽멤버들에 관한 것을 알고 있어.

★ **You know S+V** 넌 …을 알고 있어

> **You know that** Kate is a total bitch.
> 너 케이트가 정말 못된 년이라는거 알지.

★ **You know what S+V** 넌 …을 알고 있어

> **You know what** I like about you? 내가 너의 어떤 점을 좋아하는지 알아?

이 표현이 나오는 영화_
<미비포유>, <친구와 연인사이>, <러브액츄얼리>

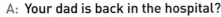

Screen Conversation

A: **Your dad is back in the hospital?**

B: **You know the thing about his health problems.**

A: 아버지 다시 입원하셨어?
B: 아버지 건강문제에 관한 건 너도 알잖아.

A: **You know what I do on my vacation?**

B: **I heard you like to go mountain climbing.**

A: 넌 내가 휴가 때 뭘 할지 알지?
B: 등산하는 걸 좋아한다며.

넌 떠날 준비가 된 것처럼 보여

You appear to be ready to leave

appear는 「…처럼 보인다」라는 동사로 앞서 나온 as if[though]와도 친하게 어울린다. 상대방이 "…하는 것처럼 보인다"라는 의미로 You appear to+V, 반대로 You appear not to+V하게 되면 "…하지 않는 것처럼 보인다"라는 의미의 패턴이 된다.

Screen Expressions

★ **You appear to+V** 넌 …하는 것처럼 보여

You appear to be ready to leave.
넌 떠날 준비가 된 것처럼 보여.

★ **You appear not to+V** 넌 …하지 않는 것처럼 보여

She appears not to have intentions.
걘 의도가 없어 보여.

★ **~ appear to+V** …하는 것처럼 보여

The cancer appears to be advanced.
암이 진행된 걸로 나타났어요.

이 표현이 나오는 영화_
<미비포유>, <500일의 썸머>, <어바웃타임>, <브리짓 존스의 베이비>

Screen Conversation

A: **I've got to get out of here soon.**

B: You appear to **be impatient.**

A: 난 곧 여기서 나가야 돼.
B: 넌 초조해보여.

A: **Those kids are always in trouble.**

B: You appear not to **care about them.**

A: 저 애들은 항상 문제야.
B: 쟤들을 좋아하지 않는 것처럼 보여.

난 관심없다고 말해도 될까?

Can I just say that I'm not interested?

상대방에게 「…라고 말해도 되겠어?」라고 조심스럽게 물어보는 패턴. Can I just say no to~?는 "…에 반대라고 말해도 되겠어?," 그리고 Can I just say that S+V?하게 되면 "…라고 말해도 되겠어?"라고 물어보는 문장이 된다.

screen Expressions

★ **Can I just say no to~?** …에 반대해도 되겠어?

Can I just say no to their offer? 그들의 제안에 반대해도 돼?

★ **Can I just say that S+V?** …라고 말해도 되겠어?

Can I just say that I'm an idiot for listening to you?
네 말을 들을 정도로 난 바보라고 말해도 될까?

★ **Can you say~?** …을 말해줄래?

Can you say what you discussed? 네가 무엇에 대해 얘기나눴는지 말해줄래?

Can you say that again? The signal's really bad.
다시 한번 말해줘. 신호가 너무 안좋아.

이 표현이 나오는 영화_
<노팅힐>, <굿럭척>, <500일의 썸머>, <어바웃타임>

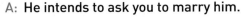

screen conversation

A: He intends to ask you to marry him.

B: Can I just say no to **the proposal?**

A: 걘 너에게 자기와 결혼하자고 할 생각이야.
B: 그 청혼 거절해도 되겠지?

A: They may ask you to join them for dinner.

B: Can I just say that **I am not interested?**

A: 걔네들이 함께 저녁하자고 할지 몰라.
B: 난 그러고 싶지 않다고 해도 되겠지?

내가 올거라는 걸 어떻게 알았어?

How'd you know I was coming?

상대방에게 know 이하를 어떻게 알았냐고 물어보는 패턴으로 단순히「궁금」해서 혹은「감탄」의 마음을 담고
던지는 문장이다. 반대로 "어떻게 …을 모르고 있냐?"고 할 때는 How do you not know S+V?라고 하면 된다.

screen Expressions

★ **How do you know S+V?** …을 어떻게 알고 있어?

How do you know she wasn't there? 걔가 거기에 없었다는걸 네가 어떻게 알아?

How do you know they won't find out?
걔네들이 알아내지 못할 것을 어떻게 알아?

★ **How do you not know S+V?** 어떻게 …을 모르고 있어?

How do you not know your kid's pregnant?
어떻게 네 아이가 임신한 걸 모르고 있어?

★ **How did you know S+V?** 어떻게 …을 알았어?

How'd you know I was coming? 내가 올거라는 걸 어떻게 알았어?

이 표현이 나오는 영화_
<프로포즈>, <어바웃타임>, <프렌즈 위드 베네핏>, <굿럭척>, <브리짓 존스의 베이비>

screen conversation

A: **Oh my God, Larry died last year?**

B: **How do you not know he passed away?**

A: 맙소사, 래리가 작년에 죽었어?
B: 어떻게 걔가 사망한 걸 모르고 있어?

A: **How did you know Julie would be here?**

B: **She posted it in her social account.**

A: 줄리가 여기에 올 걸 어떻게 알았어?
B: 자기 SNS 계정에 올려놨어.

어쩌다 다시 이 지경이 됐을까?

How did I end up here again?

end up ~ing는 「…한 상태가 되다」라는 뜻으로 이미 나온 표현이다. 여기에 How could I~나 How did I~를 붙이면 "내가 어쩌다 …하는 지경에 됐을까"라는 자조적인 표현의 패턴이 된다. end up 대신에 wind up을 써도 같은 의미.

Screen Expressions

★ **end[wind] up ~ing** …하게 되다 ▶ end up like this 이처럼 되다
He'll **end up** marrying this other woman.
갠 다른 여성과 결국 결혼하게 될거야.

★ **How did I end up~?** 어쩌다 …하게 됐을까?
He did I end up here again? 어쩌다 다시 이 지경이 됐을까?

★ **How could I wind up with~?** 어쩌다 …하게 됐을까?
How could I wind up with a daughter who only wants to kick a muddy ball around a field all day?
어쩌다 종일 운동장에서 흙묻은 공을 차기를 원하는 딸을 갖게 됐을까?

이 표현이 나오는 영화_
<러브, 로지>, <쉬즈더맨>, <악마는 프라다를 입는다>, <노팅힐>, <미비포유>, <브리짓 존스의 베이비>

Screen Conversation

A: How did I end up **sleeping here?**

B: **You drank a lot and just laid down.**

A: 내가 어쩌다 여기에서 잠들게 됐어?
B: 술 많이 마시고 그냥 뻗었어.

A: **He spent most of your money gambling.**

B: How could I wind up with **such a foolish husband?**

A: 갠 네 돈 거의 다를 도박에 탕진했어.
B: 내가 어쩌다 저런 한심한 남편과 함께 하게 됐을까?

리사가 오면 좋겠어

I'm hoping Lisa show up

자신의 희망사항을 말하려면 I hope to+V 혹은 I hope S+V라고 하면 된다. S+V의 시제는 보통 현재나 미래의 일을 희망한다는 점에서 be ~ing나 will+V처럼 미래형이 오기도 한다. 또한 I'm hoping~은 단순한 희망을 넘어 "내가 꼭 좀 …했으면 좋겠다"라는 의미의 패턴이다.

Screen Expressions

★ **I hope that S+V** …이기를 바래 ▶ I hope to+V …이기를 바래

I hope you're not jerking us around.
네가 우리를 정당하게 대해줬으면 해.

★ **I'm hoping to+V** …하면 좋겠어

I'm hoping to pick up a hot babe.
핫걸을 하나 건지기를 바래.

★ **I'm hoping S+V** …면 좋겠어, …을 바라고 있어

I'm hoping Lisa shows up.
리사가 오면 좋겠어.

이 표현이 나오는 영화_
<러브액츄얼리>, <브리짓 존스의 일기>, <라라랜드>, <미비포유>, <노트북>, <로맨틱홀리데이>, <500일의 썸머>

Screen Conversation

A: **I have work that has to be done.**

B: **I hope that it is easy to complete.**

A: 난 끝내야 되는 일이 있어.
B: 쉽게 끝낼 수 있는 일이기를 바래.

A: **Your girlfriend is not happy about what you did.**

B: **I'm hoping she will forgive me.**

A: 네 여친은 너의 행동에 불만이야.
B: 날 용서해주기를 바라고 있어.

도대체 너 문제가 뭐야?

What the hell is your problem?

의문문의 내용을 「강조」하기 위해 What, How, Why 등의 의문사 뒤에 on earth나 in the world 혹은 the hell[or the heck]을 붙이는 경우가 있다. 의미는 '도대체'라는 말로 이 말만 붙여 우리말로 옮기면 된다.

Screen Expressions

★ **의문사+on earth~ ?** 도대체 …하는거야?

Why on earth did Ron leave his wife?
도대체 왜 론은 자기 아내를 떠난거야?

★ **의문사+in the world~ ?** 도대체 …하는거야?

How in the world did you know that?
넌 도대체 어떻게 그것을 안거야?

★ **의문사+the hell~ ?** 도대체 …하는거야? = 의문사+the heck~ ?

What the hell is your problem? 도대체 너 문제가 뭐야?

What the heck was all that about? 이게 도대체 다 무슨 일이야?

이 표현이 나오는 영화_
<노팅힐>, <첫키스만 50번째>, <이프온리>, <프렌즈 위드 베네핏>, <쉬즈더맨>, <브리짓 존스의 일기>

Screen Conversation

A: How in the world **did you get in here?**

B: **Your friend had an extra set of keys.**

A: 도대체 어떻게 여기에 들어오게 된거야?
B: 네 친구가 여분의 열쇠를 갖고 있었어.

A: What the hell **are you doing?**

B: **I just wanted to kiss you one last time.**

A: 너 도대체 뭐하는거야?
B: 마지막으로 네게 키스하고 싶었을 따름이야.

LEVEL 02

075

전혀 없었던 일처럼 하자

Let's just pretend it never happened

이번에는 사실과 다른 이야기를 할 때는 쓰는 패턴을 알아본다. 먼저 act like~를 이용하여 Let's act like S+V 하면 "…인 것처럼 행동하다," I'm not going to act like S+V하면 "…인 것처럼 행동하지 않을거야"가 된다. 또한 pretend를 써서 pretend to+V 혹은 pretend (like) S+V하게 되도 "…인 것처럼 행동하다"가 된다.

Screen Expressions

★ **You're acting like S+V** 넌 …인 것처럼 행동해

We're going to act like nothing is happening.
아무 일도 없었던 것처럼 행동할거야.

Please don't act like you don't care. 신경안쓰는 척 하지마.

★ **Let's just pretend S+V** …인 것처럼 하자

Let's just pretend it never happened. 전혀 없었던 일처럼 하자.

★ **I will pretend like S+V** …인 것처럼 할거야

We will pretend like we're boyfriend and girlfriend.
우리는 사귀는 척 할거야.

이 표현이 나오는 영화
<라라랜드>, <러브, 로지>, <악마는 프라다를 입는다>, <러브액츄얼리>, <노팅힐>, <프로포즈>

Screen Conversation

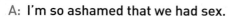

A: I'm so ashamed that we had sex.

B: **You're acting like** you did something bad.

A: 우리가 섹스한게 너무 창피해.

B: 넌 무슨 나쁜 일을 한 것인양 행동하네.

A: This is a rough time in our relationship.

B: **Let's just pretend** we don't have problems.

A: 지금은 우리 관계에서 힘든 시간이야.

B: 문제가 없는 것처럼 하자.

개를 여기다 두고 가보자

Let's say we leave him here

Let's say~의 뒤에 절을 붙여 Let's say S+V하게 되면 "…라고 치자," "…라고 하자," "…라고 가정해보자"라는 뜻. 뭔가 예를 들어 말하고자 하는 내용을 분명히 할 때 사용된다. just를 넣어 Let's just say S+V하게 되면 "단지 …라고만 해두자."

screen expressions

★ **Let's say S+V** …라고 치자, …라고 하자, …라고 가정해보자

Let's say that he is going to be there. Then what?
걔가 거기에 갈 거라고 하자. 그럼 어떻게 되는데?

Let's say we leave him here. What will happen?
우리가 걔를 여기다 두고 가면 무슨 일이 벌어질까?

★ **Let's just say S+V** 단지 …라고만 해두자

Let's just say I'm happy to be back.
돌아오게 돼서 기쁘다고 말해두자.

Let's just say she's not been herself lately.
걔가 최근 제정신이 아니라고만 해두자.

이 표현이 나오는 영화_
<노팅힐>, <로맨틱홀리데이>, <악마는 프라다를 입는다>

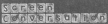 

screen conversation

A: Our disagreements are mostly minor.

B: Let's say **we agree on most things.**

A: 우리가 의견일치 안되는 것들은 대부분 사소한거야.
B: 대부분에서 의견일치한다고 하자.

A: Your plan was fantastic.

B: Let's just say **it worked very well.**

A: 네 계획은 정말 멋졌어.
B: 잘 돌아갔다고만 해두자.

널보니 예전에 알고 지냈던 여자가 기억나

You remind me of a girl I used to know

remind는 다양한 패턴을 만들어낸다. 하지만 그 기본은 remind sb of[S+V]~임을 기억해두면 된다. "그러고 보니 …가 기억나네"라는 That reminds me of~, 상대방보고 "너를 보니 …가 생각나"라는 You remind me of~ 그리고 "…을 기억나게 해줄까?"라는 May I remind you S+V?를 기억해둔다.

screen Expressions

★ **That reminds me of~** 그러고 보니 …가 기억나네
  ▶ It reminded me of~ 그걸 보니 …가 생각났어

  That reminds me, I have a bone to pick with you.
  그러니까 기억이 나는데. 나 너한테 따질 일이 있어.

  That reminds me of you so much. 그러고보니 네 생각이 많이 나네.

★ **You remind me of~** 널 보니 …가 생각나네

  You remind me of a girl I used to know. 널보니 예전에 알고 지냈던 여자가 기억나.

★ **May I remind you S+V** …을 기억나게 해줄까? = Let me remind you~

  Let me remind you that I am the boss here. 여기 내가 사장이라는거 기억나게 해주지.

이 표현이 나오는 영화_
<러브, 로지>, <악마는 프라다를 입는다>, <굿럭척>, <프렌즈 위드 베네핏>, <친구와 연인사이>

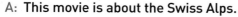

screen conversation

A: **This movie is about the Swiss Alps.**

B: **That reminds me of a trip I took overseas.**

A: 이 영화는 스위스 알프스에 관한거야.
B: 그러고보니 내가 해외여행한게 기억나네.

A: **Your grandfather is acting really grouchy.**

B: **May I remind you he is responsible for paying the bill?**

A: 네 할아버지는 정말 투덜거리신다.
B: 할아버지 돈 내시는거 알지?

개 얘기 들어봤을거야

You might have heard of him

과거의 「후회」를 나타내는 should have+pp, shouldn't have+pp, 과거의 「추측」을 의미하는 might[may] have+pp, 그리고 과거에서의 가정법으로 「…할 수 있었을텐데」의 would have+pp, 마지막으로 「과거에 … 였을지도 모른다」라는 뜻의 could have+pp 정도는 알고 있어야 한다.

Screen Expressions

★ **should have+pp** …했어야 했는데 ⇔ shouldn't have+pp …하지 말았어야 했는데
She **should have thought** of that before she married me.
걘 나랑 결혼하기 전에 그 생각을 해봤어야지.

★ **might have+pp** …였을 수도 있어 ▶ may have+pp …였을 수도 있어
You **might have heard** of him. 개 얘기 들어봤을거야.

★ **would have+pp** …할 수 있었을텐데 ▶ could have+pp …였을지도 몰라
You never **would have let** those breasts so near to me, if I wasn't in a wheelchair. 내가 휠체어를 타고 있지 않았다면 그렇게 가슴을 내게 가까이 절대 하지 않았을거야.

이 표현이 나오는 영화_
<미비포유>, <프로포즈>, <노팅힐>, <500일의 썸머>, <노트북>, <악마는 프라다를 입는다>, <어바웃타임>,
<브리짓 존스의 베이비>

Screen Conversation

A: Tina said your place is filthy.

B: I should have cleaned up the apartment.

A: 티나는 네 집이 정말 지저분하다고 했어.
B: 아파트 청소를 했어야 했는데.

A: Does your uncle work in the movies?

B: He's famous. You might have heard of him.

A: 네 삼촌 영화계에서 일하셔?
B: 유명하셔. 아마 이름 들어봤을 수도 있어.

그게 이거와 관련이 있어?

That got something to do with this?

have something to do with는 「…와 관련이 있다」라는 기본표현. 위 문장은 앞에 Has가 생략된 경우로 주어가 with 이하의 것과 관련되거나 연관이 있냐고 물어보는 문장이다. 주어자리에는 사람[사물]이, 마찬가지로 with 다음에도 사람[사물]이 올 수 있다. 또한 It has got to with~ 역시 "…와 관련이 있다"라는 패턴.

Screen Expressions

★ **It has something to do with what~** …와 관련이 있어

Did this **have something to do with** my wife's death?
이게 내 아내의 죽음과 관련이 있었던거야?

★ **It's got something to do with what~** …하는 것과 관련이 있어

It's got something to do with what I want to ask you.
그건 내가 너에게 물어보고 싶은 것과 관련이 있어.

★ **It's got to do with~** …와 관련이 있어

I don't get what sex **has to do with** breast cancer.
섹스가 유방암과 무슨 관련이 있는지 모르겠어.

이 표현이 나오는 영화_
<어바웃타임>, <노팅힐>, <악마는 프라다를 입는다>, <굿럭척>

Screen Conversation

A: I heard them fighting last night.

B: Okay, that got something to do with this?

A: 걔네들 지난밤에 싸웠다며.
B: 맞아, 그게 이거와 무슨 관련이 있어?

A: Someone knocked on my door a few minutes ago.

B: It's got to do with the money you found.

A: 조금 전에 누군가가 내 집문을 노크했어.
B: 네가 발견한 돈과 관련이 있어.

그거 안전하다고 말했잖아

You told me it was safe

tell을 이용한 패턴들. He told me about~[that S+V]하면 제 3자가 한 말을 옮길 때, Have I not told you~? 하면 "내가 …라고 하지 않았어?"라고 비난을 할 때, 그리고 You told me S+V는 상대방이 예전에 한 말을 다시 되새김하면서 반박할 때 사용하면 된다.

Screen Expressions

★ **He told me about you ~ing** 네가 …하다고 말했어
She told me she didn't think we were a good match.
걔는 우리가 잘 맞는 짝이 아니라고 말했어.

★ **Have I not told you~ ?** 내가 …라고 말하지 않았어?
Mom, **have I not told you** a thousand times? 엄마, 내가 수없이 말하지 않았어?

★ **You told me S+V** 넌 …라고 말했잖아
▶ You never told me S+V …라고 내게 말한 적이 없어
Yesterday **you told me that** I was better than half the guys on
your team. 어제는 내가 네 팀원 중 절반보다 더 낫다고 말했잖아.

이 표현이 나오는 영화_
<미비포유>, <노팅힐>, <쉬즈더맨>, <프렌즈 위드 베네핏>

Screen Conversation

A: Why haven't Mark and Debbie married?

B: Have I not told you **they got engaged?**

A: 왜 마크와 데비는 결혼하지 않은거야?
B: 걔네들 약혼했다고 내가 말하지 않았어?

A: You should meet my wife's cousin.

B: You told me **she was a nice girl.**

A: 내 아내의 사촌을 만나봐.
B: 착한 여자라고 말했었지.

어떻게 데이트하는지 몰라

I have no idea how to date

여기서 idea를 '아이디어'로 생각하면 안된다. have no idea는 그냥 숙어로 don't know와 같은 뜻. 그래서 I have no idea what[who~] S+V 혹은 간단히 I have no idea what[who~] to do~ 하면 "무엇(누가)이 …인지 모른다"라는 표현이 된다.

screen Expressions

★ **I have no idea wh~ to+V** 무엇이 …인지 몰라

I have no idea how to date. 어떻게 데이트하는지 몰라.

I have no idea where to look for her. 걜 어디서 찾아야 할지 모르겠어.

★ **I have no idea wh~ S+V** 무엇이 …인지 몰라

▶ I had no idea wh~ S+V 뭐가 …인지 몰랐어

I've got no idea what I'd do if you leave. 네가 떠난다면 난 어떻게 해야할지 모르거든.

★ **I have no clue wh~** …을 전혀 알지 못해

I have no clue how I'll ever even see him again.
걜 어떻게 다시 만날 것인지 조차 몰랐어.

이 표현이 나오는 영화_
<미비포유>, <노팅힐>, <어바웃타임>, <로맨틱홀리데이>, <브리짓 존스의 베이비>, <악마는 프라다를 입는다>

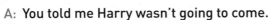

screen Conversation

A: You told me Harry wasn't going to come.

B: I have no idea what he was doing there.

A: 해리는 오지 않을거라고 말했잖아.
B: 걔가 저기서 뭘하는지 모르겠네.

A: Stan seems to be filthy rich.

B: I have no clue how he makes his money.

A: 스탠은 더럽게 부자인 것 같아.
B: 어떻게 돈을 벌었는지 모르겠어.

내가 얼마나 걔를 그리워하는지 넌 모를거야

You have no idea how much I miss her

I have no idea가 I don't know이듯이 You have no idea는 You don't know가 된다. 그래서 You have no idea wh~하게 되면 단순히 "상대방이 …을 모른다"고 말하는 경우도 있지만, 그것도 모르느냐, 혹은 네가 알 수 없다라는 뉘앙스로 「비난」이나 「섭섭함」을 표현할 때 쓴다.

Screen Expressions

★ **You have no idea wh~ to+V** 넌 …하는 것을 몰라
   You have no idea how to reach him. 넌 걔한테 어떻게 연락해야 하는지 몰라.

★ **You have no idea wh~ S+V** 넌 …하는 것을 몰라
   You have no idea how much I miss her. 내가 얼마나 걔를 그리워하는지 넌 모를거야.
   You have no idea what I've been through.
   내가 무슨 일을 겪었는지 넌 모를거야.

★ **You have no idea what it's like to+V** …한다는게 뭔지 넌 몰라
   You have no idea what it's like to care for somebody.
   누군가를 좋아한다는게 뭔지 너는 몰라.

이 표현이 나오는 영화_
<굿럭척>, <악마는 프라다를 입는다>, <친구와 연인사이>, <브리짓 존스의 베이비>, <러브, 로지>

Screen Conversation

A: Can we trust Mike to behave well?

B: You have no idea what **he might do.**

A: 마이크가 처신을 똑바로 할거라 믿어도 될까?
B: 걔가 어떻게 행동할지 넌 알 수가 없지.

A: It's tragic that your wife died in the accident.

B: You have no idea what it's like to **lose your soul mate.**

A: 네 아내가 사고로 죽은 것은 비극이야.
B: 자기의 짝을 잃는게 어떤 건지 넌 모를거야.

네가 여기에 온 이유가 있어?

Is there a reason you're here?

There's a reason~은 "…하는 이유가 있다"는 말로 that S+V나 의문사절이 이어진다. 또한 There's no reason~하면 "…할 이유가 없다," 그리고 Is there some reason that S+V?하게 되면 "…하는 무슨 이유라도 있어?"라고 물어보는 패턴이 된다.

Screen Expressions

★ **There's a reason that[wh~] S+V** …하는 이유가 있어

  There is a reason why I've been alone all this time.
  내가 지금껏 내내 혼자였던 이유가 있어.

★ **There's no reason that[wh~] S+V** …할 이유가 없어

  ▶ There's no reason to+V …할 이유가 없어
  There's no reason to feel guilty, you know. 죄의식 느낄 이유가 없어, 알지.

★ **Is there some[any] reason that[wh~]~?** …할 무슨 이유가 있어?

  Is there any reason why we can't leave?
  우리가 떠나지 못하는 무슨 이유라도 있어?

이 표현이 나오는 영화_
<프로포즈>, <악마는 프라다를 입는다>, <노트북>, <굿럭척>

Screen Conversation

A: I'd like to work in a doctor's office.

B: There's no reason why you can't do that.

A: 난 병원에서 일하고 싶어.
B: 네가 그러지 못할 이유가 없잖아.

A: Is there some reason why you kept the ring?

B: My ex-boyfriend said he didn't want it back.

A: 네가 그 반지를 지니고 있는 어떤 이유가 있어?
B: 옛 남친이 돌려받기를 원치 않는다고 했어.

굳이 이야기를 지어낼 필요없어

Don't bother making up a story

bother는 「…을 신경거슬리게 하다」, 「귀찮게 하다」라는 뜻으로 It doesn't bother sb that S+V(?)하면 "…하는게 신경 안쓰여(?)"라는 말이 되고, 상대방이 신경거슬리는지 물어볼 때는 Does it bother you that[if]~?라고 하면 된다. 또한 상대방에게 "굳이 …할 필요가 없다"고 할 때는 Don't bother ~ing라고 한다.

screen Expressions

★ **It doesn't bother you that S+V?** …라는게 신경쓰이지 않아?
  ▶ It doesn't bother me that S+V …가 신경쓰이지 않아

  It doesn't bother you that I'm a pervert?
  내가 변태라는 사실이 신경쓰이지 않아?

★ **Does it bother you that[if]~ ?** …하는게 신경쓰여?

  Does it bother you if I smoke? 내가 담배피면 신경거슬려?

★ **Don't bother ~ing[to+V]** 굳이 …할 필요없어, 그냥 …해

  Don't bother making up a story.
  굳이 이야기를 지어낼 필요없어.

이 표현이 나오는 영화_
<악마는 프라다를 입는다>, <미비포유>, <첫키스만 50번째>, <굿럭척>

screen Conversation

A: Does it bother you that **you got fired?**

B: **Yeah. It was unfair and the manager didn't like me.**

A: 네가 잘린게 신경쓰여?
B: 어. 불공평하고 매니저는 날 싫어했어.

A: Don't bother **talking to Chris. There's nobody home.**

B: **He seems a bit crazy these days.**

A: 크리스하고 얘기하려고 하지마. 제 정신아냐.
B: 요즘 좀 미친 것 같아.

우리가 너를 도울 수 있는 방법이 좀 있을까?

Is there some way we can assist you?

"…하는 방법이나 길이 있다"고 할 때는 There's a way to+V 혹은 There's a way S+V의 형태를 사용한다. 방법이 좀 있다고 할 때는 There's some way~, 더 쉬운 방법이 있다고 할 때는 There are easier ways~, 그리고 "…할 방법이 있냐?"고 물어볼 때는 Is there a way~?라고 하면 된다.

Screen Expressions

★ **There's a way to+V[S+V]** …할 방법이 있어

There's a way that we can work this out together.
우리가 함께 이걸 해결할 수 있는 방법이 있어.

★ **There are easier ways to+V** …할 더 쉬운 방법이 있어

▶ There's some way S+V …할 방법이 있어

There are easier ways to get in touch with me. 더 쉽게 내게 연락할 방법이 있어.

★ **Is there a way to+V[S+V]?** …할 방법이 있어?

▶ Is there any way to+V[S+V]? …할 다른 방법이 없을까?

Is there some way we can assist you? 우리가 너를 도울 수 있는 방법이 좀 있을까?

이 표현이 나오는 영화_
<브리짓 존스의 베이비>, <라라랜드>

Screen Conversation

A: **I spent several hours researching it.**

B: There are easier ways to **get the information.**

A: 그거 조사하는데 여러 시간 걸렸어.   B: 정보를 얻는 더 쉬운 방법이 있어.

스크린 명대사 _ 미비포유

"That is why I can't have you tied to me. I don't want you to miss all the things that someone else could give you. And selfishly I don't want you to look at me one day and feel even the tiniest big of regret or pity." - Will

바로 그래서 당신을 내게 얽매이게 할 수 없어요. 누군가 당신에게 해줄 수 있는 것들을 당신이 놓치는 것을 원치 않아요. 그리고 이기적이게도, 난 어느날 당신이 날 보고 조금이나마 후회나 연민을 느끼는 것을 원치 않아요.

왜 시도를 하려는지 이유를 모르겠어

I don't see the point of even trying

see one's point는 다른 사람의 의견을 「이해하다」라는 뜻으로 I don't see the point of ~ing하면 "…하는 이유나 목적을 모르겠다"라는 의미. 또한 There's no point in ~ing는 "…할 이유가 없다"라는 의미의 패턴이다. "…할 필요가 없다"고 반어적으로 물어볼 때는 What's the point of ~ing?를 쓴다.

screen expressions

★ **There's no point in ~ing** …할 이유가 없어

There's no point in getting upset.
화낼 이유가 없어.

★ **I don't see the point in ~ing** …의 이유나 목적을 모르겠어

I don't see the point of even trying. 왜 시도를 하려는지 이유를 모르겠어.

★ **What's the point of[in] ~ing[if S+V]?**
…하는 이유가 뭐야? …할 필요가 있어?

What's the point of us going to live with him?
우리가 걔랑 같이 살아봤자 무슨 소용이 있겠어?

이 표현이 나오는 영화_
<러브액츄얼리>, <악마는 프라다를 입는다>

screen conversation

A: **We've been waiting for Chris for an hour.**

B: **I don't see the point of waiting for him anymore.**

A: 우리는 한 시간 동안 크리스를 기다렸어.
B: 더 이상 걔를 기다리는 이유를 모르겠어.

A: **What's the point of joining the band club?**

B: **I want to learn how to play music.**

A: 밴드클럽에 가입하는 이유가 뭐야?
B: 음악 연주하는 방법을 배우고 싶어서.

저년 때문에 내가 미쳐
That bitch is driving me crazy

여기서 drive는 운전하다가 아니라「sb를 어떤 상태로 만들다」,「몰아가다」라는 뜻으로 쓰인 경우이다. 가장 유명한 것은 drive sb crazy로「sb를 돌게 만들다」로 달리 표현하자면 drive sb up the wall이라고도 한다. 주어자리에는 sb나 sth이 올 수 있다.

screen expressions

★ **Sb drive me crazy** …가 날 미치게 하다 = drive sb up the wall
  That bitch **is driving me crazy.** 저년 때문에 내가 미쳐
  You**'re driving me up the wall.** 너 때문에 내가 미치겠어.

★ **Sth drive me crazy** …하는게 날 미치게 하다
  All this waiting **is driving me crazy.** 이 모든 기다림이 날 미치게 만들어.
  That was gonna **drive me crazy** all night. 그게 날 밤새 미치게 만들었어.

★ **It is[was] driving me crazy that S+V** …가 나를 미치게 만들(었)어
  It was driving me crazy that I wasn't hearing from you.
  너한테서 소식을 못듣는게 날 미치게 만들었어.

이 표현이 나오는 영화_
<굿럭척>, <로맨틱홀리데이>, <러브, 로지>, <친구와 연인사이>

screen conversation

A: **No one likes the woman he's dating.**

B: **That bitch** is driving me crazy.

A: 걔가 데이트하는 여자애를 다들 싫어해.
B: 그년 때문에 내가 미친다니까.

A: **Stop being jealous of Laurie.**

B: **It is driving me crazy that** he chose her over me.

A: 그만 로리를 질투해.
B: 나 대신 걔를 선택하다니 내 돌겠어.

어렸을 때 이후로는 없어

Not since I was a little kid

since는 「…이후로」, 「…이래로」라는 시간을 나타내는 단어로 How long since S+V?하면 "…한지가 얼마나 됐어?," 좀 응용해서 How long has it been since S+V?하게 되면 "…이래로 얼마나 됐어?"라는 패턴이 된다. 또한 It's long time since~(…한지 오래됐어), Not since S+V(…이래로 그렇지 않아)도 알아둔다.

screen Expressions

★ **How long since S+V?** …한지 얼마나 됐어?

How long since you've seen a girl naked? 여자 나체를 본 지 얼마나 됐어?

How long has it been since you've had sex? 너 섹스를 한지 얼마나 지났어?

★ **It's a long time since S+V** …한지 오래됐어

It's a long time since he's laughed at anything.
걔가 뭔가에라도 웃음짓는건 오랜간만이야.

★ **Not since S+V** …한 이래로 그렇지 않아

I haven't seen a movie in ages. **Not since** I was a little kid.
영화를 오랫동안 본 적이 없어. 어렸을 때 이후로는 없어.

이 표현이 나오는 영화_
<미비포유>, <노트북>, <왓이프>, <어바웃타임>, <악마는 프라다를 입는다>

screen conversation

A: **How long since you've had sex?**

B: **I haven't gotten laid in about a month.**

A: 섹스한지 얼마나 됐어?
B: 한 한달 정도 못했어.

A: **Have you been camping recently?**

B: **Not since I was in high school.**

A: 최근에 캠핑가봤어?
B: 고등학교때 이후로는 못가봤어.

난 백합을 너무 좋아해

I'm a sucker for lilies

약점이 될 정도로 뭔가를 「너무 좋아하다」라고 할 때는 쉬운 단어 weakness를 써서 I have a weakness for~ 혹은 I have a soft spot for~라고 쓰면 된다. 좀 어려운 단어를 쓰려면 「사족을 못쓰는 사람」이라는 뜻의 sucker를 써서 I'm a sucker for~라고 하면 된다.

Screen Expressions

★ **I have a weakness for~** …에 사족을 못쓰다. 너무 좋아하다

I have a weakness for black haired women.
난 머리색이 검은 여자를 무척 좋아해.

★ **I have a soft spot for~** …에 사족을 못쓰다

I know you got a soft spot for Serena.
난 네가 세레나를 무척 좋아하는걸 알고 있어.

★ **I'm a sucker for~** …에 사족을 못쓰다

You always were a sucker for a hot dancer.
넌 항상 섹시한 댄서라면 사족을 못썼잖아.

이 표현이 나오는 영화_
<첫키스만 50번째>, <미비포유>

Screen Conversation

A: **You seem to enjoy playing with children.**

B: I have a soft spot for **kids.**

A: 너 아이들과 재미있게 노는 것 같아.
B: 아이들이라면 내가 사족을 못쓰지.

A: **She says nice things but doesn't mean them.**

B: I'm a sucker for **flattery.**

A: 걘 입에 발린 말을 하지만 다 진심이 아냐.
B: 난 아부라면 사족을 못써.

네가 알아내봐

I suggest you find out

suggest는「…을 제안하다」라는 단어이지만 I suggest S+V하게 되면 "…하자," I'm (not) suggesting S+V는 "…라는거야," "…라고 하는 말은 아냐," 그리고 Are you suggesting S+V?라고 물으면 "…라는 이야기야?" 라는 의미의 패턴이 된다.

screen Expressions

★ **I suggest S+V** …하자

I suggest you cancel the rest of your schedule.
남은 일정은 취소하도록 하지.

★ **I'm suggesting S+V** …라는거야

▶ I'm not suggesting S+V …라고 말하는 것은 아냐

I wasn't suggesting you're a slag or anything.
난 네가 갈보나 뭐 그렇다고 한 것은 아냐.

★ **Are you suggesting S+V?** …라는 이야기야?

Are you suggesting he cheated on his wife? 걔가 아내 몰래 바람을 폈다는 말야?

이 표현이 나오는 영화_
<러브, 로지>, <악마는 프라다를 입는다>

screen Conversation

A: **I think she's generally honest.**

B: **I'm not suggesting she is lying.**

A: 걔는 전반적으로 정직하다고 생각해.
B: 걔가 거짓말을 한다고 말하는게 아냐.

A: **Let's spend the rest of our lives together.**

B: **Are you suggesting we get married?**

A: 우리 남은 여생을 함께 보내자.
B: 결혼하자는 얘기야?

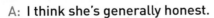

개에게 농담을 하지 않는 것이 최선이야

It's best not to joke with her

앞서 Level 01에서 언급된 It's better that S+V의 패턴과 best를 이용한 It's best to+V(…하는 것이 최선이야), It's best that S+V(…하는 것이 최선이야), It's best not to+V(…하지 않는게 최선이야) 그리고 It's best if S+V(…가 최선이야)를 정리해본다.

screen expressions

★ **It's better that S+V** …하는게 더 나아

　It's better that you don't know.　네가 모르는게 더 나아.

★ **It's best to+V** …하는게 최선이야 ▶ It's best not to+V …하지 않는게 최선이야

　It's best to ignore what they are saying.
　걔네들이 말하는 것을 무시하는게 상책이야.

　It's best not to joke with her.　개에게 농담을 하지 않는 것이 최선이야.

★ **It's best if[that] S+V** …가 최선이야

　It's best that we just stay home.
　우리는 그냥 집에 머무르게 최선이야.

이 표현이 나오는 영화_
<노팅힐>, <프렌즈 위드 베네핏>

screen conversation

A: **Lou has a really bad temper.**

B: **It's best not to annoy him.**

A:　루는 정말 성깔 더러워.
B:　걔 화나게 하지 않는게 최선이야.

A: **Should I talk to Pam about her problems?**

B: **It's best that you leave her alone.**

A:　팸에게 걔의 문제들에 대해 얘기해야 될까?
B:　혼자 놔두는게 최선이야.

첫키스만한게 없어

There's nothing like a first kiss

There's nothing like+명사는 "…만한게 없다," 즉 "…가 최고다"라는 말로 There's nothing better than+ 명사[~ing]와 같은 맥락의 표현이다. 또한 Nothing beats+명사라고 해도 역시 같은 의미이다. 위의 문장은 <첫키스만 50번째>에서 나오는 대사이다.

Screen Expressions

★ **Nothing beats~** …보다 좋은 것은 없어

Nothing beats a cold beer at the end of the day.
하루를 끝내고 시원한 맥주만큼 좋은 것도 없어.

★ **There's nothing better than+명사[~ing]** …보다 더 좋은 것은 없어

Sometimes **there's nothing better than** being out of a relationship.
종종 사람을 사귀지 않는 것보다 더 좋은 것은 없어.

★ **There's nothing like+명사** …만한게 없어

There's nothing like a wedding to screw up a family.
가정을 박살내는데 결혼만한게 없지.

이 표현이 나오는 영화_
<첫키스만 50번째>, <미비포유>

Screen Conversation

A: How was the date you went on?

B: It was great. Nothing beats a first kiss.

A: 데이트 어땠어?
B: 좋았어. 첫키스만큼 좋은 것은 없어.

A: Chris, you look happy today.

B: There's nothing like sex in the morning.

A: 크리스, 너 오늘 기분좋아 보인다.
B: 아침에 하는 섹스만큼 좋은건 없지.

나를 돌보는 것은 네가 할 일이 아냐

It's not your job to take care of me

It's my job to+V하게 되면 "…하는 것은 나의 일이다," "…하는 것은 나의 임무이다"라는 뜻으로 My job is to+V라고 해도 된다. my 대신에 her, your 등으로 바꿔서 문장을 만들 수 있으며 문장 앞에 I (don't) think~를 붙여서 사용해도 된다.

Screen Expressions

★ **It's my job to+V** …하는 것이 나의 일이야 ⇔ It's not my job to+V

It's my job to teach you about responsibility.
너에게 책임에 대해 가르쳐주는게 나의 의무야.

★ **It's your job to++V** …하는 것은 네 일이야
⇔ It's not your job +V …하는 것은 네 일이 아냐

It's not your job to take care of me. 나를 돌보는 것은 네가 할 일이 아냐.

★ **I don't think it's his job to+V** …하는게 걔의 일같지 않아

I don't think it's his job to get her out of trouble.
그녀를 곤경에서 구하는게 걔의 일은 아닌 것 같아.

이 표현이 나오는 영화_
<노팅힐>, <러브액츄얼리>

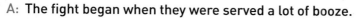

Screen Conversation

A: **The fight began when they were served a lot of booze.**

B: It's your job to **prevent these issues.**

A: 술이 많이 나왔을 때 싸움이 시작됐어.
B: 이런 문제를 막는게 네 일이잖아.

A: **Don is always trying to look at my computer.**

B: I don't think it's his job to **spy on people.**

A: 돈은 항상 내 컴퓨터를 보려고 해.
B: 사람들 감시하는게 걔의 일은 아닐텐데.

이게 얼마나 쉬운지 믿기 어려울 걸

You won't believe how easy this is

뭔가 놀라운 사실을 전달할 때 쓰는 패턴으로 You won't believe wh~ S+V라 하면 된다. You won't believe this, but S+V라고 해도 된다. 역시 상대방이 "…을 믿지 못할 것 같다"고 할 때는 I don't think you'll believe~, "믿지 못하냐?"고 물어볼 때는 You don't believe that S+V?라 하면 된다.

screen expressions

★ **You won't believe wh~** …을 믿지 못할거야
  ▶ You won't believe this, but~ 믿기지 않겠지만, …야
  You won't believe how easy this is. 이게 얼마나 쉬운지 믿기 어려울 걸.

★ **I don't think you'll believe wh~** …을 믿지 못할거야
  I don't think you'll believe what we found. 우리가 뭘 찾아냈는지 믿지 못할거야.

★ **You don't believe that S+V?** …을 믿지 못하는거야?
  You don't believe that a woman could enjoy being free and independent? 여자는 자유롭고 독립적인 것을 즐길 수 없다고 생각하는거야?

이 표현이 나오는 영화_
<노팅힐>, <굿럭척>, <500일의 썸머>

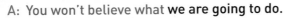

screen conversation

A: You won't believe what **we are going to do.**

B: **Tell me about it. It sounds interesting.**

A: 우리가 무슨 일을 할 건지 믿지 못할거야.
B: 말해봐. 흥미로운데.

A: **You aren't brave enough to jump out of a plane.**

B: You don't believe that **we went skydiving?**

A: 넌 비행기에서 뛰어내릴 정도로 용감하지 않아.
B: 우리가 스카이다이빙했다는 것을 믿지 못하는거야?

넌 내가 널 사랑하는 걸 몰랐다는거야?

You didn't know I loved you?

You don't know S+V하면 상대방이 모르고 있다는 사실을 확인해주는 문장. 끝을 올려서 발음하면 단순히 "…한 사실을 모르냐?"고 할 수도 있지만 그것도 모르냐고 비난하고 질책하는 문장일 수도 있다. You don't know anything about~와 You didn't know S+V?(…을 몰랐단 말야?)도 함께 기억해둔다.

Screen Expressions

★ **You don't know anything about~** 넌 …에 대해서 아무 것도 몰라
= You don't know the first thing about~
   You don't know anything about me, do you? 나에 대해 아무것도 모르지, 그지?

★ **You don't know that[wh~] S+V(?)** 넌 …을 몰라, 넌 …을 몰라?
   You don't know how much that means to me.
   이게 나한테 얼마나 큰 의미인지 넌 몰라.
   You don't know why she got angry? 왜 걔가 화를 냈는지 몰라?

★ **You didn't know that S+V?** …을 몰랐단 말야?
   You didn't know I loved you? 넌 내가 널 사랑하는 걸 몰랐다는거야?

이 표현이 나오는 영화_
<노팅힐>, <노트북>, <미비포유>, <왓이프>, <이프온리>, <악마는 프라다를 입는다>

Screen Conversation

A: He never talked about you.

B: You don't know anything about **me then, do you?**

A: 걘 너에 대해서 말한 적이 없어.
B: 그럼 넌 나에 대해 아무것도 모른다 이거야?

A: I haven't seen your neighbors in a while.

B: You don't know that **they moved away?**

A: 한동안 네 이웃을 보지 못했어.
B: 걔네들 이사간 걸 몰랐단 말야?

사람들에게 네가 침대에서 탁월하다고 말할 수 있어

I can tell people you're good in bed

I can tell S+V는 직역하면 "…을 말할 수 있다"로 의역하자면 "…라 할 수 있지," "…하기는 해" 정도에 해당된다. 반대로 I can't tell you that[wh~] S+V하면 "…라 말할 수 없다," 의문형으로 Can I tell you wh~?하면 "…을 말해줄까?"가 된다.

Screen Expressions

★ **I can tell that S+V** …라 할 수 있지
  ▶ I can tell you that[wh~] …라 말할 수 있어, …가 알만해
  I can tell you don't really like me. 사실은 네가 날 싫어한다는 걸 알겠어.
  I can tell you why I did. 내가 왜 그랬는지 말해줄 수 있어.

★ **I can't tell you that S+V** …라 말할 수 없어
  I can't tell you that he works hard. 걔가 열심히 일한다고 말할 수는 없지.

★ **Can I tell you wh~?** …라 말해줄까?
  Can I tell you what else they have in common?
  걔네들의 다른 공통점을 말해줄까?

이 표현이 나오는 영화_
<러브액츄얼리>, <로맨틱홀리데이>, <프로포즈>

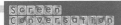
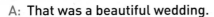

Screen Conversation

A: **That was a beautiful wedding.**

B: **I can tell that they will be happy.**

A: 아름다운 결혼식이었어.
B: 걔네들 행복할거라고 할 수 있겠어.

A: **The new rules will be implemented this week.**

B: **Can I tell you what I think about them?**

A: 새로운 규칙이 이번주에 시행될거야.
B: 내가 그것들을 어떻게 생각하는지 말해줄까?

097

내가 왜 갈 수 없는지 모르겠어

I don't see why I can't go

"왜 …한지 그 이유를 모르겠다"고 할 때는 I don't see why~의 패턴을 애용하면 된다. 특히 why~ 다음에
는 「가능」의 can('t)+V나 「의무」의 should[have to]+V가 주로 오게 된다. see는 물론 understand로 바꿔 써
도 된다.

Screen
Expressions

★ **I don't see why ~ can('t)+V** 왜 …할 수 있[없]는지 모르겠어

　I don't see why I can't go, Mom.
　엄마, 내가 왜 갈 수 없는지 모르겠어.

★ **I don't see why ~ should[have to]+V** 왜 …해야 하는지 모르겠어

　I don't see why we have to be so nice to her.
　난 왜 우리가 걔한테 친절해야 하는지 모르겠어.

★ **I don't understand why S+V** 왜 …인지 모르겠어

　I don't understand why you're being so nice to me.
　네가 왜 그렇게 나에게 착하게 구는지 이해가 안돼.

이 표현이 나오는 영화_
　<어바웃타임>, <악마는 프라다를 입는다>

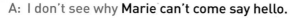

Screen
Conversation

A: I don't see why Marie can't come say hello.

B: She is a snob and is ignoring us.

A: 메리는 왜 와서 인사를 하지 않는지 모르겠어.
B: 속물이어서 우리를 무시해.

A: Sharon got so upset at me last week.

B: I don't see why she should still be angry.

A: 샤론은 지난주 내게 엄청 화를 냈어.
B: 왜 아직도 걔가 화나있는지 모르겠어.

난 걔 가족에 대해 잘 몰라

I don't know much about his family

I don't know~ 다음에 that 절, 의문사절이 오는 경우는 앞서 다루었다. 이번에는 I don't know~를 토대로
응용된 패턴을 알아보기로 한다. "…을 잘 모르겠다"고 할 때는 I don't know much about~, "달리 어떻게 해
야 할지 모르겠어"는 I don't know what else I can do~라고 하면 된다.

Screen Expressions

★ **I don't know much about~** …에 대해 잘 몰라
  ▶ I don't know anything about~ …는 아는게 없어
  I don't know much about his family. 난 걔 가족에 대해 잘 몰라.

★ **I don't know why I keep ~ing** 내가 왜 계속 …하는지 모르겠어
  I don't know why I keep falling in love so easily.
  내가 왜 그렇게 쉽게 사랑에 빠지는지 모르겠어.

★ **I don't know what else I can do~** 달리 어떻게 해야 할지 모르겠어
  I don't know what else I can do to improve it.
  그게 나아지게 하기 위해 달리 어떻게 해야 할지 모르겠어.

이 표현이 나오는 영화_
  <악마는 프라다를 입는다>, <라라랜드>, <노트북>, <왓이프>, <친구와 연인사이>

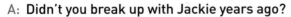

Screen Conversation

A: Didn't you break up with Jackie years ago?

B: I don't know why I keep thinking of her.

A: 넌 오래 전에 재키와 헤어지지 않았어?
B: 왜 내가 계속 걔를 생각하는지 모르겠어.

A: You apologized and sent her flowers.

B: I don't know what else I can do to make amends.

A: 넌 사과했고 걔에게 꽃을 보냈잖아.
B: 걔한테 보상하기 위해 달리 어떻게 해야 할지 모르겠어.

내가 틀렸으면 고쳐줘

Correct me if I'm wrong

Correct me if I'm wrong이라는 유명한 문장을 이용한 패턴. 내가 틀렸다면 고쳐달라는 말로 뭔가 어려운 질문을 하기 전에 먼저 꺼내는 표현으로 Correct me if I'm wrong, but S+V의 형태로 쓰인다. 물론 Correct me if~ 다음에 I'm wrong만 오는 것은 아니다. 눈 화들짝 뜨고 아래로 내려가보자.

Screen Expressions

★ **Correct me if S+V** …하면 고쳐줘

Correct me if I don't have it right. 내가 틀리면 고쳐줘.

★ **Correct me if I'm wrong** 내가 틀리면 말해봐

And **correct me if I'm wrong.** I've always treated you fair.
내가 틀렸으면 말해줘. 난 항상 널 공정하게 대했잖아.

★ **Correct me if I'm wrong, but~** 내가 틀리면 말해봐, 하지만…

Correct me if I'm wrong but did you just say that the baby could be either of ours?
틀리면 말해주세요, 하지만 방금 우리 둘 중 한명의 아이라고 말하셨나요?

이 표현이 나오는 영화_
<브리짓 존스의 베이비>

Screen Conversation

A: You plan to ask him on a date?

B: Correct me if **you feel it is a mistake.**

A: 걔한테 데이트 신청할거라고?
B: 그게 실수라고 생각되면 말해줘.

A: Correct me if I'm wrong, but **didn't we go to school together?**

B: Yes, I remember you from English class.

A: 내가 틀리다면 말해줘, 하지만 우리 학교 같이 다니지 않니?
B: 맞아, 영어수업 같이 받던게 기억나.

개네들이 나타나도 난 놀라지 않을거야

I wouldn't be surprised if they show up

이번에는 surprised를 활용한 패턴으로 Don't be surprised if S+V는 미리 말해두는 것으로 "…한다고 해도 놀라지마라"라는 의미이고, I wouldn't be surprised to+V[that, if S+V]는 "…을 해도 난 놀라지 않을 것이다," 즉 "아마도 …일게다"라는 뜻이 된다.

Screen Expressions

★ **Don't be surprised if S+V** …해도 놀라지마

  Don't be surprised if I just pop in unannounced just to check up.
  점검차 예고없이 들러도 놀라지마.

★ **I wouldn't be surprised to+V** …해도 놀라지 않을거야, 아마도 …일거야

  I wouldn't be surprised to find you have a stalker.
  너를 쫓아다니는 사람이 있다고 해도 놀라지 않을거야.

★ **I wouldn't be surprised that[if~] S+V**
  …해도 놀라지 않을거야, 아마도 …일거야

  I wouldn't be surprised if they show up. 개네들이 나타나도 난 놀라지 않을거야.

이 표현이 나오는 영화_
<쉬즈더맨>

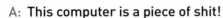

Screen Conversation

A: This computer is a piece of shit!

B: Don't be surprised if it breaks again.

A: 이 컴퓨터는 쓸모없어!
B: 다시 고장나도 놀라지마.

A: Arnie is always staring at other women.

B: I wouldn't be surprised if he cheats on her.

A: 아니는 항상 다른 여자들을 쳐다봐.
B: 걔가 바람을 핀다고 해도 놀라지 않을거야.

그거라면 내가 받아들일게요

I can take it if it's that

take it을 한단어로 말해보자면 앞서 나온 I can't stand your friends(난 네 친구들을 참을 수가 없어)의 stand 라고 할 수 있다. 그래서 I can take it은 "받아들일 수 있다," "참을 수 있다," 반대로 I can't take it은 "참을 수 없다"가 된다. I can take it if S+V는 자연 "…하면 받아들일 수 있다"라는 의미.

Screen Expressions

★ **I can take it** 참을 수 있어, 받아들일 수 있어

She's pretty hard on me, but **I can take it.**
그래, 걘 날 심하게 대하지만 난 참을 수 있어.

★ **I can't take it** 참을 수가 없어

I can't take it anymore! This man is straight!
더 이상 못참겠어! 이 남자는 너무 답답해!

★ **I can take it if S+V** …하다면 받아들일 수 있어

Am I not your type? **I can take it if** it's that.
내가 당신 타입이 아녜요? 그렇다면 받아들일게요.

이 표현이 나오는 영화_
<굿럭척>, <500일의 썸머>, <친구와 연인사이>, <브리짓 존스의 베이비>

Screen Conversation

A: **I hear you guys fighting all the time.**

B: **This is too stressful.** I can't take it.

A: 너희들 늘상 싸운다며.
B: 너무 스트레스 받아. 참을 수가 없어.

A: **Are you able to handle tough tasks?**

B: I can take it if **the job is difficult**

A: 어려운 일도 처리할 수 있어?
B: 일이 어렵다면 받아들일 수 있어.

내가 갤 좋아한다고 할 수는 없지
I can't say I like her

상대방의 질문이나 말에 확실한 답을 주지 않고 모호하게 대답을 할 때 이용하면 좋은 패턴들. I can say S+V 는 상대의 말에 수긍하면서 "…라고 말할 수 있어," "…했네," 반대로 I can't say S+V하게 되면 "…라고는 말할 수 없지," 즉 "그렇다고 …라 할 수는 없지"라는 뜻이 된다.

Screen Expressions

★ **I can say S+V** …라고 말할 수는 있어

I can say he impressed us.
걔가 우리에게 강한 인상을 줬다고 할 수 있지.

★ **I can't say S+V** …라고는 말할 수 없지

I can't say that I like him.
내가 갤 좋아한다고 할 수는 없지.

★ **I won't say S+V** …라고 말하지 않을게

I won't say it's been a pleasure.
즐거웠다고 말하지 않을게.

이 표현이 나오는 영화_
<노팅힐>, <로맨틱홀리데이>

Screen Conversation

A: **How was your vacation in Thailand?**

B: **I can say we met some interesting people.**

A: 태국에서의 휴가는 어땠어?
B: 흥미로운 사람들을 좀 만나기는 했어.

A: **Are you avoiding Michelle?**

B: **I can't say we get along.**

A: 너 미셸을 피하는거야?
B: 우리가 잘 어울린다고 할 수 없지.

여친이 있으면 좋겠어

I wish I had a girlfriend

I wish to go나 I wish you a merry Christmas에서 wish는 단순히 「희망하다」, 「바라다」라는 의미의 동사이지만 뒤에 절이 오면 「현실과 반대되는 소망」을 말한다. I wish 주어+과거동사는 현재와 반대되는 사실을 말하는 것으로 I wish I had+명사, I wish I was~, 그리고 I wish I could+V를 달달 외워둔다.

Screen Expressions

★ **I wish I had+명사** 내게 …가 있으면 좋겠어

I wish I had a girlfriend. 여자친구가 있으면 좋겠어.

★ **I wish I was~** 내가 …라면 좋겠어

I wish I was as good a cook as Randy. 내가 랜디처럼 요리를 잘했으면 좋겠어.

I know **you wish I was** making all this stuff up.
내가 이 모든 것을 꾸며낸거라 생각하고 싶은거 알아요.

★ **I wish I could+동사** 내가 …을 할 수 있다면 좋겠어

I wish I could turn back the clock and make it yesterday.
시간을 거꾸로 돌려서 어제로 만들 수 있다면 좋겠어.

이 표현이 나오는 영화_
<악마는 프라다를 입는다>, <첫키스만 50번째>, <라라랜드>, <로맨틱홀리데이>, <프로포즈>, <어바웃타임>,
<이프온리>

Screen Conversation

A: **The concert is several miles away.**

B: I wish I had **a car to drive there.**

A: 그 콘서트는 멀리 떨어진 곳에서 열려.
B: 몰고 갈 차가 있다면 좋겠다.

A: **You were on the bus that crashed?**

B: I wish I could **forget what happened.**

A: 충돌한 버스에 타고 있었어?
B: 일어난 일을 잊을 수 있으면 좋겠어.

너에게 내가 왜 거짓말을 하겠어?

Why would I lie to you?

Why would I+V?는 "내가 왜 …을 하겠어?"라는 말로 상대방이 자신을 오해하거나 틀린 말을 했을 경우에 반문할 때 사용하는 패턴이다. 반대로 Why wouldn't I+V?하게 되면 "내가 왜 …을 하지 않겠어?"라는 의미가 된다.

Screen Expressions

★ **Why would I be+형용사?** 내가 왜 …하겠어?

Why would I be mad at you?
내가 왜 너한테 화를 내겠어?

★ **Why would I+V?** 내가 왜 …을 하겠어?

Why would I lie to someone I'm fairly fond of?
내가 무척 좋아하는 사람에게 내가 왜 거짓말을 하겠어?

★ **Why wouldn't I+V?** 내가 왜 …을 하지 않겠어?

If I knew, **why wouldn't I** say?
내가 알고 있다면 왜 내가 말하지 않았겠어?

이 표현이 나오는 영화_
<어바웃타임>, <노트북>, <로맨틱홀리데이>, <프로포즈>, <첫키스만 50번째>

Screen Conversation

A: **You should go flirt with her boyfriend.**

B: Why would I **like to cause problems?**

A: 가서 그녀의 남친에게 집적대봐.
B: 내가 왜 문제를 일으키려고 하겠어?

A: **They want to pay you, but don't take it.**

B: Why wouldn't I **accept the money?**

A: 걔네들은 너에게 돈을 주려고 할텐데 받지마.
B: 내가 왜 돈을 받지 않겠어?

너 아직 그 일을 하고 있는거야?

Are you still working on it?

「…일을 하다」라고 할 때 선뜻 떠오르지 않지만 work on이라는 동사구가 절대적으로 많이 쓰인다. work on~ 다음에는 하는 일의 명사나 ~ing가 온다. 혹은 sb가 와서 「…을 설득하다」라는 의미로 쓰이기도 한다. 이번에는 work on을 토대로 몇 가지 패턴을 연습해본다.

Screen Expressions

★ **I've got to work on~** …일을 해야 돼 ▶ I'm going to work on~ …일을 할거야
I'm going to work on this stuff at home tonight. 오늘 밤 집에서 이 일을 할거야.

★ **I'm working on~** …일을 하고 있어
▶ I'm still working on~ 아직 …일을 하고 있어
I was working on a crossword puzzle when you called this morning.
아침에 네가 전화할 때 난 크로스워드 퍼즐을 풀고 있었어.

★ **~ 시간[사람]~ working on~** …동안[몇 명이서] …일을 하다
You were up all night **working on** that project. 너 밤새고 그 프로젝트 일했지.
There're five of us **working on** the case. 그 환자를 위해 5명이 힘쓰고 있어.

이 표현이 나오는 영화_
<브리짓 존스의 일기>, <로맨틱홀리데이>, <500일의 썸머>, <프로포즈>, <이프온리>, <프렌즈 위드 베네핏>

Screen Conversation

A: **Why are you staying in your hotel room?**

B: I've got to **work on my speech.**

A: 왜 호텔방에 남아 있는거야?
B: 연설문 준비해야 돼.

A: **When can you finish the project?**

B: **I'm not sure.** I'm still working on it.

A: 언제 프로젝트를 끝낼 수 있어?
B: 잘 모르겠어. 아직 하고 있어.

얼마나 더 오래 그걸 할거야?

How much longer are you gonna do that?

How much~는 셀수 없는 양을 말할 때 사용하는 것으로 How much longer~?(얼마나 더 …할거야?),
I know how much~(얼마나 …한지 알고 있어), 그리고 I don't know how much~(얼마나 …한지 몰랐어)
등 총 3개의 패턴을 알아본다.

★ **How much longer~?** 얼마나 더 오래 …할거야?

How much longer are you gonna do that?
얼마나 더 오래 그걸 할거야?

★ **I know how much~** 얼마나 …한지 알고 있어

I know how much you hate it when I'm happy.
내가 행복할 때를 네가 얼마나 싫어하는지 알고 있어.

★ **I don't know how much~** 얼마나 …한지 모르겠어

I don't know how much help she's going to be.
걔가 얼마나 도움이 될지 모르겠어.

이 표현이 나오는 영화_
<노팅힐>, <미비포유>, <노트북>, <프로포즈>, <왓이프>, <어바웃타임>, <이프온리>

screen conversation

A: How much longer **are they staying?**

B: **They say they'll be here a few more days.**

A: 걔네들 얼마나 더 오래 남아있을거래?　　B: 며칠 더 남아있을거래.

스크린 명대사 _ 500일의 썸머

"What if I'd gone to the movies? What if I had gone somewhere else for lunch? What if I'd gotten there 10 minutes later? It was meant to be." - Summer

내가 영화를 보러 갔더라면 어떻게 됐을까? 내가 점심먹으러 다른 곳으로 갔더라면 어떻게 됐을까? 내가 10분 늦게 도착했다면 어땠을까? 그건 운명적인 만남이었어.

넌 왜 나와 결혼을 할 수 없는거야?

Why can't you just marry me?

Why can't you+V?의 패턴은 상대방이 왜 V를 할 수 없는지 물어보는 문장이다. "왜 넌 …을 할 수 없는거야?" 라고 생각하면 된다. 이의 응용패턴인 Why can't you just let sb+V?는 "너는 왜 …가 …하도록 하지 않은거 야?"라는 좀 어려운 표현이 된다.

Screen Expressions

★ **Why can't you+V?** 넌 왜 …을 할 수 없는거야?

Why can't you just marry me? 넌 왜 나와 결혼을 할 수 없는거야?

Why can't you just admit that she's your girlfriend?
걔가 네 여친이라는걸 왜 인정할 수 없는거야?

★ **Why can't you just let sb+V?** 너는 왜 …가 …하도록 하지 않는거야?

Why can't you just let me die in peace?
넌 왜 내가 평안하게 죽도록 내버려두지 않는거야?

★ **Why couldn't you+V?** 왜 …를 하지 않았어?

Why couldn't you just tell me this? 왜 내게 이 얘기를 하지 않았어?

이 표현이 나오는 영화_
<러브, 로지>, <라라랜드>

Screen Conversation

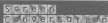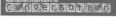

A: It hasn't been possible to contact Gina.

B: Why can't you write her an e-mail?

A: 지나에게 연락할 수가 없었어.
B: 왜 이멜은 써볼 수 없는거야?

A: I'm going to go wake Charlie up.

B: Why can't you just let him rest?

A: 가서 찰리를 깨울거야.
B: 걔가 좀 쉬도록 내버려 두지 않는거야?

사장에게 좋은 인상을 심어줘

Make a good impression on your boss

impression하면 「인상」, 「느낌」이라는 단어. give (sb) the impression that S+V 혹은 give the impression of~하면 「(…에게) …하다는 느낌을 주다」, make an impression on sb하면 「…에게 (강한) 인상을 심어주다」 그리고 I get the impression that S+V하면 "…라는 인상을 받다"라는 의미가 된다.

Screen Expressions

★ **I get the impression S+V** …하다는 인상을 받다

I got the impression he was going to meet someone.
걔가 누군가를 만날 것 같은 인상을 받았어.

★ **You gave us the impression that S+V** …하다는 인상을 줬어

You gave us the impression that you could handle him.
넌 네가 걜 다룰 수 있다는 인상을 줬어.

★ **I think you made an impression on sb**
…에게 강한 인상을 심어준 것 같아

I think you made a strong impression on your father-in-law.
네가 장인에게 강한 인상을 심어 줬다고 생각해.

이 표현이 나오는 영화_
<브리짓 존스의 일기>, <라라랜드>, <로맨틱홀리데이>, <프로포즈>, <어바웃타임>, <친구와 연인사이>

Screen Conversation

A: Steve just uses the Internet all day long.

B: I get the impression he is lazy.

A: 스티브는 하루 종일 인터넷을 해.
B: 게으르다는 인상을 받아.

A: Why did you think I was depressed?

B: You gave us the impression you weren't happy.

A: 왜 내가 우울하다고 생각하는거야?
B: 네가 불행하다는 인상을 줬어.

사기당한 것은 내 잘못이 아냐

It's not my fault I got shanghaied

It's ~ that~의 패턴에서 It's와 that~사이에 명사가 오는 경우. 그 중 fault를 이용한 패턴을 알아본다. It's my fault that S+V하면 "…는 내 잘못이야," It's not my fault that S+V하면 "…는 내 잘못이 아냐"라는 패턴이 된다. 참고로 It's total bullshit that S+V도 함께 익혀둔다.

Screen Expressions

★ **It's my fault that S+V** …는 내 잘못이야

  Are you implying that **it's my fault that** he left?
  걔가 떠난게 내 잘못이라는 말야?

★ **It's not my fault that S+V** …는 내 잘못이 아냐

  It's not my fault I got shanghaied.
  사기당한 것은 내 잘못이 아냐.

★ **It's total bullshit that S+V** …는 말도 안돼

  It is total bullshit that Josh got the project manager job over you.
  조쉬가 너 대신에 프로젝트 팀장이 된 것은 말도 안되는 얘기야.

이 표현이 나오는 영화_
<라라랜드>, <왓이프>, <로맨틱홀리데이>, <친구와 연인사이>, <러브, 로지>

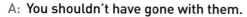

Screen Conversation

A: **You shouldn't have gone with them.**

B: It's not my fault **I got shanghaied.**

A: 넌 걔네들과 함께 가지 말았어야 했는데.
B: 내가 사기당한 것은 내 잘못이 아냐.

A: **The members told her she had to leave.**

B: It's total bullshit that **she got kicked out.**

A: 멤버들이 걔한테 나가야 한다고 말했어.
B: 걔가 쫓겨나다니 말도 안돼.

네 시간 많이 뺏지 않을게

I wouldn't wanna keep you any longer

I would not+V는 "나라면 …하지 않을 것이다"라는 의미이다. "…하지 않을 것이다"정도로 이해하면 된다. 또한 I wouldn't do anything to+V하게 되면 "to~이하를 하게 하는 어떤 일도 하지 않겠다"는 강한 주어의 의지를 나타낸다.

Screen Expressions

★ **I would not+V** 난 …하지 않을거야

I wouldn't wanna keep you any longer. 네 시간 많이 뺏지 않을게.

★ **I wouldn't do anything to+V** …하는 일은 그 어떤 것도 하지 않을거야

I wouldn't do anything to put my girl in danger.
내 여자를 위험에 빠트리는 어떤 일도 하지 않을거야.

★ **There's nothing I wouldn't do to[for]~**
…을 위해 무슨 일이든지 하겠어

There isn't anything I wouldn't do for my family.
가족을 위해서 내가 하지 못할 일은 아무 것도 없어.

이 표현이 나오는 영화_
<굿럭척>, <노트북>, <왓이프>

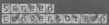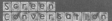

Screen Conversation

A: **Any suggestions about attending the meeting?**

B: I wouldn't do anything to **cause trouble.**

A: 회의참석하는데 뭐 제안할거라도 있어?
B: 나같으면 문제일으키는 일은 그 어떤 것도 하지 않을거야.

A: **I can see you love your wife.**

B: There's nothing I wouldn't do to **make her happy.**

A: 너 네 아내를 사랑하는구나.
B: 아내의 행복을 위해서는 무슨 일이든지 하겠어.

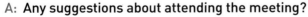

LEVEL 02

111

우리가 도움이 필요하다는 것을 알겠어

I get that we need help

좀 생소하게 보이지만 get은 understand라는 의미로 쓰이기 때문에 I get that S+V하게 되면 "…을 이해하다," "…을 알겠어"라는 패턴이 된다. 함께 I get that a lot(그런 얘기 많이 들어)과 복습삼아 I get that(알겠어)을 연습한다.

Screen Expressions

★ **I get that** 알겠어 ▶ I get that a lot 그런 얘기 많이 들어
   I get that, okay, **I get that** big time. 좋아, 충분히 알아들었어.
   Yeah, **we get that a lot.** 자주 듣는 핑계야.

★ **I get that S+V** …을 알겠어, 이해해
   I get that guys don't want to hang out with the girl with the
   boyfriend. 남자들은 남친이 있는 여자하고는 놀고 싶어하지 않는걸 알겠어.

★ **I don't get that S+V** …을 모르겠어
   I don't get that you ignore me. 네가 나 무시하는거 이해가 안돼.

이 표현이 나오는 영화_
<왓이프>, <미비포유>

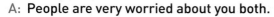

Screen Conversation

A: **People are very worried about you both.**

B: I get that **we need help.**

A: 사람들은 너희 둘 모두 다 무척 걱정하고 있어.
B: 우리에게 도움이 필요하다는 것을 알겠어.

A: **I'll kill him the next time I see him!**

B: I don't get that **you are so upset.**

A: 다음번에 걔를 보면 죽여버릴거야!
B: 네가 왜 그렇게 화를 내는지 모르겠어.

MEMO

스크린영어 대표패턴
2000

08.03.2015
11 PM

LEVEL 03

스크린영어 냄새가 팍팍 풍기는
스크린영어 필수패턴!

001-102

네가 좀 도움을 받으면 좋을텐데

You could use some help

could[can] use+명사 형태로 쓰이는 이 표현은 "…가 필요하다," "…가 있으면 좋겠다"라는 뜻. 그래서 I can use a Coke하면 "나 콜라 좀 마셔야겠어"라는 의미가 된다. 다시 말해 「…을 얻을 수 있으면 좋겠다」, 「…가 필요하다」라는 need의 뜻으로 쓰인다고 생각하면 된다.

Screen Expressions

★ **I can[could] use+명사** …가 있으면 좋겠어, …가 필요해

We could use more time to get this done.
이거 끝내는데 좀 더 많이 시간이 있으면 좋겠어.

★ **You can[could] use+명사** 너에게 …가 있으면 좋을텐데

I thought **you could use** some company.
난 너에게 좀 친구가 있었으면 좋겠다고 생각했어.

★ **I could do with+명사** …가 필요해 = What I could do with+명사

What I could do with a chance at a good job.
좋은 일자리에 일할 기회가 있으면 얼마나 좋을까.

이 표현이 나오는 영화_
<노트북>, <로맨틱홀리데이>, <친구와 연인사이>, <쉬즈더맨>, <러브, 로지>

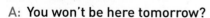

Screen Conversation

A: **You won't be here tomorrow?**

B: I could use **a day to relax.**

A: 내일 여기에 오지 않을거야?
B: 하루 휴식했으면 좋겠어.

A: **The wedding will take place soon.**

B: I could do with **time to plan it.**

A: 결혼식이 곧 있을텐데.
B: 결혼식 계획을 짤 시간이 필요해.

LEVEL 03

002

사실은 그게 아니라는 것을 알고 있었어

Deep down, I knew better

deep down은 「사실은 말이야」라는 표현. 알면서도 인정하기 싫어하거나 혹은 모르고 있었지만 선뜻 말하기 힘든 말을 꺼낼 때 시작하는 말로 Deep down S+V의 형태가 많이 쓰인다. 세번째 패턴 예문은 <첫키스만 50번째>에서 아담이 하는 말로 루시가 점점 자기를 기억하기 시작한다는 대사이다.

screen expressions

★ **Deep down, S+V** 사실은 …해

   Deep down, you didn't want to show up at the party.
   사실은 넌 파티에 오고 싶지 않았어.

   Deep down, you just know she's a bitch. 사실은 걔가 나쁜 년이라는거 알아.

★ **S+V, but deep down, S+V** …이지만 사실은 …야

   They called her a bitch, **but deep down,** they know she's right.
   걔들은 그녀를 미친 년이라고 불렀지만 사실은 걔가 맞다는 걸 알아.

★ **I think deep down inside S+V** 마음 속 깊은 곳에서는 …하는 것 같아

   I think deep down inside she's starting to remember me.
   맘 깊은 속에서는 나를 기억하기 시작하는 것 같아.

이 표현이 나오는 영화_
<첫키스만 50번째>, <쉬즈더맨>, <브리짓 존스의 베이비>

screen conversation

A: Karen never seems sad that she's single.

B: Deep down, **she worries about it.**

A: 카렌은 독신인 것을 전혀 슬퍼하지 않는 것 같아.
B: 사실은, 걱정을 하고 있어.

A: How is Bob after he broke up with his wife?

B: I think deep down inside **he misses her.**

A: 아내와 헤어진 후에 밥은 어때?
B: 마음 속 깊은 곳에서는 그녀를 그리워하는 것 같아.

날 만질 생각은 꿈도 꾸지마!

Don't you dare touch me!

함부로 말하는 상대방에게 경고하는 문장으로 Don't you dare+V하게 되면 "네 멋대로 …하지 마라"라는 뜻
이다. 단독으로 Don't you dare!(그러기만 해봐라)로 쓰이기도 한다. 또한 How dare you+V? 역시 "네가 감
히 어떻게 …할 수가 있어?"라는 패턴.

Screen Expressions

★ **Don't you dare+V** 네 멋대로 …하지 마라

Don't touch me. **Don't you dare** touch me!
만지지 마. 만질 생각은 꿈도 꾸지마!

★ **How dare you+V?** 어떻게 네가 감히 …할 수가 있어?

How dare you give me that look?
어떻게 나를 그런 식으로 쳐다볼 수가 있어?

How dare you invite strange men into my home!
어떻게 네가 감히 낯선 사람들을 우리 집에 초대할 수 있어!

이 표현이 나오는 영화_
<러브, 로지>, <어바웃타임>, <브리짓 존스의 일기>

Screen Conversation

A: **I saw you kissing that guy.**

B: **Don't you dare tell anyone about it!**

A: 너 저 남자하고 키스하는거 봤어.

B: 아무한테도 얘기하지마!

A: **You need to be quiet right now!**

B: **How dare you start yelling at me!**

A: 너 지금 당장 조용히 해야 돼!

B: 어떻게 네가 나에게 소리를 지를 수가 있어!

모든 여자들이 뭐를 원한다는거야?

What is it that all women want?

What is it that S+V?는 대부분의 경우 상대방에게 정보(more information)를 구하는 패턴으로 "…한 것은 뭐야?" 정도로 생각하면 된다. 또한 What is it about~?은 "…가 왜 중요해?," 혹은 "…가 무슨 상관이야?"라는 의미로 쓰인다.

Screen Expressions

★ **What is it about~?** …는 뭐야?

What is it about eating cereal for breakfast? 아침으로 시리얼을 먹는게 왜 중요해?

★ **What is it that S+V?** …가 뭔데?

What is it that you want me to say to you? 나보고 너한테 무슨 말을 하라는거야?

What is it that I do best? 내가 제일 잘하는게 뭐라는거야?

★ **What is it (that) you+V** 네가 …을 …하는거야?

What is it you've done? 너 무슨 짓을 저지른거야?

What is it you do? You girls? 아가씨들, 직업이 뭐예요?

이 표현이 나오는 영화_
<노팅힐>, <굿럭척>, <악마는 프라다를 입는다>

Screen Conversation

A: **Oh my God, that was so scary!**

B: **What is it that you saw out there?**

A: 맙소사, 정말 무서웠어!
B: 밖에서 네가 본게 뭔데?

A: **I think I'm in big trouble.**

B: **Oh no. What is it you've done?**

A: 나 아주 큰일 난 것 같아.
B: 아이고, 너 무슨 짓을 저지른거야?

너 오늘 도대체 왜 그래?

What is it with you today?

What is with~?는 어떤 사람이나 사물이 처해있는 상황을 물어볼 때 쓰는 표현으로 "…가 무슨 일이야?" 혹은 "…에게 무슨 일이야?"라는 뜻. 'it'을 삽입한 What is it with~? 역시 같은 의미이나 What's it with~?처럼 축약해서 쓰지는 않는다. 또한 What is up with~?라고 해도 된다.

Screen Expressions

★ **What is with sb[sth]?** …는 왜 그래?

  ▶ **What's up with not ~ing?** 왜 …하지 않은거야?

  What's with the pants? 바지가 왜 그래?

  What's with your hair? 머리가 왜 그래?

  What's up with not calling me back? 어떤 일로 내게 전화를 다시 하지 않은거야?

★ **What's with sb?** …는 왜 그래?

  You are acting strangely today. **What's with you?** 너 오늘 이상해. 무슨 일이야?

★ **What is it with sb[sth]?** …는 왜 그래?

  What is it with you and this dog? 너하고 이 개한테 무슨 일이야?

이 표현이 나오는 영화_
<이프온리>, <프로포즈>, <프렌즈 위드 베네핏>, <친구와 연인사이>

Screen Conversation

A: **I'm so sorry I wasn't at the restaurant.**

B: **What's up with not showing up for the date?**

A: 식당에 가지 못해서 정말 미안해.
B: 왜 데이트에 나오지 않은거야?

A: **What is it with your brother?**

B: **He's a little shy and doesn't talk much.**

A: 네 형은 왜 그래?
B: 좀 수줍어하고 말수가 적어.

커피한잔 하는게 어때?

What do you say to a cup of coffee?

"…하는게 어때?"라고 상대방에게 뭔가 제안할 때 사용하는 패턴. What do you say~ 다음에는 S+V, to ~ing 혹은 if S+V가 오기도 한다. 또한 What do you say,라고 한 템포 쉬었다가 제안내용을 말할 수도 있다. 비슷한 What would you say~?는 바로 다음 순서에서 살펴본다.

Screen Expressions

★ **What do you say to+명사?** …는 어때? …를 어떻게 생각해?
  What do you say to a cup of coffee? 커피한잔 하는게 어때?

★ **What do you say to ~ing?** …하는게 어때?
  What do you say to going for a drink tonight? 오늘밤 한잔 하러 가는거 어때?

★ **What do you say S+V?** …하는게 어때?
  ▶ What do you say, ~ ? …는 어때?
  What do you say I take you to dinner tonight? 오늘 밤 저녁먹으러 갈래?
  What do you say like, we officially start dating other people?
  우리 공식적으로 다른 사람들과 데이트하면 어떨까?

이 표현이 나오는 영화_
<미비포유>, <브리짓 존스의 베이비>, <첫키스만 50번째>

Screen Conversation

A: What do you say to **taking a walk on the beach?**

B: **Sure, it's a beautiful evening.**

A: 해변가 산책을 하는게 어때?
B: 좋아, 아름다운 저녁이야.

A: What do you say **we get a drink together?**

B: **Sounds good. Let's get going.**

A: 함께 한잔하는거 어때?
B: 좋지, 어서 가자.

내가 남는다면 어떻겠어?

What would you say if I stayed?

앞의 패턴에서 'do'가 'would'로 바뀐 경우. 역시 상대방 「의견」을 물어보는 것이지만 조금 현실성이 떨어지거나 조심스럽게 물어볼 때 사용한다. to+명사가 이어지나 if S+V가 주로 많이 쓰인다.

screen expressions

★ **What would you say to+명사?** …하는게 어떨까?
  What would you say to dinner tonight? 오늘 저녁 먹으면 어떻겠어?

★ **What would you say if S+V?** …한다면 어떨까?
  What would you say if he asked you to marry him?
  걔가 너한테 결혼하자고 한다면 어떻겠어?

★ **What would you say if I told you that S+V?**
  너에게 …라고 말한다면 어떨까?
  What would you say if I told you you didn't have to?
  내가 너한테 넌 그럴 필요가 없다고 말한다면 어떻겠어?

이 표현이 나오는 영화_
<첫키스만 50번째>, <노팅힐>

screen conversation

A: What would you say to **a trip to Italy?**

B: **I don't have the time or money for that.**

A: 이태리 여행을 하면 어떻겠어?
B: 그럴 시간도 돈도 없어.

A: **Joshua is always hanging around me.**

B: What would you say if **he asked you out?**

A: 조슈아는 항상 내 주변에서 놀아.
B: 걔가 데이트 신청을 하면 뭐라고 할거야?

바로 그래서 갠 나를 떠났지, 물론

Which is why she left me, of course

좀 생소하게 보일 수도 있으나 Which is why S+V는 "이것이 바로 …한 이유이다"라는 뜻으로 어떤 행동이나 상황에 대한 이유를 말하는 표현법. 의역하면 "바로 그래서 …해" 정도로 생각하면 된다. Which is why~가 가장 많이 쓰이지만 Which is what[when, where~] ~ 등도 사용된다.

Screen Expressions

★ **Which is what S+V** 그게 바로 …하는 것이야

Which is what happened with Betty. 그게 바로 베티에게 일어난 일이야.

★ **Which is when[where] S+V** 바로 그때[그곳에서] …해

Which is when the trouble started. 바로 그때에 문제가 발생했어.

★ **Which is why S+V** 바로 그래서 …하는거야

Which is why she left me, of course. 바로 그래서 갠 나를 떠났지, 물론.

She wants to keep it casual, **which is why** she's in my bed right now. 갠 별일 아닌 듯하고 싶어서 지금 내 침대에 있는거야.

이 표현이 나오는 영화_
<로맨틱홀리데이>, <노팅힐>, <어바웃타임>, <500일의 썸머>, <브리짓 존스의 베이비>

Screen Conversation

A: **Georgia suspected Vern was with other women.**

B: **Which is when she decided to break it off.**

A: 조지아는 번에게 다른 여자가 있다고 생각해.

B: 바로 그때 걔는 헤어지기로 결심했어.

A: **It's not easy to be married to someone.**

B: **Which is why I'll remain single.**

A: 누군가와 결혼하는 것은 쉽지 않아.

B: 바로 그래서 내가 싱글로 남으려는거야.

그건 네가 실수를 했다는거야

Which means you made a mistake

역시 Which~로 시작하는 패턴이지만 이번에는 Which~ 다음에 동사 mean이 오는 경우를 살펴본다. 단독으로 Which means S+V로 쓰이거나 혹은 S+V, which means S+V의 형태로 쓰이기도 한다. 우리말로는 "그건 …하다는거야," "이 말은 …라는거야" 등으로 이해하면 된다.

screen expressions

★ **Which means S+V** 그건 …하다는거야

Which means you made a mistake.
그건 네가 실수를 했다는거야.

Which means they won't come.
그건 걔네들이 오지 않을거란 말이야.

★ **S+V, which means S+V** 이 말은 …라는거야

I ate, **which means** I don't want a snack.
난 식사를 했어, 이 말은 난 스낵을 원치 않는다는거야.

She got upset, **which means** she left early.
걔는 화가 났어, 그래서 일찍 가버렸어.

이 표현이 나오는 영화_
<로맨틱홀리데이>, <노팅힐>, <악마는 프라다를 입는다>, <첫키스만 50번째>

screen conversation

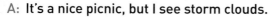

A: It's a nice picnic, but I see storm clouds.

B: **Which means** we can't stay here.

A: 멋진 피크닉이지만 먹구름이 보이네.
B: 그럼 여기 계속 있으면 안되지.

A: Were you able to find the engagement ring?

B: It's gone, **which means** we will buy another one.

A: 약혼식 반지를 찾았어?
B: 잃어버렸어, 이 말은 우리가 다른 하나를 살거란 말이지.

그렇다고 걔가 섹스가 형편없다는 얘기는 아냐

It doesn't mean she's bad in bed

mean을 연결고리로 삼아 이번에는 It[That] means~의 패턴을 살펴본다. It means ~ to sb (that S+V)의 형태로 쓰이거나 혹은 It means S+V 형태로 "그건 …을 뜻하는거야"라는 의미의 패턴을 만들어낸다. 앞서 얘기한 대화의 내용을 한마디로 정리하고 확인하는 문장이다.

Screen Expressions

★ **It[That] means ~ to sb (that S+V)** (…하는 것은) …에게 …해

It really means a lot to me that you're here.
네가 여기 있는 것은 내게는 정말 아주 큰 의미야.

★ **It[That] means S+V** 그건 …을 뜻하는거야

It means he likes you but he wants to take it slow.
그건 걔가 널 좋아하지만 진도를 천천히 나가고 싶어한다는거야.

★ **It[That] doesn't mean S+V** …한다는 뜻은 아냐

▶ Does this mean that S+V? 이건 …을 뜻하는거야?

It doesn't mean she's bad in bed. 그렇다고 걔가 섹스가 형편없다는 얘기는 아냐.

이 표현이 나오는 영화_
<라라랜드>, <악마는 프라다를 입는다>, <프로포즈>, <쉬즈더맨>, <노팅힐>, <러브액츄얼리>

Screen Conversation

A: **Your friends contacted you on Facebook, right?**

B: It means a lot to me that **they got in touch.**

A: 네 친구들이 페이스북에서 연락을 했다는거지, 맞지?
B: 걔네들이 연락을 취한 것은 내게는 의미가 커.

A: **I missed some of the answers on the exam.**

B: It doesn't mean **you failed.**

A: 시험에서 몇몇 문제의 답을 놓쳤어.
B: 그렇다고 네가 낙제한 것은 아냐.

여기서 제시카를 찾을 수 있다고 들었는데

I was told I could find Jessica here

I was told that은 단독으로 "누가 내게 그것을 말해줬어," 즉 "그렇게 들었어"라는 의미. 이를 응용해서 I was told that S+V라고 하면 "…라는 말을 들었다," 즉 "내가 듣기로는 …이다"라는 뜻이 된다. I've been told sth[that~] 역시 "…라고 들었어," "내가 듣기로는 …였어"라는 의미.

Screen Expressions

★ **I was told that S+V** …라고 들었어

I was told I could find Jessica here.
여기서 제시카를 찾을 수 있다고 들었는데.

★ **I've been told that S+V** …라고 들었어, 내가 듣기로는 …였어

I've been told that a famous person is coming here.
한 유명인사가 여기 온다고 들었어.

★ **I'm told S+V** …라고 들었어, 내가 듣기로는 …야

I'm told it was worth quite a lot of money.
그것의 가치가 돈으로 엄청나다고 들었어.

이 표현이 나오는 영화_
<라라랜드>, <미비포유>, <어바웃타임>

Screen Conversation

A: **Why are you asking about your brother?**

B: **I was told that he was here.**

A: 왜 네 형에 대해서 묻는거야?   B: 여기 있다고 얘기를 들었어.

스크린 명대사 _ 미비포유

"Please! listen. This tonight being with you is the most wonderful thing you could have ever done for me." -Will

내 말 들어요! 이렇게 함께 있는 이 밤이 당신이 내게 준 가장 멋진 선물이에요.

012

걘 나를 어떻게 할지 생각 중이야

He's trying to figure out what to do with me

figure out은 앞서 언급했지만 「…을 알아내려고 노력하다」라는 의미이다. 따라서 be trying to figure out~ 은 이를 강조하기 위한 어법으로 볼 수 있다. I'm just trying to figure out~의 형태로 몇 가지 패턴을 만들어 본다.

Screen Expressions

★ **I'm trying to figure out how to+V** …하는 방법을 알아내려고 하고 있어

I'm trying to figure out how to open the gates.
문을 어떻게 여는지 알아내려고 하고 있어.

★ **I'm trying to figure out why S+V** 왜 …인지 알아내려고 하고 있어

I'm just trying to figure out why you didn't tell me about them.
왜 네가 그것들에 대해 내게 말하지 않았는지 알아내려고 하고 있어.

★ **I'm just trying to understand why S+V**
왜 …인지 이해하려고 노력하고 있어

I'm just trying to understand why you don't like him.
왜 네가 걔를 싫어하는지 이해하려고 노력하고 있어.

이 표현이 나오는 영화_
<로맨틱홀리데이>, <악마는 프라다를 입는다>

Screen Conversation

A: **The students put a cake in the meeting room.**

B: I'm trying to figure out why **they brought it.**

A: 학생들이 회의실에 케이크를 갖다 놓았어.
B: 왜 그걸 가져왔는지 이유를 생각중이야.

A: **People say that Sterling lies a lot.**

B: I'm just trying to understand why **you believe him.**

A: 사람들이 그러는데 스털링이 거짓말을 많이 한대.
B: 난 왜 네가 걔를 믿는지 이유를 이해하려고 노력중이야.

엠마가 거짓말하고 있다는 느낌이 왜 들까?

Why do I get the feeling Emma is lying?

get the feeling은 앞서 나온 적이 있는 have a[the] feeling과 같은 의미로 「…라는 느낌이 들다」 「…인 것 같다」라는 표현이다. 이를 토대로 Why do I get the feeling that S+V?라고 쓰면 "왜 난 …라는 생각이 들까?," Do you ever get the feeling S+V?는 "…라는 느낌이 들어본 적이 있어?"가 된다.

Screen Expressions

★ **I get the feeling S+V** …하는 것 같아

I started to **get the feeling that** my secretary's coming on to me.
내 비서가 날 유혹한다는 느낌이 들기 시작했어.

★ **Do[Did] you ever get the feeling S+V?**
…라는 느낌이 들어본 적이 있어?

Do you ever get the feeling it won't work?
그게 먹히지 않을거라는 느낌이 들어본 적이 있어?

★ **Why do I get the feeling S+V?** 왜 난 …라는 느낌이 들까?

Why do I get the feeling you don't do this very often?
넌 자주 이러지 않는다는 느낌이 난 왜 들까?

이 표현이 나오는 영화_
<프렌즈 위드 베네핏>, <쉬즈더맨>

Screen Conversation

A: **No one has seen Denise.**

B: **I get the feeling she was here.**

A: 아무도 데니즈를 못봤어.
B: 여기 오지 않은 것 같아.

A: **Trust me, I have always been honest with you.**

B: **Why do I get the feeling you're lying?**

A: 내 말 믿어. 난 항상 너에게 솔직했어.
B: 왜 네가 거짓말하고 있다는 느낌이 들까?

그건 얘기하지 않는게 낫겠어

I'd rather not talk about it

두 개중 선택할 때 쓰는 표현으로 "…하는 게 낫지," "차라리 …할래"라는 의미. I'd(would) rather~ 다음에 바로 동사원형을 붙이면 되고 반대로 "차라리 …하지 않을래"라고 하려면 I'd rather not+V를 쓰면 된다.

Screen Expressions

★ **I'd rather+V** 차라리 …할래 ▶ I'd rather sb+V …가 하면 좋겠어

I'd rather stay here and listen to you sing.
차라리 여기 남아서 네가 노래하는 것을 들을래.

★ **I'd rather not+V** …하지 않는게 낫겠어

Tony, **I'd rather not** talk about it.
토니, 그건 얘기하지 않는게 낫겠어.

★ **I'd rather+V A than B** B하기 보다는 차라리 A를 …하겠어

It just means he **would rather** sleep with a hooker **than** me.
걘 나와 자느니 차라리 창녀하고 자겠다는걸 의미해.

이 표현이 나오는 영화_
<미비포유>, <브리짓 존스의 베이비>, <이프온리>, <왓이프>, <브리짓 존스의 일기>, <악마는 프라다를 입는다>

Screen Conversation

A: Throw away that phone and get a new one.

B: **I'd rather** have it repaired.

A: 그 핸드폰 버리고 새로 하나 사.
B: 차라리 수리해서 쓸래.

A: Was your blind date romantic?

B: **I'd rather not** discuss it.

A: 네 소개팅 낭만적이었어?
B: 얘기하지 않는게 낫겠어.

내가 그걸 할 수 있을거라 생각못했어!

I never thought I'd be able to do that!

전혀 예상하지 못한 일이 발생했을 경우에 사용하는 표현으로 I never thought of[about]~, I never thought S+V 혹은 좀 어렵겠지만 I never thought I'd say this (to you), but S+V(이런 말하게 될 줄 전혀 몰랐지만, …해)의 패턴을 확인해보자.

Screen Expressions

★ **I never thought of[about]~** …에 대해서는 전혀 생각안해봤어

I never thought anything like that. 난 절대로 그와 같은 것은 생각도 안해봤어.

★ **I never thought S+V** …하리라고 전혀 생각못했어, 전혀 …라 생각못했어

I never thought I'd be able to do that!
내가 그걸 할 수 있을거라 생각못했어!

★ **I never thought I'd say this (to you), but S+V**
이런 말하게 될 줄 전혀 몰랐지만 …해

I never thought I'd say this, but I've fallen in love.
내가 이런 말할 줄 몰랐지만, 나 사랑에 빠졌어.

이 표현이 나오는 영화_
<라라랜드>, <악마는 프라다를 입는다>, <로맨틱홀리데이>

Screen Conversation

A: Sorry to hear that Cindy broke up with you.

B: I never thought **she'd leave me.**

A: 신디가 너와 헤어졌다니 안됐어.
B: 걔가 나를 떠나리라고는 생각도 못했어.

A: Vicky was loud and pissed off a lot of people.

B: I never thought I'd say this, but **I miss her.**

A: 비키는 시끄럽고 많은 사람들을 화나게 했어.
B: 이런 말하게 될 줄 전혀 몰랐지만, 걔가 그립네.

이걸로 서로 맘이 상하지 않았으면 해

Don't let this come between you

영어식 사고방식이 많이 요구되는 패턴. Don't let~의 형태는 "…하지 않도록 하라"는 것으로 Don't let sb+V 처럼 let 다음에 sb가 오는 경우와 Don't let sth+V처럼 sth, 다시 말해서 this나 it 등이 오는 경우를 각각 살펴본다.

Screen Expressions

★ Don't let sb+V …가 …하지 못하도록 해

   Don't let her take Chris. 걔한테 크리스를 뺏기지마.

   Don't let your soul mate slip away. 네 천생연분이 떠나가지 못하도록 해.

★ Don't let sb see~ …가 …을 보지 못하도록 해

   Don't let them see you talking to me. 네가 나하고 얘기하는거 걔네들이 모르게 해.

★ Don't let this[it]+V …가 …하지 못하도록 해

   Don't let this come between you. 이걸로 서로 맘이 상하지 않았으면 해.

   Don't let it happen again. 다시는 그런 일이 없도록 해.

이 표현이 나오는 영화_
<프로포즈>, <악마는 프라다를 입는다>, <왓이프>, <첫키스만 50번째>, <쉬즈더맨>

Screen Conversation

A: **Brian has threatened to punch me.**

B: **Don't let him bully you.**

A: 브라이언이 나를 때리겠다고 협박했어.
B: 걔가 널 괴롭히지 못하게 해.

A: **My boyfriend still remembers his ex.**

B: **Don't let this come between you.**

A: 내 남친이 아직도 옛 여친을 잊지 못해.
B: 이 때문에 너희들에게 문제가 생기지 않도록 해.

걔가 왜 나랑 헤어졌는지 모르겠어

I wonder why she broke up with me

정말 몰라서 「…가 궁금하다」, 「…을 모르겠다」라고 할 때는 wonder를 써서 I wonder wh~[if~] S+V의 형태로 쓰면 된다. 빈출 패턴으로 좀 자세히 세분해서 정리해보기로 한다. 먼저 I wonder~가 what, when, why와 어울리는 경우를 살펴본다. 시제는 I wonder~, I'm wondering~ I wondered~ 처럼 다양하게 쓸 수 있다.

Screen Expressions

★ **I wonder what S+V** …를 모르겠어, …가 궁금해

   I wonder what will happen. 어떻게 될지 궁금하군.

★ **I wonder where[when] S+V** …를 모르겠어, …가 궁금해

   I wonder where she is. 그녀가 어디 있는 건지 모르겠어.

   I was wondering when she'd show up. 걔가 나타날지 궁금했어.

★ **I wonder why S+V** 왜 …인지 모르겠어, 궁금해

   I wonder why she broke up with me. 걔가 왜 나랑 헤어졌는지 모르겠어.

   I was just wondering why you're here. 왜 네가 여기 있는지 생각해봤어.

이 표현이 나오는 영화_
<로맨틱홀리데이>, <첫키스만 50번째>, <악마는 프라다를 입는다>

Screen Conversation

A: **The relationship is a mess. They're both unhappy.**

B: I wonder what **will happen next.**

A: 걔네들 사이가 엉망이야. 둘 다 불행해.
B: 어떻게 될지 궁금하군.

A: **She told me she has no friends.**

B: I wonder why **she said that.**

A: 걘 자기에게 친구가 없다고 말했어.
B: 왜 그런 말을 했는지 궁금하네.

LEVEL 03

018

혹 누구와 데이트하고 있는지 궁금했어

I wondered if you were dating anyone

I wonder~와 가장 잘 어울리는 if와 whether가 합쳐져서 만드는 패턴이다. 역시 I wonder if[whether]~ 뿐만 아니라 I wondered~ I'm wondering~ I was wondering~ 등 시제는 다양하게 변화하면서 사용할 수 있다.

Screen Expressions

★ **I wonder if[whether] S+V** …인지 모르겠네

   I wonder if she had a good time. 걔가 즐겁게 보냈는지 모르겠네.

★ **I wondered if[whether] S+V** …를 모르겠어, …가 궁금해

   I wondered if you were dating anyone.
   혹 누구와 데이트하고 있는지 궁금했어.

★ **I'm[I was] wondering if S+V** 왜 …인지 모르겠어, 궁금해

   I was wondering if you're free Friday. 금요일에 네가 시간있는지 궁금했어.
   I'm wondering if your house is available this Christmas.
   이번 크리스마스 때 집을 이용할 수 있는지 몰라서요.

이 표현이 나오는 영화_
<로맨틱홀리데이>, <왓이프>, <악마는 프라다를 입는다>, <미비포유>, <노팅힐>, <이프온리>

Screen Conversation

A: **It's been a few years since we've seen Bonnie.**

B: I wonder if **she thinks of me.**

A: 보니를 본지 몇 년 지난 것 같아.
B: 걔가 내 생각을 하는지 모르겠네.

A: **I was wondering if you're free on Friday.**

B: **I have to work, but will be free at night.**

A: 네가 금요일에 시간이 되는지 궁금했어.
B: 일해야 하지만 저녁에는 시간이 돼.

LEVEL 03

019

개네들이 살아있는지 궁금해지기 시작해
I'm beginning to wonder if they survived

이번에도 「궁금하다」는 의미의 패턴은 같지만 I wonder~나 I wondered~ 혹은 I was wondering~처럼 정해진 스타일이 아니라 다양하게 변형돼서 쓰이는 경우이다. 먼저 「주어+조동사」를 생략한 채 쓰이는 Wonder if S+V의 형태부터 알아보기로 한다.

Screen Expressions

★ **Wonder if S+V** …인지 모르겠네

Wonder if he's trying to tell you something with that.
개가 그에 관해 뭔가 너에게 말하려고 하는지 모르겠어.

★ **I found myself wondering if S+V** 난 …을 궁금해하고 있었어

I found myself wondering if the phone was broken.
핸드폰이 망가졌는지 궁금해하고 있었어.

★ **I'm beginning to wonder if S+V** …인지 궁금해지기 시작해

I'm beginning to wonder if they survived.
개네들이 살아있는지 궁금해지기 시작해.

이 표현이 나오는 영화_
<악마는 프라다를 입는다>, <로맨틱홀리데이>

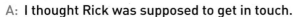

Screen Conversation

A: I thought Rick was supposed to get in touch.

B: I found myself wondering if **he would call.**

A: 난 릭이 연락을 취할거라고 생각하고 있었어.
B: 개가 전화를 할지 궁금해하고 있었어.

A: Your mom has been busy this month.

B: I'm beginning to wonder if **she will visit.**

A: 네 엄마는 이번달에 바쁘시네.
B: 방문하실지 궁금해지기 시작하네.

팀을 픽업해줄래요?

I was wondering if you could pick Tim up

wonder의 마지막 시간으로 if S+V절에 could나 might 등이 오게 되면 몰라서 궁금하다는 말이 아니라 상대 방에게 공손하게 「허락」을 구하는 패턴이 된다. 물론 앞의 시제는 I wonder if~, I wondered if~ 등이 올 수도 있지만 가장 많이 쓰이는 형태는 I was wondering if S+could[would, might]~이다.

Screen Expressions

★ **I wonder if S+V[could~]** …해도 될까(요)?

I wonder whether you might give us a second. 잠깐 시간 좀 줄래요?

★ **I wondered if S+V[could~]** …해도 될까(요)?

I just wondered if you might come and have a bite to eat with me

instead? 대신에 네가 와서 함께 간단히 식사할 수 있을까?

★ **I was wondering if S+V[could~]** …해도 될까(요)?

▶ I was wondering if you could~ …해 줄래(요)?

I was just wondering if, um- if I could take you out tonight.
오늘밤 데이트 가능한가요?

이 표현이 나오는 영화_
<노트북>, <악마는 프라다를 입는다>, <굿럭척>, <노팅힐>, <이프온리>, <어바웃타임>, <브리짓 존스의 베이비>,
<러브액츄얼리>, <미비포유>

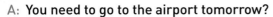

Screen Conversation

A: **You need to go to the airport tomorrow?**

B: I just wondered if you could **take me there.**

A: 너 내일 공항에 가야 돼?
B: 네가 나 좀 데려다줄래?

A: **I was wondering if you could pick Chris up.**

B: **Where is he right now?**

A: 크리스를 데리러 가줄 수 있니?
B: 걔가 지금 어디 있는데?

LEVEL 03

021

너무 늦었다니, 그게 무슨 말이야?

What do you mean, too late?

앞서 배운 mean에 대해서 한걸음 더 들어가보자. "내가 말하려는 의도는 …이다"라는 뜻의 I'm meaning S+V, What I mean is S+V를 살펴본 다음 잘 알려진 What do you mean~? 패턴을 정리해본다.

Screen Expressions

★ **I'm meaning S+V** 내 말은 …라는거야

I'm meaning the storm flooded the roadway.
내 말은 폭풍으로 도로가 침수됐다는거야.

★ **What I mean is S+V** 내 말은 …라는거야

What I mean is, there is at least a fifty per cent chance.
내 말은 적어도 50%의 가능성이 있다는거예요.

★ **What do you mean,~?** …하다니 그게 무슨 말이야?

What do you mean, too late? 너무 늦었다니, 그게 무슨 말이야?

What do you mean you got fired? 네가 잘렸다니 그게 무슨 말이야?

이 표현이 나오는 영화_
<러브액츄얼리>, <브리짓 존스의 베이비>, <악마는 프라다를 입는다>

Screen Conversation

A: So he didn't treat you very nicely?

B: **I'm meaning** he told me to leave.

A: 그래 걔가 너를 좋게 대하지 않았다는거지?
B: 내 말은 걔가 나보고 가라고 했다는거야.

A: It's not good to wear a dress that is too revealing.

B: **What do you mean, too revealing?**

A: 너무 노출이 심한 드레스는 입지 않는게 좋겠어.
B: 노출이 심하다니, 그게 무슨 뜻이야?

 280 스크린영어 대표패턴 2000

그걸 보지 말았어야 했는데!

I wish I hadn't seen that!

I wish I had[was, could]~, 즉 I wish~ 다음에 과거동사가 와서 현재사실과 반대되는 희망을 봤다면 이번에는 「과거에 이루지 못한 소망」을 말할 때 쓰는 I wish I had+pp의 패턴을 알아본다. 과거에 "…였더라면 좋았을텐데"라는 뜻이다.

Screen Expressions

★ **I wish I had+pp** …였더라면 좋았을텐데

I wish I had been married to you.
너와 결혼했더라면 좋았을텐데.

★ **I wish I hadn't+pp** …안했더라면 좋았을텐데

I wish he hadn't asked me out on a date.
걔가 데이트 신청 안했으면 좋았을텐데.

★ **I wish I had never+pp** …안했더라면 좋았을텐데

I wish I had never met you. 널 안 만났더라면 좋았을텐데.
I wish I had never started. 시작을 안했더라면 좋았을텐데.

이 표현이 나오는 영화_
<미비포유>, <노팅힐>, <첫키스만 50번째>, <러브액츄얼리>, <굿럭척>

Screen Conversation

A: **I hated your husband. He was an asshole.**

B: **I wish I had been married to you instead.**

A: 난 네 남편을 싫어했어. 한심한 놈였어.
B: 대신 너와 결혼했었더라면 좋았을텐데.

A: **You regret the time we spent together?**

B: **I wish I had never met you.**

A: 우리가 함께 보낸 시간을 후회해?
B: 널 안 만났더라면 좋았을텐데.

뭐가 균형잡힌거라고 누가 말할 수 있겠어?

Who's to say what regular is?

Who's to say S+V?는 "누가 …라고 할 수 있겠어?"라는 뜻으로 다시 말해 "아무도 …을 모른다"라는 의미의 패턴이다. 참고로 Who can say S+V?는 "누가 …라고 할 수 있겠어?," 역시 "아무도 …을 모른다"라는 의미이고, Who says S+V?는 반대의견을 말하면서 "누가 …라고 해?"라는 뜻이다.

Screen Expressions

★ **Who's to say S+V?** 누가 …라고 할 수 있겠어?

Who's to say what regular is? 뭐가 균형잡힌거라고 누가 말할 수 있겠어?

Who's to say you were right? 네가 옳았다고 누가 말할 수 있겠어?

★ **Who can say S+V?** 누가 …라고 할 수 있겠어?

Who can say why people do what they do?
사람들이 무엇을 왜 하는지 누가 알겠어?

★ **Who says S+V?** 누가 …라고 해?

Who says I can't handle it?
내가 그걸 처리 못한다고 누가 그래?

이 표현이 나오는 영화_
<프렌즈 위드 베네핏>

Screen Conversation

A: I think those people saw us kissing.

B: Who's to say they saw anything?

A: 저 사람들이 우리가 키스하는 것을 본 것 같아.
B: 걔네들이 뭘봤다고 누가 그러겠어?

A: That idea has been criticized by some.

B: Who can say the idea was bad?

A: 그 생각은 일부 사람들로부터 비난을 받았어.
B: 그 생각이 안 좋다고 누가 말할 수 있겠어?

내가 말하고 싶은 건 내가 임신했다는거야

What I'd like to say is I'm pregnant

What I'm saying S+V은 "내 말은 …하다는거야"라는 말로 내가 말하고자 하는 내용을 강조하는 패턴이다. What I'd like to say is S+V라고 해도 되며 혹은 try to를 접목시켜서 What I'm trying to say is S+V라고 해도 된다.

Screen Expressions

★ **What I'm saying is S+V** 내 말은 …하다는거야

What I'm saying is Kate likes you.
내 말은 케이트가 널 좋아한다는거야.

★ **What I'd like to say is S+V** 내 말은 …하다는거야

What I'd like to say is that I'm pregnant.
내가 말하고 싶은 건 내가 임신했다는거야.

★ **What I'm trying to say is S+V** 내가 말하려는 건 …야

What I'm trying to say is that he's rich.
내가 하려는 말은 걔가 부자라는거야.

이 표현이 나오는 영화_
<노트북>, <로맨틱홀리데이>, <브리짓 존스의 일기>

Screen Conversation

A: **You weren't able to understand what I said?**

B: What I'm saying is **I couldn't hear you.**

A: 내가 한 말을 이해못했어?
B: 내 말은 네 말을 못들었다는 말이야.

A: **How long will you be away from work?**

B: What I'm trying to say is **I quit.**

A: 얼마나 휴가를 가려고?
B: 내가 말하려는 건 그만둔다는 얘기야.

네가 나한테 야한 말을 할 때가 좋아

I love it when you talk dirty to me

S+V, when S+V는 "…할 때는 …하다"라는 패턴으로 when 앞에는 다양한 표현이 올 수 있지만, 여기서는
They always do that when~, They didn't like it when~ 그리고 I get nervous when~ 등 세가지만 알아
보기로 한다.

Screen Expressions

★ **They always do that when S+V** 걔네들은 …할 때면 항상 그러더라
They always do that when they come here. 걔네들 여기 오면 항상 그러더라.

★ **They didn't like it when S+V** 걔네들은 …할 때를 좋아하지 않았어
▶ I love it when~ …할 때 좋아해
I love it when you talk dirty to me. 네가 나한테 야한 말을 할 때가 좋아.
I don't like it when people hurt my friends.
사람들이 내 친구들 맘을 아프게 할 때 싫어.

★ **I get nervous when S+V** …할 때는 긴장돼
I get nervous when he gets angry. 걔가 화를 내면 난 긴장돼.

이 표현이 나오는 영화_
<노팅힐>, <미비포유>

Screen Conversation

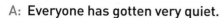

A: **Everyone has gotten very quiet.**

B: They always do that when **they are scared.**

A: 다들 아주 조용해졌어.
B: 걔네들은 무서우면 항상 그러더라.

A: **Yeah baby, show me all of your body.**

B: I love it when **you talk dirty to me.**

A: 그래 자기야, 네 몸 전체를 보여줘.
B: 난 네가 야한 얘기를 할 때 좋더라.

내가 하려는 말을 잊었어

I forgot what I was going to say

forget 다음에 절이 오는 경우로 I forgot what S+V, "…하는 것이 어떤 것인지 잊었어"라는 I forgot what it was like to+V, 그리고 be 동사를 feel로 바꾼 I forgot what it felt like to+V를 알아본다.

Screen Expressions

★ **I forgot what S+V** …을 잊었어

I forgot what I was going to say.
내가 하려는 말을 잊었어.

★ **I forgot what it was like to+V** …하는 것이 어떤 것인지 잊었어

I forgot what it was like to have sex with a girl.
여자랑 섹스하는게 어떤 것인지 잊었어.

★ **I forgot what it felt like to+V** …하는 것이 어떤 느낌인지 잊었어

I forgot what it felt like to sleep late into the afternoon.
오후 늦게까지 자는게 어떤 느낌인지 잊었어.

이 표현이 나오는 영화_
<프로포즈>, <500일의 썸머>, <악마는 프라다를 입는다>, <프로포즈>

Screen Conversation

A: **Why are you asking for instructions?**

B: I forgot what **we were supposed to do.**

A: 왜 지시사항들을 물어보는거야?
B: 우리가 뭘 해야 하는지 잊어버렸어.

A: **You looked so happy after you went out with Wendy.**

B: I forgot what it was like to **kiss her.**

A: 넌 웬디와 데이트하고 나면 기분이 무척 좋아보였어.
B: 걔한테 키스하는게 어떤 것인지 잊어버렸네.

LEVEL 03

027

우리가 하는거라고는 다투는 것뿐이야

All we do is argue

All I can do is+V는 "내가 할 수 있는거라고는 …뿐이야," All we can do is+V는 "우리가 할 수 있는거라고는 …뿐이야," 그리고 All we do is+V는 "우리가 하는거라고는 …뿐이야"라는 의미의 패턴이다. ~is~ 다음에 동사원형이 온다는 점에 유의한다.

screen Expressions

★ **All I can do is+V** 내가 할 수 있는거라고는 …뿐이야

All I can do is tell him to go home.
내가 할 수 있는거라고는 걔보고 집에 가라고 말하는 것뿐이야.

★ **All we can do is+V** 우리가 할 수 있는거라고는 …뿐이야
▶ All we can do is do our best to+V 우리가 할 수 있는거라고는 최선을 다해 …하는 것이야

All we can do is to wait and hope for the best.
우리가 할 수 있는 일은 기다리면서 잘 되기를 바라는거야.

★ **All we do is+V** 우리가 하는거라고는 …뿐이야

All we do now is we e-mail. 우리가 지금 하는거라고는 이멜을 주고 받는거야.

이 표현이 나오는 영화_
<500일의 썸머>, <프렌즈 위드 베네핏>, <로맨틱홀리데이>, <어바웃타임>

screen conversation

A: A lot of people complain and are pessimistic.

B: All we can do is do our best to be happy.

A: 많은 사람들이 불평을 하고 비관적으로 생각해.
B: 우리가 할 수 있는거라고는 최선을 다해 행복해지는거야.

A: Try a little harder. You can make your marriage work.

B: It's no good. All we do is argue.

A: 좀 더 열심히 해봐. 넌 네 결혼생활을 잘 돌아가게끔 할 수 있어.
B: 소용없어. 우리가 하는거라고는 다투는 것 뿐이야.

내가 원했던 것은 너와 섹스를 하는거였어

All I wanted was to have sex with you

이번에는 앞의 경우에서 do 대신에 want를 쓴 경우. All I want is+명사, All I want is to+V 혹은 All I want for sb is to+V는 모두 다 나의 「강한 희망사항」을 말하는 패턴이다. 과거형으로는 All I wanted was to+V나 All I wanted to do was+V가 주로 쓰인다. 동사 앞에 'to'가 있고 없음에 주목한다.

Screen Expressions

★ **All I want is (for sb) to+V** 내가 원하는 것은 …하는거야

All I want is to be loved by you. 내가 원하는 것은 너의 사랑을 받는게 전부야.

All I want is for this to be over. 이게 끝나기를 바랄 뿐이야.

★ **All I wanted was to+V** 내가 원했던 것은 …하는거였어

All I wanted was to have sex with you. 내가 원했던 것은 너와 섹스를 하는거였어.

★ **All I wanted to do was+V** 내가 하고자 했던 것은 …하는거였어

  ▶ All I want to do is+V 내가 하고 싶은건 …뿐이야

All I wanted to do was make her happy.

내가 바랬던 것은 오직 걔를 행복하게 해주는거였어.

이 표현이 나오는 영화_
<러브액츄얼리>, <프렌즈 위드 베네핏>

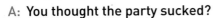

Screen Conversation

A: **You thought the party sucked?**

B: **All I wanted was to go home.**

A: 파티가 엉망이었다고 생각했어?
B: 내가 원했던 것은 집에 가는거였어.

A: **We were both so tired this morning.**

B: **All I wanted to do was get some coffee.**

A: 오늘 아침 우리 둘 다 엄청 피곤했어.
B: 내가 하고자 했던 것은 단지 커피 좀 먹는거였어.

네 성생활은 알바야나

I couldn't care less about your sex life

I don't care~로 상관하지 않는다는 것을 말한 적이 있다. 이번에는 조동사 wouldn't~를 써서 "…한다고 해도 난 상관하지 않을거야"라는 의미의 패턴을 만들어본다. 또한 I couldn't care less about[if~]는 「부정+비교급」의 형태로 「상관하지 않음」을 강조하는 패턴이 된다.

Screen Expressions

★ **I wouldn't care about sb ~ing** …가 …을 해도 난 알바야나

I wouldn't care about you tumbling into some mess with a girl.
네가 여자와 지저분한 일에 휘말려도 난 알바야나.

★ **I wouldn't care if S+V** …한다고 해도 난 신경안쓸거야

I wouldn't care if he dropped dead. 걔가 갑자기 죽어도 난 신경안쓸거야.

★ **I couldn't care less about[if S+V]** …은 알게 뭐람

I could not care less about your sex life.
네 성생활은 알바야나.

I couldn't care less if you leave me. 네가 날 떠나도 상관없어.

이 표현이 나오는 영화_
<왓이프>, <악마는 프라다를 입는다>

Screen Conversation

A: **Would it be a problem if my friend slept over?**

B: I wouldn't care about **her staying here.**

A: 내 친구가 자고 간다면 문제가 될까?
B: 난 걔가 여기 남아 있어도 상관안할거야.

A: **Your boss is looking very unhappy.**

B: I couldn't care less if **he got upset.**

A: 네 사장 기분이 무척 안좋아보여.
B: 사장이 화났어도 내 알바야나.

난 저녁에 일이 잘되는 편이야
I tend to work better at night

tend to+V는 「…하는 경향이 있다」, 「…하기 쉽다」라는 숙어로 이를 활용하여 I tend to+V하면 "난 …하는 편이야," I find I tend to+V하면 "…하는 경향이 있어," 그리고 They tend to make sb+형용사 하게 되면 "걔네들은 …을 …하게 하는 경향이 있어"라는 패턴이 된다.

Screen Expressions

★ **I tend to+V** …하기 쉽다, …하는 편이야 ▶ **I tend not to+V** …하지 않는 경향이 있어

I tend to work better at night.
난 저녁에 일이 잘되는 편이야.

★ **I find I tend to+V** 내게는 …하는 경향이 있어

I find I tend to hurt women simply by being myself.
난 단지 이기적으로 굴어서 여자들에게 상처를 주는 경향이 있어.

★ **They tend to make sb+형용사** 걔네들은 …을 …하게 만드는 경향이 있어

They tend to make me nervous.
걔네들은 나를 긴장하게 하는 경향이 있어.

이 표현이 나오는 영화_
<미비포유>, <로맨틱홀리데이>

Screen Conversation

A: **All they do is talk about their problems.**

B: I find I tend to **understand why they're angry.**

A: 걔네들이 하는거라고는 자신들의 문제를 얘기하는거야.
B: 난 왜 걔네들이 화가 났는지 이해하려는 편이야.

A: **You shouldn't invite those idiots.**

B: They tend to **make people upset.**

A: 넌 저런 바보 같은 놈들은 초대하면 안돼.
B: 걔네들은 사람들을 화나게 하는 경향이 있어.

힘든 부분은 내가 원하는 것을 찾는거야

The hard part is finding what I want

스크린이나 미드에서는 part 앞에 형용사를 붙여 다양한 패턴을 만들어낸다. 먼저, 가장 최악은 The worst part ~, 어려운 일은 The hard part~, 그리고 The good part~는 좋은 부분, The best part는 가장 좋은 부분을 말한다. 각각 ~is ~ing, ~is that S+V를 붙이면 된다.

Screen Expressions

★ **The best part is that S+V** 가장 좋은 부분은 …이야
  ▶ The best part is ~ing 가장 좋은 부분은 …하는거야
  The best part is that you already know everything about her!
  가장 좋은 점은 네가 걔에 대해서 이미 다 알고 있다는거야!

★ **The worst part is that S+V** 최악은 …이야
  The worst part is I'm starting to get used to it.
  최악인 것은 내가 그거에 익숙해지기 시작한다는거야.

★ **The hard part is that S+V** 어려운 부분은 …야
  The hard part is finding what I want. 힘든 부분은 내가 원하는 것을 찾는거야.

이 표현이 나오는 영화_
<왓이프>, <이프온리>

Screen Conversation

A: **They shipped a replacement phone to me.**

B: The best part is that **you get it for free.**

A: 내게 대체 핸드폰이 발송됐어.
B: 가장 좋은 점은 공짜로 그것을 받는다는거야.

A: **It's a nice place, but the hotel is terrible.**

B: The worst part is **staying here for a week.**

A: 멋진 곳인데 호텔은 엉망이야.
B: 가장 최악은 일주일간 여기에 머문다는거야.

음식 좀 가져가려고 생각했어

I'd just thought I'd bring some food

I though S+V, I thought I told you~ 등의 패턴은 앞서 다 배웠다. 이제는 I thought~를 이용한 응용패턴으로 먼저 I just thought I'd+V, I thought I might be fun if S+V, 그리고 I thought the best thing is to+V 등의 패턴들을 확인해보자.

Screen Expressions

★ **I just thought I'd+V** 난 …할 줄 알았어
  ▶ **One thought I had was~** 내가 가졌던 생각은 …였어

  I thought I'd come by and scare the shit out of you.
  난 잠깐 들러서 널 깜짝 놀래켜줄 생각을 했어.

★ **I thought it might be fun if S+V** …한다면 재미있을 수도 있겠다 생각했어

  I thought it might be fun if we made snacks.
  우리가 스낵을 만든다면 재미있을 수도 있겠다 생각했어.

★ **I thought the best thing is to+V** 가장 좋은 것은 …하는 것이라 생각했어

  I thought best thing is to find a book about speeches.
  가장 좋은 것은 연설관련 책자를 찾는거라 생각했어.

이 표현이 나오는 영화_
<어바웃타임>, <러브액츄얼리>, <브리짓 존스의 일기>, <악마는 프라다를 입는다>

Screen Conversation

A: **Are you taking anything to the picnic?**

B: I just thought I'd **bring some food.**

A: 피크닉에 뭐 가져갈거야?
B: 음식 좀 가져가려고 생각했어.

A: **What did you do about the guy who was bothering you?**

B: I thought the best thing to try was **ignoring him.**

A: 너 괴롭히는 자식 어떻게 했어?
B: 최선은 걔를 무시하는거라고 생각했어.

내가 너를 믿지 못했던 때가 있었어

There were times when I didn't believe you

시간에 관한 패턴. There have been times when S+V는 "…할 때가 있었다," There's gonna be a time when S+V는 "…할 때가 있을거야," 그리고 There comes a time when S+V는 "…할 때가 오다," Now is the time when S+V는 "…할 때가 되었다"라는 의미.

Screen Expressions

★ **There have been times when S+V** …할 때가 있었어
  ▶ There's gonna be a time when S+V …할 때가 있을거야
  There were times when I didn't believe you. 너를 믿지 못했던 때가 있었어.

★ **There comes a time when S+V** …할 때가 올거야
  ▶ There never comes a time S+V …할 때는 결코 없을거야
  There never comes a time when things get so tough.
  일이 이렇게 어려워진 때는 결코 없었어.

★ **Now is the time when S+V** …할 때가 되었어, 지금이 …할 때야
  Now is the time when I'm supposed to pay her back. 걔한테 되갚아줘야 할 때야.

이 표현이 나오는 영화_
<미비포유>, <쉬즈더맨>

Screen Conversation

A: I don't like him. He treats everyone like garbage.

B: There's gonna be a time when **he feels sorry.**

A: 난 걔가 싫어. 사람들을 쓰레기 취급해.
B: 미안하다고 느낄 때가 있을거야.

A: Should I keep my condo or sell it?

B: Now is the time when **you should sell it.**

A: 내 콘도를 계속 가지고 있어야 할까 아니면 팔아야 될까?
B: 지금이 팔아야 할 때야.

내가 걔를 사랑하지 않아서는 아닌데

It's not that I don't love her

뭔가「부정」할 때 사용하는 표현. 단독으로 It's not that하면 "그런 게 아냐," 뒤에 형용사를 붙이면 "그 정도로 …하지(that+형용사) 않아"라는 의미. 그리고 It's not (that) S+V하면 "…한 게 아니다"라고 상대방의 생각을 바로 잡아주려 할 때 사용하면 된다.

Screen Expressions

★ **It's not that**+형용사 그 정도로 …한게 아니야

Calm down. **It's not that** bad.
진정해. 그리 나쁘지 않아.

★ **It's not that** S+V …한게 아니야

It's not that I don't wanna have sex with men.
내가 남자들하고 섹스를 원치 않는 것은 아니야.

★ **Not that** S+V …한게 아니야

Not that there's anything wrong with that.
그거에 잘못된게 없다는 것은 아냐.

이 표현이 나오는 영화_
<로맨틱홀리데이>, <이터널선샤인>

Screen Conversation

A: **My mom is always yelling at me.**

B: It's not that **she is unkind, she's just strict.**

A: 엄마는 늘상 내게 소리를 질러대.
B: 엄마가 못돼서 그런게 아니라 엄격하셔서 그래.

A: **He refuses to let us take the car.**

B: Not that **anyone uses it.**

A: 걔는 우리가 차를 가져가지 못하게 했어.
B: 아무나 그걸 이용할 수 있는게 아냐.

개가 생존한 사실이 믿기지 않아

The fact she survived is beyond me

The fact that S+V가 주어가 되는 패턴들이다. 먼저 The fact that S+V is proof that S+V는 "…하다는 사실은 …의 증거이다," The fact that S+V makes me think S+V는 "…하다는 사실은 …을 생각하게 해," 그리고 The fact that S+V is beyond sb하게 되면 "…하는 사실은 내가 이해할 수가 없다"라는 말이 된다.

Screen Expressions

★ **The fact that S+V is proof that S+V** …하다는 사실은 …의 증거야

The fact that we kept having sex is proof that it didn't mean anything. 우리가 계속 섹스를 하는 것은 그게 별 의미를 갖지 않는다는 증거야.

★ **The fact that S+V makes me think S+V**
…하다는 사실은 …을 생각하게 해

The fact that you're harping on it makes me think you might be.
네가 그거에 대해 계속 얘기를 하니까 네가 그럴 지도 모른다는 생각이 들어.

★ **The fact that S+V is beyond sb** …하는 사실은 내가 이해할 수가 없어
The fact she survived is beyond me. 개가 생존한 사실이 믿기지 않아.

이 표현이 나오는 영화_
<프렌즈 위드 베네핏>, <굿럭척>, <브리짓 존스의 베이비>

Screen Conversation

A: Jason said he never met that woman, but he lied.

B: The fact that he lied is proof that **he cheated.**

A: 제이슨은 그 여자를 절대 만난 적이 없다고 했는데 거짓말한거야.
B: 개가 거짓말을 했다는 사실은 바람피고 있다는 증거야.

A: I can't believe the car started to smoke.

B: The fact that it happened makes me think **it is broken.**

A: 차에서 연기가 나기 시작하다니 믿기지 않네.
B: 그런 걸 보니 차가 고장났다는 생각을 하게 돼.

너 때문에 내가 더 좋은 사람이 되고 싶어졌어

You make me want to be a better man

조금 어렵지만 사역동사 make와 want to~가 결합된 표현으로 우리말로는 「…을 …하고 싶어지게 만든다」라는 의미이다. 의역하면 주어 때문에 "내가 …하고 싶어졌다"가 된다. 주로 make you want to+V 혹은 make me want to+V의 형태로 사용된다.

screen Expressions

★ **make me want to+V** … 때문에 내가 …하고 싶어지다

You are pretty much the only thing that **makes me want to** get up in the morning. 오직 당신 때문에 내가 아침에 일어나고 싶어져.

Just watching you **makes me want to** have sex with you.
널 바라만 봐도 너와 섹스하고 싶어져.

★ **make you want to+V** …때문에 네가 …하고 싶어지다

Christmas **makes you want to** be with people you love.
크리스마스는 사랑하는 사람들과 함께 보내고 싶게 만들어.

I have an idea that may **make you want to** stay married.
네가 결혼을 유지하고 싶게 만들 수 있는 생각이 하나 있어.

이 표현이 나오는 영화_
<미비포유>, <왓이프>

screen conversation

A: I hate Ashley. She is the worst person I know.

B: She makes me want to punch her.

A: 난 애슐리가 싫어. 내가 아는 최악의 사람이야.
B: 걜 보면 때리고 싶어져.

A: The traffic and pollution are horrible here.

B: It makes you want to move to the country.

A: 여기 교통과 오염이 끔찍해.
B: 그 때문에 너는 시골로 이사하고 싶어지는구나.

결혼생활이 끝장날거야

There goes his marriage

역시 Level 03이라 어려운 표현. There goes sb[sth]의 패턴이 있는데, 먼저 sb가 와서 There goes sb하게 되면 단순히 "…가 지나가다"라는 뜻이 되지만, There goes sth이 되면 sth이 망쳐지거나 실패하는 경우를 말하는 패턴이 된다. sth 자리에는 주로 plan이나 possibility에 관한 단어들이 온다.

Screen Expressions

★ **There goes sb** …가 지나가다

There goes Mike. 저기 마이크가 가네.

★ **There's goes sth** …가 끝장나다, …는 다 틀렸네, …가 물건너갔네

If Danny cheats on his wife, **there goes** his marriage.
대니가 바람핀다면 결혼생활은 끝장날거야.

★ **There's goes that** 실패해서 어쩔 수가 없어

I guess the company decided not to hire me. **There goes that.**
회사가 날 고용하지 않기로 했나봐. 어쩔 수 없지.

이 표현이 나오는 영화_
<브리짓 존스의 일기>, <500일의 썸머>, <왓이프>, <어바웃타임>

Screen Conversation

A: Louie is in trouble. His wife found texts to other women.

B: You're right. There goes his marriage.

A: 루이는 큰일났어. 다른 여자에게 보내는 문자를 아내가 봤어.

B: 네 말이 맞아. 걔 결혼생활은 끝날거야.

A: After I injured my arm, I couldn't play tennis.

B: There goes that. You should try something new.

A: 팔을 다친 후에 난 테니스를 칠 수가 없었어.

B: 어쩔 수가 없잖아. 다른 새로운 것을 시도해봐.

결혼하니까 어때?

What's it like to get married?

앞서 (don't) know, have no idea의 목적절로 what it is like to+V가 오는 경우를 살펴본 적이 있다. "…하는 게 어떤 것인지 알다[모르다]"라는 뜻이었다. 이번에는 what it is like to+V가 단독으로 What's it like to+V? 의 형태로 쓰이는 경우. 의미는 "to+V 이하를 하는게 어떤지" 물어보게 된다.

Screen Expressions

★ **What's it like to+V?** …하는게 어때?

What is it like to get married?
결혼하니까 어때?

What is it like to live in New York?
뉴욕에서 사는게 어때?

★ **What's it gonna take to+V?** 어떻게 하면 …할 수 있어?

What's it gonna take to get you to break up with Tim?
어떻게 해야 네가 팀하고 헤어지게 할 수 있겠어?

이 표현이 나오는 영화_
<로맨틱홀리데이>

Screen Conversation

A: What's it like to **be rich?**

B: It's nice. You have a lot more choices.

A: 부자가 되니까 어때?
B: 좋아. 선택할 것들이 훨씬 많아.

A: I am only halfway through this project.

B: What's it gonna take to **finish it?**

A: 난 겨우 이 프로젝트의 반만 끝냈어.
B: 어떻게 해야 그걸 끝낼 수 있어?

LEVEL 03

039

너희 부자는 왜 그래?

What's the deal with you and your father?

What's the deal?은 단순히 현재 무슨 일이 있는건지 이유를 물어보는 문장으로 뒤에 with~를 붙여 확장할 수 있다. 그래서 What's the deal with~?하게 되면 "…의 문제가 뭐야?," "…는 무슨 일이야?" "…는 왜 그래?" 라는 의미가 된다. the deal 대신에 one's deal을 써도 된다.

Screen Expressions

★ **What's the deal with~ ?** …의 문제가 뭐야? …는 무슨 일이야?

What's the deal with you and your father?
너희 부자는 무슨 일이야?

What's the deal with your grumpy girlfriend?
짜증 잘내는 네 여친은 어떻게 된거야?

★ **What's one's deal with~?** …는 왜 그래?

What's her deal with spending money?
걔는 왜 돈을 낭비하는거야?

What's his deal with shouting at his friends?
걔는 왜 친구들에게 소리를 질러대는거야?

이 표현이 나오는 영화_
<프로포즈>, <악마는 프라다를 입는다>, <이프온리>

Screen Conversation

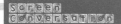

A: What's the deal with Alice? She seems sad.

B: She is worried that she can't find a boyfriend.

A: 앨리스는 왜 그래? 슬퍼보여.
B: 남친이 생기지 않을까봐 걱정하고 있어.

A: Paul usually stays up until 3 or 4 a.m.

B: What's his deal with staying up all night?

A: 폴은 새벽 3, 4시까지 보통 안자.
B: 걘 왜 밤을 새고 그런데?

노아를 더 이상 만나지마라

You're going to stop seeing Noah

문법으로 배운 영어회화의 한계를 여실히 느낄 수 있는 부분. 진행형인 You're going to~가 "너는 …할거야"라는 의미로도 쓰이지만 문맥에 따라서는 "…해라," You're not going to+V는 "…하지마라"라는 명령문으로 쓰인다는 점이다.

screen Expressions

★ **You are not ~ing** …하지마라

You're not going anywhere near our girls. 넌 우리 여자애들 근처에 오지 마라.

You're not using the Internet here. 넌 여기서는 인터넷 사용하지마.

★ **You're going to+V** …해라

You're going to get the package and come home. 그 소포가지고 집에 와라.

★ **You're not going to+V** …하지 마라

You're not going to do a damn thing to him. 넌 걔한테 아무 짓도 하지마라.

You're not going to tell a soul. 넌 아무한테도 말하지마라.

이 표현이 나오는 영화_
<노트북>

screen conversation

A: I like him, but sometimes he scares me.

B: You're going to **stop seeing Noah.**

A: 걔를 좋아하지만 가끔은 걔가 무서워. B: 넌 노아를 그만 만나라.

 스크린 명대사 _ 프렌즈 위드 베네핏

"You wanna lose weight? Stop eating, fatty. You wanna make money? Work your ass off, lazy. You wanna be happy? Find someone you like and never let him go. Or her, if you're into that kind of creepy shit." - Tommy

실패하고 싶으면 그만 먹어 뚱땡아. 돈벌고 싶으면 당장가서 일해 게으름뱅이야. 행복해지고 싶다고? 그럼 사랑하는 남자를 찾아서 절대 놓아주지마. 아니면 여자를, 그런 끔직한 종류를 좋아한다면 말야.

LEVEL 03

041

걔가 나한테 화가 나서 그래

It's just that she got angry with me

앞서 It's not just that S+V와 그 응용패턴을 살펴봤다. 여기서는 반대로 It's just that S+V의 패턴을 따로 정리해보기로 한다. 부정문과 달리 무척 많이 쓰이는 표현으로 일단 말하는 사람은 S+V를 「걱정」하는 맘을 갖고 있다. 그래서 "…라고 해서," "…한 것 같아서" 등의 의미를 갖는다.

Screen Expressions

★ **It's just that S+V** …해서 그래, …한 것 같아서

It's just that she got angry with me. 걔가 나한테 화가 나서 그래.

It's just that we must visit my family. 우리가 가족을 방문해야 해서 그래.

★ **It's not that S+V, it just that S+V** …한게 아니라 …해

It's not that she lied, **it's just that** I don't like her.
걔가 거짓말을 했다는게 아니라 내가 걜 싫어하다는거야.

★ **Is it that S+V?** …한거야?, …하기 때문이야?

Is it that my mom still sleeps over when I'm sick?
내가 아플 때마다 엄마가 주무시고 가서 그런거야?

이 표현이 나오는 영화_
<미비포유>, <로맨틱홀리데이>, <프렌즈 위드 베네핏>, <브리짓 존스의 일기>, <노팅힐>, <어바웃타임>, <악마는 프라다를 입는다>

Screen Conversation

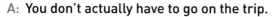

A: **You don't actually have to go on the trip.**

B: It's just that **we agreed to do it.**

A: 넌 그 여행을 하지 않아도 돼.
B: 우리가 함께 하기로 한거잖아.

A: **You must like to wear nice suits.**

B: It's not that **I like it,** it's just that **it is required.**

A: 멋진 정장을 입는 것을 좋아하는구나.
B: 좋아서가 아니라 그래야 돼서 그래.

내가 바라는건 이 친구를 만나기만 하면 돼

All I'm asking is that you meet the guy

All I'm asking is to+V는 "내가 바라는 것은 단지 …야," All I'm asking is for sb to+V는 "내가 바라는 것은 단지 네가 …야," 그리고 All I'm asking is that[wh~] S+V는 "내가 바라는 것은 단지 …야"라는 의미이다. 'I' 대신에 'we'를 써서 All we're asking for is~라고 해도 된다.

screen Expressions

★ **All I'm asking is to+V** 내가 바라는 것은 단지 …야

All I'm asking is to stop using it for a while.
내가 바라는 건 단지 잠시동안 그거 사용을 중단하라는거야.

★ **All I'm asking is for sb to+V** 내가 바라는 것은 단지 네가 …야

All I'm asking is for you to tell me how to find him.
내가 너에게 바라는 건 개를 찾을 방법을 알려달라는 것뿐이야.

★ **All I'm asking is that[wh~] S+V** 내가 바라는 것은 단지 …야

All I'm asking is that we wait for a while.
내가 바라는건 우리가 잠시동안 기다리는거야.

이 표현이 나오는 영화_
<노팅힐>, <쉬즈더맨>

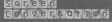

screen conversation

A: She told me that she doesn't want to see you.

B: All I'm asking is to **talk to her.**

A: 걔는 너를 더 이상 보고 싶지 않다고 내게 말했어.
B: 내가 바라는 것은 단지 걔한테 말하는거야.

A: I'm really not sure that I want to marry you.

B: All I'm asking is that **you think about it.**

A: 내가 너와 결혼하고 싶은지 정말이지 잘 모르겠어.
B: 내가 바라는 것은 단지 네가 생각해보라는거야.

LEVEL
03

043

내 맘속 일부는 그걸 알고 싶지 않아

There's a part of me that doesn't want to know

"내 맘속의 일부는 …해, …하지 않아"라고 말하려면 There's a part of me that~이라고 한다. 좀 더 응용해서 "내 맘속의 일부는 …하는 것 같아"라고 하려면 I feel like there are parts of me that~이라고 하면 된다. 반대로 "…의 맘속에는 전혀 …하지 않는다"라고 하려면 No part of sb+V라고 한다.

Screen Expressions

★ **There's a part of me that~** 내 맘속 일부는 …해
  ▶ I guess a part of me~ 내 맘속 일부는 …해

  There's a part of me that doesn't want to know. 내 맘속 일부는 그걸 알고 싶지 않아.

  I guess a part of me wanted to even the score. 내 맘속 일부는 복수하고 싶었어.

★ **I feel like there are parts of me that~** 내 맘속 일부는 …하는 것 같아

  I feel like there are parts of me that I haven't explored yet.
  내가 아직 모르는 내가 있는 것 같아.

★ **No part of you+V** 넌 …하지 않아

  No part of you wants a life of actual commitment. 넌 실제로 헌신하는 삶을 원치 않아.

이 표현이 나오는 영화_
<친구와 연인사이>

Screen Conversation

A: **Do you miss living with your parents?**

B: There's part of me that **feels lonely.**

A: 부모님과 살 때가 그리워?
B: 내 맘속의 일부는 외로움을 느끼고 있어.

A: **How is your relationship with Barry going?**

B: I feel like there are parts of me that **he dislikes.**

A: 배리와의 관계는 잘 돼가?
B: 내 맘속의 일부는 걔를 싫어하는 것 같아.

생각을 바꾸지는 않겠지요?

I don't suppose you will change your mind

I suppose S+V는 「생각하다」 「추정하다」 반대로 I don't suppose that~하게 되면 공손한 질문으로 "…는 아니겠죠?," "…을 해줄래요?"라는 뜻이 된다. 그리고 상대방 의견을 물어볼 땐 Do you suppose that~?이라고 하면 되고, What[Where] do you suppose~?라고 하면 "…을 뭐라고[어디에] 생각하나?"라는 말.

screen Expressions

★ I don't suppose S+V …을 해줄래요

I don't suppose you will change your mind.
생각을 바꾸지는 않겠지요.

★ Do you suppose S+V? …인 것 같아?

Do you suppose they took it?
걔네들이 그걸 가져간 것 같아?

★ What do you suppose~? …을 뭐라고 생각해?

What do you suppose they're doing out there?
걔네들이 거기서 뭘하고 있다고 생각해?

이 표현이 나오는 영화_
<노팅힐>, <브리짓 존스의 베이비>

screen conversation

A: I heard that you need a thousand dollars.

B: Yeah. I don't suppose you would loan me the money.

A: 너 천 달러가 필요하다고 들었어.
B: 그래. 그 돈을 빌려주지는 않겠지.

A: I haven't seen Chris and Tammy for a while.

B: Do you suppose they broke up?

A: 한동안 크리스와 태미를 못봤어.
B: 걔네들 헤어진 것 같아?

너 오늘 아주 인상적이었다고 말해야겠네

I have to say you really impressed me today

I have to say that S+V는 "…라고 해야겠네"라는 의미로 별로 내키지 않지만 사실이 그러하거나 혹은 상대방에게 좀 미안한 이야기를 할 때 쓰는 표현이다. 여기에 would를 삽입하면 I would have to say that~은 조심스럽게 "…라고 말할 수밖에 없겠네"라는 표현이 된다.

Screen Expressions

★ **I should say that S+V** …라고 해야겠네

I should say that we weren't together.
우리는 함께 있지 않았다고 말해야 되겠어.

★ **I have to say S+V** …라고 해야겠네

I have to say you are much smarter than me.
네가 나보다 훨씬 영리하다고 해야겠어.

★ **I would have to say that S+V** …라고 말할 수밖에 없겠네

I would have to say that it's a tragic love story.
아주 비극적인 사랑이야기라고 말해야 되겠지.

이 표현이 나오는 영화
<이프온리>, <브리짓 존스의 베이비>

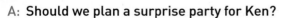

Screen Conversation

A: Should we plan a surprise party for Ken?

B: I have to say **he hates surprises.**

A: 켄을 위해 깜짝 파티를 해야 될까?
B: 걔는 깜짝 파티를 싫어하지.

A: Give me your opinion of my hairstyle.

B: I would have to say that **I like it.**

A: 내 머리 스타일 의견 좀 말해봐.
B: 좋아한다고 말해야 되겠네.

넌 아빠노릇에 서툴러

You suck at being a dad

suck은 여러 의미가 있다고 언급한 적이 있지만, suck at+명사[~ing]하게 되면 be poor[terrible] at~과 같은 의미로 「…을 잘못하다」, 「…에 젬병이다」라는 의미의 표현이 된다.

Screen Expressions

★ **I suck at+명사[~ing]** …에 서투르다

You suck at being a dad, and you're taking it out on me.
네가 아빠노릇에 서투르다고 내게 화풀이하지마.

I suck at this job. 난 이 일에 서툴러.

★ **I'm terrible[poor] at+명사[~ing]** …에 서투르다

I'm terrible at buying gifts. 난 선물을 사는데 서툴러.

★ **I'm not really good at+명사[~ing]** …에 서투르다

I'm not really good at talking to girls.
난 정말이지 여자한테 말거는데 서툴러.

이 표현이 나오는 영화_
<첫키스만 50번째>, <쉬즈더맨>

Screen Conversation

A: Look at me. How old do I look?

B: I suck at **guessing people's ages.**

A: 날 봐봐. 내가 몇 살로 보여?
B: 난 사람들 나이 잘 맞추지 못해.

A: Why don't you join one of the teams?

B: I'm terrible at **playing sports.**

A: 팀원으로 가입하지 그래.
B: 난 운동에는 젬병이야.

개가 얘기한 말도 안되는 소리는 믿지 않아

I don't buy the bullshit he's been saying

buy가 「사다」라는 의미로 쓰인거라면 여기 Level 03에 등장하지 못할 것이다. 여기서 buy는 「믿다」(believe or accept)라는 말로 주로 I don't buy~의 형태로 쓰인다. 또한 I take it that S+V도 "…을 믿다"라는 의미로 사용되는 패턴이다.

Screen Expressions

★ **I'll buy~** …을 믿을거야

I'll buy that when you can honestly tell me that you have loved.
네가 솔직히 사랑했다고 말할 수 있을 때 그 말을 믿을거야.

★ **I don't buy~** …을 믿지 않아

I don't buy the bullshit he's been saying.
개가 얘기한 말도 안되는 소리는 믿지 않아.

★ **I take it that S+V** …라고 믿어, …하는거지

I take it that you are unhappy.
네가 불행하다는거 믿어.

이 표현이 나오는 영화_
<브리짓 존스의 일기>, <굿럭척>

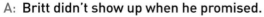

Screen Conversation

A: Britt didn't show up when he promised.

B: I'll buy that he is in trouble.

A: 브릿은 약속한 때에 나오지 않았어.
B: 개가 곤란한 처지에 있다고 믿을거야.

A: Lydia was in his apartment late last night.

B: I take it that they slept together.

A: 리디아가 지난밤 늦게까지 개 아파트에 있었어.
B: 같이 잔거지.

우리가 실수했다는 생각이 났어

It occurred to me that we made a mistake

「문득 …라는 생각이 들다」라는 표현은 몇 개가 있다. 여기서는 먼저 occur를 이용한 패턴을 알아본다. 먼저 It occurred to me that S+V하면 "…가 생각났어," 반대로 전혀 생각이 나지 않았다고 하려면 It never occurred to me that S+V라고 하면 된다.

screen Expressions

★ **It occurred to me that S+V** …가 생각났어

It occurred to her that he would be a bad husband.
걔는 그가 나쁜 남편이 될거라는 생각이 들었어.

★ **It never occurred to me that S+V** …라는 생각이 전혀 들지 않았어

It never occurred to me it could actually be true.
그게 실제 사실일 수도 있다는 생각이 전혀 들지 않았어.

★ **Does it occur to you that~?** …라는 생각이 났어?

Did it ever occur to you that he dated many women?
걔가 여러 여자와 데이트한다는 생각이 들기는 했어?

이 표현이 나오는 영화_
<어바웃타임>, <러브액츄얼리>

screen conversation

A: **Do you think we should have made out?**

B: It occurred to me that **we made a mistake.**

A: 우리가 키스를 했어야 했다고 생각해?
B: 우리가 실수했다는 생각이 들었어.

A: **Your ex-boyfriend has been staring at you.**

B: It never occurred to me that **he was here.**

A: 네 옛 남친이 너를 쳐다보고 있어.
B: 난 걔가 여기 있다는 생각을 전혀 못했는데.

LEVEL 03

049

걔가 바람을 폈겠다는 생각이 들었어

It hit me he must have been cheating

이어서 「문득 혹은 갑자기 …라는 생각이 들다」라고 할 때의 다른 표현으로는 It dawned on me that S+V, It hit me that S+V, 그리고 strike를 사용한 It struck me that S+V 등이 있다.

Screen Expressions

★ **It dawned on me that S+V** …가 문득 생각났어

It dawned on me that he didn't have my phone number.
걔가 내 전화번호를 안갖고 있다는 생각이 문득 들었어.

★ **It hit me that S+V** …가 문득 생각났어

It hit me that he must have been cheating.
걔가 바람을 폈겠다는 생각이 들었어.

★ **It struck me that S+V** 갑자기 …가 생각났어

It struck me that I haven't seen Gary lately.
최근에 게리를 보지 못했다는 생각이 났어.

이 표현이 나오는 영화_
<프로포즈>, <노트북>

Screen Conversation

A: **Why did you start sending out resumes?**

B: It dawned on me that **I need a new job.**

A: 왜 이력서를 보내기 시작한거야?
B: 새로운 직장이 필요하다는 생각이 들었어.

A: **Why are we double checking this work?**

B: It struck me that **we made a mistake.**

A: 우리가 왜 이 일을 다시 확인하는거야?
B: 갑자기 우리가 실수했다는 생각이 들었어.

넌 정직한 사람으로 생각돼

You strike me as an honest woman

strike하면 「때리다」 그래서 비유적으로 「…한 인상을 남기다」라는 용법도 있다. 그리고 그 남은 인상은 명사나 ~ing으로 말해주면 된다. 보통 "…한 사람으로 보이다," "생각하다" 정도로 이해하면 된다. 즉 A strike B as+명사[~ing]의 형태로 쓰면 된다.

screen expressions

★ S+strike me as+명사[~ing] …는 …한 사람으로 보여

He doesn't **strike me as** the type to stand up to a bully.
걘 불량한 사람에게 대항하는 타입의 사람으로 생각되지 않아.

★ Do I strike you as+명사[~ing]? 내가 너한테는 …처럼 보여?

Do I strike you as being out of harmony?
내가 별로 잘 어울리지 못하는 사람으로 보여?

★ You strike me as+명사[~ing] 넌 …처럼 보여

⇔ You don't strike me as+명사[~ing]

I believe you. **You strike me as** an honest woman.
네 말을 믿어. 넌 정직한 사람으로 생각돼.

이 표현이 나오는 영화_
<노팅힐>

screen conversation

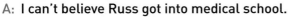

A: I can't believe Russ got into medical school.

B: He doesn't strike me as **being intelligent.**

A: 러스가 의대에 갔다는게 놀라워.
B: 내가 보기에 걔 똑똑한 사람으로 보이지 않는데.

A: My wish is to be a millionaire by age 30.

B: You strike me as **an ambitious person.**

A: 내 바람은 30세에 백만장자가 되는거야.
B: 넌 야망이 있는 사람처럼 보여.

051

일하지 않아도 된다면 좋을텐데

It'd be nice not to have to work

It'll be nice to~는 "···하면 멋질거야," "좋을거야"라는 의미가 되지만 will 대신에 would를 써서 It'd be nice if~하게 되면 가정법 표현으로 "···한다면 좋을텐데"라는 뜻이 된다. If S+V가 이어지지만 간단히 It'd be nice (not) to+V의 형태로 써도 된다.

Screen Expressions

★ **It'd be nice to+V** ···한다면 좋을텐데

I thought **it would be nice to** get to know her.
걔를 알게 되면 좋을거라 생각했어.

★ **It'd be nice not to+V** ···하지 않는다면 좋을텐데

It would be nice not to have to work.
일하지 않아도 된다면 좋을텐데.

★ **It'd be nice if S+V** ···한다면 좋을텐데

It would be nice if there weren't so many people.
사람들이 많지 않으면 좋을텐데.

이 표현이 나오는 영화_
<미비포유>, <어바웃타임>

Screen Conversation

A: I'm always using my credit card to buy things.

B: It'd be nice not to **owe a lot of money.**

A: 난 항상 물건 살 때 신용카드를 이용해.
B: 너무 많은 돈을 빚지지 않는게 좋을텐데.

A: My cousins are in town this week.

B: It'd be nice if **they visited us.**

A: 내 사촌들이 이번주 시내에 온대.
B: 우리를 방문한다면 좋을텐데.

052

네가 집에 올 수 있으면 정말 좋겠는데

It'd be great if you could come home

이번에는 nice 대신에 great가 오는 경우를 살펴본다. It'd be great to+V는 "…한다면 정말 좋을텐데," It'd be great if S+V하게 되면 "…한다면 정말 좋을텐데"라는 의미를 갖는다. 참고로 It'd be great if it could help me+V하게 되면 "그게 내가 …하는데 도움이 된다면 정말 좋을텐데"라는 좀 난이도 있는 패턴이 된다.

Screen Expressions

★ **It'd be great to+V** …한다면 정말 좋을텐데

It would be great to hang out sometime.
언제 한번 함께 놀면 정말 좋을텐데.

★ **It'd be great if S+V** …한다면 정말 좋을텐데

It'd be great if you could come home. 네가 집에 올 수 있으면 정말 좋겠는데.

★ **It'd be great if it could help me+V**

그게 내가 …하는데 도움이 된다면 정말 좋을텐데

It would be just great if it could help me get a girlfriend.
그게 내게 여친이 생기는데 도움이 된다면 정말 좋을텐데.

이 표현이 나오는 영화_
<러브액츄얼리>, <어바웃타임>

Screen Conversation

A: The people in the club are very nice.

B: It'd be great to **make new friends**

A: 클럽 사람들은 매우 친절해.
B: 새로운 친구들을 사귄다면 정말 좋을텐데.

A: Let's practice what to say at a job interview.

B: It'd be great if it could help me **get a good job.**

A: 취업면접에서 무슨 말을 할지 연습하자.
B: 그게 내가 좋은 일자리를 얻는데 도움이 된다면 정말 좋을텐데.

나하고 함께 할래?

How would you like to join me?

What do[would] you like to~?를 배웠으니 이제는 How would you like~?를 살펴본다. 뒤에는 명사, to+V, 혹은 ~it if S+V 등 다양하게 이어진다. 상대방의 「의향」이나 「의견」을 묻거나 혹은 상대방에게 …을 하자고 「제안」하는 의미로 쓰이기도 한다.

Screen Expressions

★ **How would like to+명사?** …는 어때?, …을 어떻게 해드릴까요?
   How would you like your steak, sir? 스테이크를 어떻게 해드릴까요?
   How would you like some ice cream? 아이스크림 좀 먹을테야?

★ **How would like to+V?** 어떻게 …을 하시겠어요?, …을 할래?
   How would you like to go out on a date with me?
   나랑 데이트 할래?

★ **How would you like it if S+V?** …한다면 어떻겠어?
   How would you like it if I told everyone that you were a gay?
   네가 게이라고 모두에게 얘기한다면 어떻겠어?

이 표현이 나오는 영화_
<브리짓 존스의 베이비>, <노트북>

Screen Conversation

A: How would you like to **eat some fish tonight?**

B: **I'd actually prefer to have beef.**

A: 오늘 저녁에 생선 좀 먹을래?
B: 실은 고기먹는게 더 좋아.

A: **He made me angry, so I hit him in the mouth.**

B: How would you like it if **someone hit you?**

A: 걔가 화나게 해서 걔 입을 쳤어.
B: 어떤 사람이 널 치면 어떨 것 같아?

054

결혼한다는 건 내 생각였어

Getting married was my idea

이번에는 주어가 ~ing 형인 경우. 실제 스크린에 나오는 Being with you is~(너와 함께 있는 것은 …야)라는
패턴과 Me ~ing is~(내가 …하는 것은 …야)라는 패턴을 함께 연습해보도록 한다.

screen expressions

★ Being with you is the only way S+V
너와 함께 있는게 …하는 유일한 방법이야

Being with you is the only way I find happiness.
너와 함께 있는게 내가 행복을 찾는 유일한 방법이야.

★ Me ~ing is~ 내가 …하는 것은 …야

Me smashing those was not an accident. 내가 그것들을 부셔버린 것은 사고가 아녔어.

★ Getting~ is~ …하는 것은 …야

Getting into that place has been a dream of hers.
그 집에 들어가는 것은 그녀의 꿈이었어.

이 표현이 나오는 영화_
<미비포유>, <첫키스만 50번째>

screen conversation

A: **So you really think we should get married?**

B: Being with you is the only way **I imagined the future.**

A: 그럼 넌 우리가 결혼해야 된다고 정말 생각해?

B: 너와 함께 있는게 내가 상상했던 유일한 미래야.

A: **You seem to always have a beer in your hand.**

B: Me drinking a lot is **not unusual.**

A: 넌 항상 손에 맥주병을 쥐고 있는 것 같아.

B: 내가 술을 많이 마시는 것은 일상이지.

네가 그걸 찾지 못한게 이상하지 않아?

Isn't it odd that you've never found it?

odd는 이상하게도 「이상한」이라는 형용사이지만 odds처럼 복수형이 되면 「가능성」, 「승산」이라는 의미로도 쓰인다. 그래서 The odds are~는 "…할 가능성이 있어," 그리고 What are the odds that S+V?는 "…의 가능성은 어때?"라는 말이 된다. 여기서는 두가지 경우 다 살펴본다.

Screen Expressions

★ **It is[was] odd to+V** …하는 것은 이상해[했어]

We had sex. **It was odd to** fall into our old familiar sex life so easily.
우리는 섹스를 했어. 그렇게 쉽게 오래전부터 친숙한 성생활에 빠지게 이상했어.

★ **Isn't it odd that S+V?** …가 이상하지 않아?

Isn't it odd that you've never found it? 네가 그걸 찾지 못한게 이상하지 않아?

★ **What are the odds that S+V?** …의 가능성은 어때

▶ What are the odds of sb ~ing? …가 …할 가능성은 어때?

What are the odds we run into this guy?
이 사람을 마주칠 가능성이 얼마나 돼?

이 표현이 나오는 영화_
<이터널선샤인>, <브리짓 존스의 베이비>

Screen Conversation

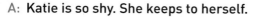

A: **Katie is so shy. She keeps to herself.**

B: **Isn't it odd that she doesn't talk to anyone?**

A: 케이티는 매우 수줍어해. 잘 어울리지 않아.
B: 사람들하고 얘기하지 않는게 이상하지 않아?

A: **Have you ever seen Brian date a woman?**

B: **What are the odds that he is gay?**

A: 브라이언이 여자와 데이트하는 것 봤어?
B: 걔가 게이일 수도 있을까?

나 건드리지 말라고

You don't want to mess with me

You don't want to~는 물론 문맥상 상대방의 부정의지를 단순히 확인할 때도 있지만 대부분은 상대방에게 「충고」 혹은 「금지」를 할 때 쓰는 표현이다. 우리말로는 "…하지 마라," "…하지 않는게 낫다"라는 뜻. You wouldn't want to~와 같은 의미. 또한 You might want to+V 역시 "…하는게 좋을거야"라는 의미이다.

Screen Expressions

★ **You don't want to+V** …하지 마라, …하지 않는게 좋아
  ▶ You don't want to+V? …을 원하지 않는다고?

  You don't want to take off my bra? 내 브라를 벗기고 싶지 않다고?

  I'm a dangerous woman. **You don't want to** mess with me.
  나 위험한 여자야. 건드리지 말라고.

★ **You wouldn't want to+V** …하지 않는게 좋아

  You wouldn't want to live with a liar. 넌 거짓말쟁이와 함께 살지 않는게 좋겠어.

★ **You might want to+V** …하는게 좋을거야

  You might want to see a doctor about that. 그 문제로 병원에 가보는게 좋겠어.

이 표현이 나오는 영화_
<미비포유>, <쉬즈더맨>, <라라랜드>, <첫키스만 50번째>, <이프온리>

Screen Conversation

A: **Why shouldn't I talk to my boss about this?**

B: **You don't want to piss him off.**

A: 왜 내가 사장에게 이 얘기를 하면 안되는데?
B: 사장 열받게 하지마.

A: **Would this be a good dress for the party?**

B: **You might want to buy some nicer clothes.**

A: 이 옷이 파티에 어울리는 드레스일까?
B: 좀 더 멋진 옷을 사라.

뭐가 그지 같은지 알아?

You know what sucks?

You know what~?은 Do를 생략한 표현으로 실제영어와 가장 유사한 스크린, 미드에서 많이 쓰인다. 여기서는 You know what+V?, You know what happens to sb who~?, You know what they say about~? 그리고 You know how easy it is to+V? 등의 응용패턴을 알아본다.

Screen Expressions

★ **You know what+V?** 뭐가 …한지 알지?

   You know what makes me mad? 뭐가 날 열받게 하는지 알아?

★ **You know what happens to sb who~?** …한 사람에 무슨 일이 있는지 알아? ▶ You know what they say about~? 사람들이 …에 대해 뭐라고 하는지 알아?

   You know what happens to someone who snitches?
   고자질하는 사람은 어떻게 되는지 알아?

★ **You know how easy it is to+V?** …하는 것이 얼마나 쉬운지 알아?

   You know how easy it is to score at a wedding?
   결혼식에서 한 건 올리는게 얼마나 쉬운지 알아?

이 표현이 나오는 영화_
<500일의 썸머>, <노팅힐>, <굿럭척>

Screen Conversation

A: **I'm tired and really don't want to work.**

B: **You know what happens to people who don't work hard?**

A: 난 정말 피곤해서 일하기 싫어.
B: 열심히 일하지 않는 사람은 어떻게 되는지 알아?

A: **I keep all my bank information in my e-mail.**

B: **You know how easy it is to hack an e-mail account?**

A: 내 이멜에 내 모든 은행정보를 적어놨어.
B: 이멜계정을 해킹하는게 얼마나 쉬운지 알아?

LEVEL 03
058

그게 누구였는지 알 길이 없어

There's no way to tell who it was

뭔가 도저히 가능성이 없거나 불가능하다고 말하는 표현법. 주로 There's no way S+V 혹은 There's no way to+동사의 형태로 "…할 방법이 없다," "…할 수 있는 길이 없다"라는 의미로 쓰인다. There's~를 생략하고 그냥 No way S+V라고 쓰기도 한다.

Screen Expressions

★ **There's no way to+V** …할 방법이 없어, …할 수 있는 길이 없어

▶ There's no way S+V …할 방법이 없어, …할 수 있는 길이 없어

There's no way that we're gonna have sex together.
우리가 함께 섹스할 일은 없을거야.

★ **There's no way to tell S+V** …을 알 길이 없어

There's no way to tell what he will do. 걔가 어떻게 할지 알 길이 없어.

★ **There's no telling what[how~] S+V** …을 알 수가 없어

There's no telling how long they've been there.
걔네들이 얼마나 오랫동안 거기에 있었는지 알 수가 없어.

이 표현이 나오는 영화_
<프로포즈>, <러브, 로지>, <프렌즈 위드 베네핏>, <굿럭척>, <쉬즈더맨>

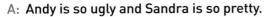

Screen Conversation

A: **Andy is so ugly and Sandra is so pretty.**

B: There's no way **she's dating him.**

A: 앤디는 정말 못생겼고 샌드라는 정말 예뻐.
B: 샌드라가 앤디하고 데이트할 일은 없겠네.

A: **I wonder what our bosses were discussing.**

B: There's no telling what **they talked about.**

A: 우리 상사들이 뭘 얘기하는지 궁금해.
B: 뭐에 대해 얘기하는지 알 길이 없지.

그게 왜 이상하다고 생각하는거야?

What makes you think it's weird?

What makes you think S+V?는 직역하면 "무엇(What)이 너(you)로 하여금 …하게 만들었나?"이다. 형식은 What으로 시작했지만 내용은 「이유」를 묻는 말로 Why do you+V?(왜 …하는거야?)와 같은 의미가 된다. 과거형인 What made you+V~?도 자주 쓰인다.

Screen Expressions

★ **What makes you think S+V?** 왜 …라고 생각하는거야?

What makes you think I'll be kissing you, huh?
내가 왜 너에게 키스할거라 생각하는거야, 응?

★ **What made you think S+V?** 왜 …라고 생각했어?

What made you think that I wasn't going to show up?
왜 내가 나타나지 않으리라고 생각했어?

★ **What makes you say S+V?** 왜 …라고 말하는거야?

What makes you say that I have?
왜 내가 갖고 있다고 말하는거야?

이 표현이 나오는 영화_
<악마는 프라다를 입는다>, <굿럭척>

Screen Conversation

A: **This may be the end of the fireworks show.**

B: **What makes you think it's over?**

A: 이게 불꽃놀이의 마지막이야.
B: 왜 끝이라고 생각해?

A: **That restaurant is terrible. I'd never eat there.**

B: **What makes you say that place is bad?**

A: 저 식당 으악이야. 저기 다시는 가지 않을거야.
B: 저 식당이 왜 안좋다고 말하는거야?

이 일자리를 정말이지 꼭 잡고 싶어
I would kill for this job

뭔가 강렬히 하고 싶다는 표현. would kill for+N[to do]이라고 하면 「…하기 위해서는 뭐든지 하겠다」라는 뜻
이 된다. would do anything to+V나, would die to+V와 같은 의미의 표현이다.

Screen Expressions

★ **I would kill for sth[sb]** …을 위해서는 뭐든지 하겠어
  ▶ I would kill to+V …하기 위해서는 뭐든지 하겠어
  I mean I would kill for this job. 내 말은 이 일자리를 정말이지 꼭 잡고 싶어.

★ **I would die to+V** …하기 위해서는 뭐든지 하겠어
  I would die to become rich and famous. 돈이 많고 유명해지기 위해서는 뭐든지 하겠어.

★ **You would do anything to+V** …하기 위해서는 뭐든지 하겠어
  Have you ever wanted someone so badly that **you would do anything to** get them? 넌 누군가를 얻기 위해서는 뭐든지 하겠다고 간절하게 원해본 적이 있어?

이 표현이 나오는 영화_
<악마는 프라다를 입는다>, <굿럭척>

Screen Conversation

A: **That is the best neighborhood in Seoul.**

B: I would kill for **a chance to live there.**

A: 저곳이 서울에서 가장 좋은 동네야.
B: 그곳에서 살 수 있는 기회가 있다면 뭐든 하겠어.

A: **No one wants to be in the office this weekend.**

B: I would do anything to **avoid having to work Sunday.**

A: 이번 주말에 사무실에 출근하고 싶어하는 사람은 없어.
B: 일요일에 일하지 않을 수 있다면 뭐든지 하겠어.

내가 정말로 말해야 하는 것은 네가 그립다는거야

All I really need to say is I miss you

앞서 나온 All I want~와 같은 맥락의 패턴으로 여기서는 want 대신에 need가 쓰인 경우이다. All I need now is+명사 혹은 All I need is S+V의 형태를 알아본 후에 All I really need to do is+V나 All I really need to say is S+V 등의 응용패턴을 연습해본다.

Screen Expressions

★ **All I need now is~** 내가 지금 필요한 것은 …뿐이야

All I need is a beautiful girlfriend. 내게 필요한 건 예쁜 여친 뿐이야.

All I need is a car to get to work. 내가 필요로 하는 것은 출근할 자동차뿐이야.

★ **All I really need to do is+V** 내가 해야 되는 것은 오직 …뿐이야

All I need to do is turn on the air conditioner.
내가 해야 되는건 에어콘을 켜기만 하면 돼.

★ **All I really need to say is S+V** 내가 정말로 말해야 하는 것은 …라는거야

All I really need to say is I miss you.
내가 정말로 말해야 하는 것은 네가 그립다는거야.

이 표현이 나오는 영화_
<러브액츄얼리>, <브리짓 존스의 베이비>

Screen Conversation

A: **Many people think you started the argument.**

B: All I really need to do is **explain what happened.**

A: 많은 사람들이 네가 논쟁을 시작했다고 생각해.
B: 내가 해야 되는 것은 오직 무슨 일이 있었는지 설명하는거야.

A: **Do you think you'll keep dating Mike?**

B: All I really need to say **is he likes me.**

A: 넌 마이크와 계속 데이트할 생각이야?
B: 내가 정말로 말해야 하는 것은 걔는 나를 좋아한다는거야.

정말 크리스하고 결혼하고 싶어?

You're sure you want to marry Chris?

be sure that S+V의 응용패턴으로 You're sure you+V? 형태를 살펴본다. 먼저 You're sure you don't mind me ~ing?하면 "내가 …해도 정말로 괜찮겠어?," You're sure you want to+V?하면 "정말로 …을 하고 싶은 거야?"라고 묻는 문장이 된다.

screen expressions

★ **You're sure you don't mind me ~ing?** 내가 …해도 정말 괜찮겠어?
   You're sure you don't mind me smoking? 정말로 내가 담배를 펴도 괜찮겠어?

★ **You're sure you want to+V?** 정말로 …을 하고 싶은거야?
   You're sure you want to marry Richard? 정말 리차드하고 결혼하고 싶어?
   You're sure you want to go through with this?
   정말 이걸 하고 싶은게 확실해?

★ **You're sure you don't want to+V?** 정말로 …을 하고 싶지 않은거야?
   You're sure you don't wanna know where I was?
   내가 어디 있었는지 알고 싶지 않은게 확실해?

이 표현이 나오는 영화_
<러브액츄얼리>, <프로포즈>

screen conversation

A: **Drop by tonight, some time after eight.**

B: You're sure you don't mind me **coming over?**

A: 오늘밤 8시 넘어 언제 한번 들려.
B: 정말 내가 들려도 괜찮겠어?

A: **Thanks for asking, but I can't go with you.**

B: You're sure you don't want to **join me?**

A: 물어봐서 고맙지만 난 너와 함께 못가.
B: 정말로 나와 함께 하고 싶지 않은거야?

내가 유일하게 이걸 이해못하는 사람인거야?

Am I the only one not getting this?

"바로 네가 …하는 사람이야"라고 할 때는 You're the one ~ing[to+V, who S+V]라고 쓰며 반대는 You're not the one~을 쓰면 된다. 다만 강조할 때는 the one 대신에 the only one을 쓰기도 한다. 그래서 "내가 유일하게 …하는 사람이냐?"고 물을 때는 Am I the only one~?이라고 하면 된다.

Screen Expressions

★ **You're the one ~ing[who S+V]** 바로 네가 …하는 사람이야

You're the one that said we had to go. 우리가 가야 된다고 말한 사람은 바로 너야.

You're the one acting crazy today. 오늘 미친 사람처럼 행동한 건 바로 너야.

★ **You're not the only one ~ing[who S+V]**

유일하게 너만 …하는 것은 아냐

You're not the only one that gets a say in this!

너만 유일하게 이 문제에서 발언권을 갖고 있는게 아냐!

★ **Am I the only one ~ing[who S+V]?** 내가 유일하게 …하는 사람이야?

Am I the only one not getting this? 내가 유일하게 이걸 이해못하는 사람인거야?

이 표현이 나오는 영화_
<500일의 썸머>, <프로포즈>, <악마는 프라다를 입는다>

Screen Conversation

A: **Those bastards didn't even send an invitation!**

B: You're not the only one who **they didn't invite.**

A: 저 자식들이 초대장도 보내지 않았어!
B: 초대 못받은 사람이 너만 있는게 아냐.

A: **We have to stay for another hour.**

B: Am I the only one **leaving?**

A: 한 시간 더 기다려야 돼.
B: 내가 유일하게 가는 사람인가?

내가 키스하면 좀 이상할까?

Would it be too weird if I kissed you?

It would be+형용사~의 의문형인 Would it be+형용사 if S+V?의 패턴을 알아보는 차례. 형용사 자리에는 awful, wrong, okay, great 등 다양하게 올 수 있다. 또한 부정의문문인 Wouldn't it be+형용사 if S+V?도 함께 정리해본다.

Screen Expressions

★ **Would it be awful if S+V?** …해도 괜찮겠어?

　Would it be awful if I began eating?　내가 먹기 시작해도 될까?

★ **Would it be very wrong if S+V?** …하면 정말 안될까?

　Would it be very wrong if I asked you for your number?
　네 전번을 알려달라고 하면 정말 안될까?

　Would it be too weird if I kissed you?　내가 키스하면 좀 이상할까?

★ **Wouldn't it be great if S+V?** …한다면 대단하지 않겠어?

　Wouldn't it be great if they didn't argue?
　걔네들이 다투지 않는다면 정말 좋지 않겠어?

이 표현이 나오는 영화_
　<어바웃타임>, <로맨틱홀리데이>, <러브액츄얼리>

Screen Conversation

A: **This presentation is going to be boring.**

B: Would it be awful if **I skipped it?**

A:　발표회가 지겨울거야.
B:　내가 빠져도 괜찮겠어?

A: **Janet and her boyfriend broke up last week.**

B: Would it be very wrong if **I asked her out?**

A:　쟈넷과 남친이 지난주에 헤어졌어.
B:　걔한테 데이트 신청하면 정말 안될까?

LEVEL 03

065

너 나한테 프로포즈 할 생각이었어?

You were gonna propose to me?

과거에, 좀 전에, "…을 하려고 했었다"라고 말하는 표현법. 시도는 했으나 행위는 실현되지 않은 경우이다. I was going to+V는 "난 …을 하려고 했었어," 인칭을 바꿔 You were going to+V하게 되면 "넌 …을 하려고 했었어"가 된다.

Screen Expressions

★ **I was going to+V** …을 하려고 했었어

   I was going to say great minds think alike.
   너와 나의 생각이 같다고 말하려고 했어.

   I thought I was going to have a heart attack. 난 심장마비가 오는 줄 알았어.

★ **You were going to+V** 넌 …을 하려고 했었어

   You were gonna propose to me? 너 나한테 프로포즈 할 생각이었어?

★ **We were going to+V** 우리 …하려고 했었어

   We were going to travel the world together.
   우리는 함께 세계일주를 하려던 참이었어.

이 표현이 나오는 영화_
<첫키스만 50번째>, <노팅힐>, <노트북>, <브리짓 존스의 베이비>

Screen Conversation

A: I have someone I could set you up with.

B: I was going to **ask about that.**

A: 너에게 소개시켜 주고 싶은 사람이 있어.
B: 나도 그거 물어볼 참이었어.

A: Why did you force me out of the club?

B: You were going to **cause a serious issue.**

A: 왜 나를 클럽에서 강퇴시킨거야?
B: 넌 심각한 문제를 일으킬 참이었으니까.

나한테 무슨 말 듣기를 바랬던거야?

What did you expect me to say?

앞서 나온 expect sb to+V를 토대로 좀 긴 응용패턴을 만들어본다. "내가 …에 대한 진실을 말하길 바래?"라고 물어보려면 You expect me to tell the truth about~?이라고 하면 되고, "나보고 …을 믿으라는건 아니지?"라고 할 때는 You don't really expect me to believe S+V?라고 하면 된다.

Screen Expressions

★ **You expect me to tell the truth about~?** …에 대한 진실을 말하길 바래?
  You expect me to tell the truth about what happened?
  무슨 일인지 내가 진실을 말하기를 바래?

★ **You don't really expect me to believe S+V** …을 믿으라는건 아니지
  You don't really expect me to believe you accidentally crashed into my yurt, do you? 당신이 실수로 내 텐트에 들어왔다고 내가 믿기를 바라는 것은 아니겠죠, 그렇죠?

★ **What did you expect me to do, V~?**
  내가 어떻게 하기를 바랬던거야, …하는거?
  What did you expect me to do, not go to college? 어떻게 하기를 바랬어? 대학 안가는거?

이 표현이 나오는 영화_
<악마는 프라다를 입는다>, <노팅힐>, <브리짓 존스의 베이비>

Screen Conversation

A: He told me he goes to church every Sunday.

B: You don't really expect me to believe **he is religious.**

A: 걘 매주 일요일에 교회에 간다고 그래.
B: 걔가 신앙인이라는 걸 나보고 믿으라는건 아니지.

A: You shouldn't have fought after they insulted you.

B: What did you expect me to do, **ignore them?**

A: 걔네들이 널 모욕한 후에 싸우지 말았어야 했는데.
B: 내가 어떻게 하기를 바랬던거야, 그냥 무시하라고?

난 왜 그게 해결이 안되는지 이유를 모르겠어

I don't see any reason why that can't work out

이번에는 ~reason why~를 뼈대로 만드는 패턴들이다. 「…한 이유」라는 뜻으로 "왜 …하는지 이유를 모르겠어"는 I don't see any reason why S+V, "왜 …하는지 이유가 바닥나다"는 I'm running out of reason why S+V, 그리고 "그게 바로 …하는 이유야"는 That's the reason why S+V라 하면 된다.

screen expressions

★ **I don't see any reason why S+V** 왜 …하는지 이유를 모르겠어

I don't see any reason why that can't work out.
난 왜 그게 해결이 되지 않는지 이유를 모르겠어.

★ **That's the reason why S+V** 그게 바로 …하는 이유야

That's the reason why old people don't belong behind the wheel.
그게 바로 노인들은 운전에 어울리지 않는 이유야.

★ **I'm running out of reasons why S+V**
난 왜 …하는지에 대한 이유가 바닥났어

I'm running out of reasons why I stopped attending their meetings.
내가 그들의 회의에 참석하지 않는거에 대한 이유가 바닥났어.

이 표현이 나오는 영화_
<로맨틱홀리데이>

screen conversation

A: **Beth has been snapping at all of us today.**

B: I don't see any reason why **she is acting that way.**

A: 베스가 오늘 우리 모두에게 틱틱거렸어.
B: 왜 걔가 그러는지 이유를 모르겠어.

A: **You keep saying no to his offers of marriage?**

B: I'm running out of reasons why **I turn down his proposals.**

A: 걔의 청혼을 계속 거절할거야?
B: 걔의 청혼을 거절할 이유가 바닥났어.

068

너 때문에 바보가 된 기분이야

You made me feel like an idiot

make sb+V의 형태에서 V 자리에 feel like~가 오는 경우이다. 즉 make sb feel like~하게 되면 「···을 ···처럼 느끼게 하다」라는 말이 된다. You make me feel like~는 "너 때문에 ···같은 기분이야"로 ~feel like~ 다음에 는 명사나 S+V가 이어진다.

screen expressions

★ **You make[made] me feel like+명사** 너 때문에 ···같은 기분이야
   You made me feel like an idiot.
   너 때문에 바보가 된 기분이야.

★ **You make[made] me feel like S+V** 너 때문에 ···같은 기분이야
   You make me feel like I can't do anything well.
   너 때문에 난 아무 것도 잘하는게 없는 것처럼 느껴져.

★ **It makes sb feel like~** 그 때문에 ···가 ···기분이야
   It makes me feel like I instantly want to create something.
   그 때문에 내가 계속 뭔가 새로운 것을 만들고 싶어한다는 느낌이 들었어.

이 표현이 나오는 영화_
<왓이프>, <프로포즈>, <러브액츄얼리>, <악마는 프라다를 입는다>, <어바웃타임>

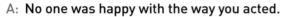

screen conversation

A: **No one was happy with the way you acted.**

B: You make me feel like **I upset everyone.**

A: 네 행동방식에 다들 기분 좋지 않았어.
B: 너 때문에 내가 모두를 화나게 한 것 같은 기분이 드네.

A: **Seven people got perfect scores.**

B: It makes me feel like **they cheated.**

A: 7명이 100점을 받았어.
B: 걔네들 부정행위를 한 것 같은 느낌이 드네.

무슨 나쁜 일이야 생기겠어?

What's the worst thing that could happen?

What's the worst thing that could happen?은 직역하면 "발생할 수 있는 최악의 상황이 뭔데?"로 비유적으로 만사가 다 잘 될거다, 즉 "무슨 나쁜 일이야 생기겠어?"라는 의미이다. What's the worst that could happen if S+V?의 패턴을 눈여겨본다.

screen Expressions

★ **What's the worst thing that~ ?** ···한 최악의 일은 뭐야?

What's the worst thing that's ever happened to you?
네가 겪은 일 중에서 가장 최악의 것은 뭐야?

★ **S+be the worst thing that ~** ···한 것 중에서 최악의 것이야

The divorce was the worst thing that ever happened to me.
이혼은 내가 겪은 일 중에서 최악의 것이었어.

★ **What's the worst thing that could happen if S+V?**
···한다고 무슨 최악의 일이 벌어지겠어?

What's the worst thing that could happen if we told them?
우리가 걔네들한테 말한다고 무슨 최악의 일이 벌어지겠어?

이 표현이 나오는 영화_
<왓이프>

screen Conversation

A: What's the worst thing that's **ever happened to you?**

B: **One time I got caught shoplifting.**

A: 네가 겪은 일 중에서 가장 최악의 것은 뭐야?

B: 한번은 물건을 훔치다가 잡혔어.

A: **I'm too nervous to ask Jackie out.**

B: What's the worst thing that could happen if **you do that?**

A: 너무 긴장돼서 재키에게 데이트 신청을 못하겠어.

B: 신청한다고 무슨 최악의 일이 벌어지겠어?

LEVEL 03
070

내 머리속에는 온통 섹스 생각뿐이야

All I can think about is sex

"내 머리속에는 온통 …뿐이야"라고 할 때의 패턴으로 All I can think about is~가 기본뼈대이다. 다음에 이어지는 형태는 명사, ~ing 혹은 명사+~ing가 온다.

Screen Expressions

★ **All I can think about is+명사** 내 머리속에는 온통 …생각뿐이야

All I can think about is sex. And who would want to have sex with me? 내 머리속에는 온통 섹스 생각뿐이야. 누가 나랑 섹스를 하고 싶어할까?

★ **All I can think about is ~ing** 내 머리속에서는 온통 …하는 생각뿐이야

All I can think about is putting that ice in my mouth and licking you all over. 난 얼음을 입에 물고서 네 몸을 구석구석 핥고 있는 생각만 하고 있어.

★ **All I can think about is sb ~ing** 내 머리속에는 …가 …하는 생각뿐이야

All I can think about is people laughing at me.
내 머리속에는 온통 사람들이 나를 비웃는 생각뿐이야.

이 표현이 나오는 영화_
<노팅힐>, <러브, 로지>

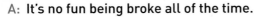

Screen Conversation

A: **It's no fun being broke all of the time.**

B: **All I can think about money is that I like it.**

A: 허구헌날 돈이 떨어지는 건 재미없어.
B: 내가 돈생각만 하는 것은 내가 돈을 좋아하기 때문이야.

A: **Why do you keep talking about your ex?**

B: **All I can think about is her seeing other man.**

A: 넌 왜 계속 네 전 여친에 대해 말하는거야?
B: 내 머리속에는 걔가 다른 남자를 만나는 생각뿐이야.

이건 단지 너를 기운나게 하기 위한거야

This is just the thing to just perk you up

This is just the thing to+V하게 되면 "이건 단지 …하기 위한 것이야," This is the last thing I wanna+V하게 되면 "이건 내가 가장 …하기 싫은 것이야," 그리고 This is sort of thing that+V하면 "이건 …하는 그런 종류의 일이야"라는 의미가 각각 된다.

screen Expressions

★ **This is just the thing to+V** 이건 단지 …하기 위한 것이야
  ▶ This is the thing S+V 이건 …하는 것이야
  This is just the thing to just perk you up. 이건 단지 너를 기운나게 하기 위한거야.

★ **This is the last thing I wanna+V** 이건 내가 가장 …하기 싫은 것이야
  This is the last thing I wanna deal with. 이건 내가 다루기 가장 싫은 것이야.
  It was the last thing I expected. 전혀 예상도 못했던거야.

★ **This is sort of thing that+V** 이건 …하는 그런 종류의 일이야
  This is the sort of thing that keeps me awake at night.
  이건 밤에 잠을 못자게 하는 그런 종류의 일이야.

이 표현이 나오는 영화_
<노팅힐>, <쉬즈더맨>, <악마는 프라다를 입는다>

screen conversation

A: **I set up a big sign for the festival.**

B: **This is just the thing to attract people.**

A: 난 축제용으로 커다란 표지판을 세웠어.
B: 이건 단지 사람들의 주목을 끌기 위한 것이야.

A: **Shouldn't you tell your wife about the money you lost?**

B: **This is the last thing I wanna bother her with.**

A: 네가 잃어버린 돈에 대해 아내에게 얘기해야 되지 않아?
B: 이건 내가 가장 아내의 신경을 거슬리게 하고 싶지 않은 일이야.

LEVEL 03

072

네가 그런 말을 하리라고는 꿈에도 생각못했어!

I can't believe you would say that!

확신이 없어서 조심스럽게 말하는 표현법. I would say that~은 that 이하를 말해야 될 것 같아, "아마 …일 것 같아," "…로 보고 있다" 등으로 조금 의역해볼 수 있다. 인칭을 바꿔 You would say S+V, 또는 I can't believe you would say~ 등으로 응용해볼 수 있다.

Screen Expressions

★ **I would say S+V** 아마 …일 것 같아

I would say that he left town. 걘 아마 마을을 떠났을거야.

I would say that that makes a lot of sense.
그건 정말 말이 되는 것 같아.

★ **You would say S+V** 넌 …라고 말할거야

You would say it's cute! 넌 그게 예쁘다고 말할거야!

★ **I can't believe you would say~** 네가 …라고 말할거라 생각도 못했어

I can't believe you would say that!
네가 그런 말을 하리라고는 꿈에도 생각못했어!

이 표현이 나오는 영화_
<500일의 썸머>, <첫키스만 50번째>

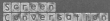
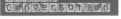

Screen Conversation

A: **Did you hear they asked her to resign?**

B: I would say **she deserves it.**

A: 걔네들이 걔에게 그만두라고 했다는 얘기 들었어?
B: 걘 그런 일을 당할 만하지.

A: **They plan to borrow $10,000 from me.**

B: I can't believe you would say **it's a good idea.**

A: 걔네들은 나로부터 만 달러를 빌릴 생각이야.
B: 네가 그걸 좋은 생각이라고 말하리라고는 생각도 못했어.

난 이제 과거 생각은 그만뒀어

I'm done thinking about the past

「끝내다」라고 할 때는 finish라는 동사를 사용하기도 하지만 스크린영어에서는 be done~이라는 표현을 많이 사용한다. be done~ 다음에는 사람이나 사물이 올 수 있어 be done with sb[sth], 혹은 be done (with) ~ing 형태로 쓰인다. 참고로 with를 쓴 be done with ~ing는 「완전히 끝냈다」라는 뉘앙스를 풍긴다.

Screen Expressions

★ **I'm done with[~ing]** 난 …을 끝냈어

I'm done with trying to help Chris. 크리스를 도와주려고 하는거 그만둘래.

I'm done thinking about the past. 난 이제 과거 생각은 그만뒀어.

★ **I'm not done with[~ing]** 난 …을 끝내지 못했어

I'm not done with my coffee yet.
난 아직 내 커피를 다 마시지 못했어.

★ **Are you done with[~ing]?** 너 …을 끝냈어?

Are you done with working on the computer?
컴퓨터 작업 끝냈어?

이 표현이 나오는 영화_
<굿럭척>, <라라랜드>, <첫키스만 50번째>, <악마는 프라다를 입는다>

Screen Conversation

A: **Come on, let's get going.**

B: **I'm not done writing this text.**

A: 자 어서 가자.
B: 아직 문자 보내지 못했어.

A: **Are you done with watching TV?**

B: **No, I want to see the end of this show.**

A: TV 다봤어?
B: 아니, 이 프로의 끝을 보고 싶어.

그렇다고 걔가 회사를 만들었다는 것은 아냐

That's not to say he created the company

That's not to say S+V는 방금 전에 자신이 한 말을 수정하거나 혹은 약간 내용의 강도를 줄이는 기능을 하는 패턴이다. 우리말로는 "그렇다고 …라고 말하는 것은 아냐" 정도에 해당된다. 좀 비슷한 형태인 ~that's not saying much는 역시 자신이 한 칭찬의 말을 반감시키는 것으로 "뭐 그렇게 대단한 것은 아냐"라는 뜻.

Screen Expressions

★ **That's not to say S+V** 그렇다고 …라는 것은 아냐

That's not to say I, um, don't fully support the concept.
그렇다고 해서 그 생각을 전혀 지지하지 않는다는 말은 아냐.

That's not to say he created the company.
그렇다고 걔가 회사를 만들었다는 것은 아냐.

★ **~ that's not saying much** 뭐 그 정도로 대단한 것은 아니고

Pat is the best worker, but **that's not saying much.**
팻은 최고의 직원이지만, 뭐 그 정도로 대단하지는 않아.

She wore her best clothes, **but that's not saying much.**
걔는 최고의 옷들을 입고 있지만, 뭐 그렇게 대단하지는 않아.

이 표현이 나오는 영화_
<왓이프>

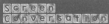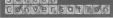

Screen Conversation

A: **So the meeting was longer than usual?**

B: That's not to say **anyone got upset.**

A: 그럼 회의는 평소보다 길었어?
B: 그렇다고 누가 화났다는 얘기는 아냐.

A: **How was your car after the accident?**

B: **The car still runs,** but that's not saying much.

A: 사고 후에 네 차는 어떻게 됐어?
B: 아직 운행은 되지만, 그렇다고 뭐 대단하다는 것은 아냐.

어떻게 내가 걔에게 연락하고 다니겠어?

How do I go about contacting her?

go about은 쉬운 단어들로 이루어졌지만 의미가 쉽게 와닿지 않는다. 주로 go about ~ing의 형태로 "…의 행동을 하다," 혹은 "…을 하며 시간을 보내다" 정도로 생각하면 된다. go around ~ing라고 해도 같은 의미가 된다.

screen Expressions

★ **How do I go about ~ing?** 어떻게 내가 …하고 다니겠어?

How do I go about seducing a woman who is apparently out of my league? 내가 어떻게 나와 레벨이 다른 여자를 유혹하겠어?

How do I go about contacting her?
어떻게 내가 걔에게 연락하고 다니겠어?

★ **I don't go around ~ing** 난 …하면서 돌아다니지 않아

I don't ordinarily go around kissing guys at parties.
난 보통 파티에서 남자애들에게 키스나 하며 돌아다니지 않아.

I don't go around insulting people. 난 사람들 욕하고 다니지 않아.

이 표현이 나오는 영화_
<러브, 로지>

screen Conversation

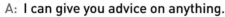

A: I can give you advice on anything.

B: How do I go about **finding a rich boyfriend?**

A: 난 너한테 무슨 문제든지 조언해줄 수 있어.
B: 어떻게 하면 내가 부자 남친을 만날 수 있겠어?

A: Tell me about the women you've slept with.

B: I don't go around **bragging about my sexual history.**

A: 네가 같이 잔 여자들 얘기 좀 해줘.
B: 난 내 성경력에 대해 떠벌리고 다니지 않아.

개는 그게 필요하다는 것을 확신하게 되었어

She got it into her head that she needed it

get sth into one's head~는 직역하면 「…을 …의 머리에 넣다」라는 말. 그래서 get it into one's head that S+V하게 되면 「…을 이해하다」, 「확신하게 되다」, 그리고 it 대신에 notion을 넣어서 get the notion into one's head that S+V하게 되면 "…라는 생각을 하게 되다"라는 유사한 의미가 된다.

screen Expressions

★ **get it into one's head that S+V** …을 이해하다, 확신하게 되다
Somebody somewhere **got it into their head that** once a girl's been with me, she'll meet her true love with the next guy she goes out with. 어디선가 누가 여자가 나와 하룻밤 자고 나면 다음 데이트하는 상대와 진정한 사랑을 하게 된다는 확신을 심어줬어.

★ **get the notion into one's head that S+V** …라는 생각을 하게 되다
He **got the notion into his head that** if he restored the old house where they had come that night, Allie would find a way to come back to him. 노아는 그들이 그날 저녁 함께 왔던 그 낡은 집을 되살리면, 앨리가 자기에게 되돌아오는 길을 찾을 수 있을거라는 생각을 하게 되었다.

이 표현이 나오는 영화_
<굿럭척>, <노트북>

screen conversation

A: Why don't your parents live in L.A.?
B: They got it in their head that **they needed to move to the country.**
A: 왜 너의 부모님은 LA에서 살지 않으셔?
B: 시골로 이사가야 된다고 확신하게 되었어.

A: Jack is the most arrogant asshole I've ever met.
B: Sometimes he gets the notion into his head that **he's better than everyone.**
A: 잭은 지금까지 만난 사람 중에서 가장 거만해.
B: 때때로 자기가 최고라는 생각을 해.

이거 마치는데 시간이 얼마 없어

We don't have much time to finish this

have time to+V(…할 시간이 있다)를 응용한 패턴으로 You have+시간+to+V(넌 …을 하는데 시간이 …만큼 있어)와 I have+시간+to+V(난 …하는데 시간이 …가 있어)라는 두 패턴을 알아본다.

screen Expressions

★ **I have+시간+to+V** 난 …하는데 시간이 …가 있어

I have a lot of time to prepare for my overseas trip.
난 해외여행 준비할 시간이 많아.

I have a lot of time to prepare for the exam. 난 시험준비할 시간이 많아.

★ **You have+시간+to+V** 넌 …을 하는데 시간이 …만큼 있어

You have 50 seconds to pull your shit together, OK?
넌 50초 안에 전력투구해서 섹스를 끝내야 돼, 알았어?

★ **We don't have much time to+V** …하는데 시간이 별로 없어

We don't have much time to finish this. 이거 마치는데 시간이 얼마 없어.

이 표현이 나오는 영화_
<친구와 연인사이>, <러브액츄얼리>

screen Conversation

A: Your first date with Janice is in two weeks?

B: I have a lot of time to **prepare for our date.**

A: 재니스와의 첫데이트가 2주 후인가?
B: 데이트 준비할 시간많아.

A: I really can't decide which to choose.

B: You have 30 seconds to **decide what to do.**

A: 무엇을 선택해야 할지 정말 모르겠어.
B: 어떻게 해야 할지 30초 남았어.

다른 사람들을 돕는데 문제가 없어

I have no problem helping others

have no problem~은 「문제」나 「불만」이 없다라는 말로 have no problem ~ing(…하는데 불만이 없어)나 have no problem with+명사의 형태로 쓰인다. have no problem with sb ~ing하게 되면 "sb가 …하는데 불만이나 문제가 없다"라는 패턴이 된다.

screen Expressions

★ **I have no problem with+명사** …에 불만이 없어, 문제가 없어

I have no problem with the concept of Chantry having guy friends.
남성 친구를 사귄다는 샨트리의 생각에 난 전혀 불만이 없어.

★ **I have no problem ~ing** …하는데 문제가 없어

I have no problem talking to strangers.
낯선 사람들과 얘기하는데 문제가 없어.

★ **I have no problem with sb ~ing** …가 …하는데 문제가 없어

I have no problem with you borrowing this.
네가 이거 빌려가는데 전혀 문제없어.

이 표현이 나오는 영화_
<왓이프>, <프로포즈>

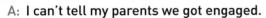

screen Conversation

A: **I can't tell my parents we got engaged.**

B: **I have no problem telling them.**

A: 우리가 약혼했다고 부모님께 얘기 못하겠어.
B: 난 말씀드리는데 아무 문제가 없는데.

A: **She says she'll transfer to another division.**

B: **I have no problem with her going elsewhere.**

A: 걘 다른 부서로 옮길거라고 그래.
B: 걔가 다른데 가는데 아무런 문제없어.

네가 화내지 않기를 바래

I wouldn't want you to get upset

I wouldn't want to~는 별로 좋은 생각이 아니어서 혹은 나쁜 결과가 초래될 수도 있기 때문에 하지 않겠다는 의미의 표현. 우리말로는 "…하지 않을거야," "…하고 싶지 않아"에 해당된다. I wouldn't want you to+V 는 to 이하를 하는 주체가 내가 아니라 you인 문장으로, "상대방이 …하지 않기를 바란다"라는 뜻이다.

Screen Expressions

★ **I wouldn't want to+V** …을 하지 않을거야, …하고 싶지 않아

I wouldn't want to stand in the way of that.
난 그걸 방해하고 싶지 않아.

★ **I wouldn't want you to+V[~ing]** 네가 …을 하지 않기를 바래

I wouldn't want you to get upset.
난 네가 화내지 않기를 바래.

★ **I wouldn't want sb to+V[~ing]** …가 …하지 않기를 바래

I wouldn't want someone staying with me out of pity.
누군가가 날 동정해서 함께 있는 건 원치 않아.

이 표현이 나오는 영화_
<미비포유>, <노팅힐>

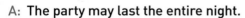

Screen Conversation

A: **The party may last the entire night.**

B: I wouldn't want to **stay that long.**

A: 파티는 밤새며 계속될거야.
B: 난 그렇게 오래 남아있지 않을거야.

A: **It may be the only time I get to talk with Terry.**

B: I wouldn't want you to **lose this chance.**

A: 그건 테리와 얘기하게 되는 유일한 시간이야.
B: 난 네가 이 기회를 잃지 않기를 바래.

080

우리는 헤어질 수도 있는 단계에 와있어

We're at the point where we may break up

~point where~는 「…하는 지점」이라는 말로 전체적으로 I got to the point where S+V하게 되면 "…하는 지점, …하는 지경에까지 이르렀다"라는 뜻. 주어는 'I' 대신에 'It'을 써도 된다. 또한 We're at the point where S+V 역시 "…한 지경이다," "…한 단계이다"라는 의미.

Screen Expressions

★ I[It] got to the point where S+V …하는 지경에 다다르다
▶ reach a point where~ …지경에 이르다
It got to the point where everything was so awkward.
모든게 다 어색한 지경에 이르렀어.

★ be at the point where S+V …한 지경이다, …한 단계이다
We're at the point where we may break up. 우리는 헤어질 수도 있는 단계에 와있어.

★ up until the point where S+V …을 하기 전까지
He was your best friend. For years. **Right up until the point where** he had sex with my wife. 걘 오랫동안 네 절친였어. 걔가 내 아내와 섹스를 하기 전까지만.

이 표현이 나오는 영화_
<노팅힐>

Screen Conversation

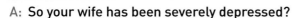

A: **So your wife has been severely depressed?**
B: It got to the point where **she stayed in bed all day.**

A: 그래 네 아내의 우울증이 심하다고?
B: 종일 침대에서 안나올 지경에 이르렀어.

A: **John and Frieda have always hated each other.**
B: It is at the point where **they ignore each other.**

A: 존과 프리다는 항상 서로를 싫어해.
B: 이제는 서로 못본체하는 지경에 도달했어.

내가 이해못하는 건 왜 걔가 그렇게 멍청하냐는거야

What I don't get is why she's such a jerk

What S+V가 주어가 되는 What I'm saying is that S+V의 패턴으로 낯설지는 않는 표현. What S+V is that[why~]~하게 되면 "…하는 것은 …이야"라는 의미가 된다. What you don't know is that S+V는 "네가 모르는 것은 …야," What's great is that S+V는 "멋진 것은 …야"라는 뜻이 된다.

Screen Expressions

★ **What I don't get is why S+V** 내가 이해못하는 것은 …야

What I don't get is why she's such a jerk.
내가 이해못하는 건 왜 걔가 그렇게 멍청하냐는거야.

★ **What you don't know is that S+V** 네가 모르는 것은 …야

What you don't know is that someone bought it.
네가 모르는 것은 누군가가 그걸 샀다는거야.

★ **What's great is that S+V** 멋진 것은 …야

What's great is that my parents live close to me.
아주 좋은 것은 부모님이 근처에서 사신다는거야.

이 표현이 나오는 영화_
<노팅힐>, <악마는 프라다를 입는다>

Screen Conversation

A: Mel was put on the overnight shift.

B: What I don't get is why **he agreed to do it.**

A: 멜은 야간조로 부서 이동했어.
B: 내가 이해못하는 건 왜 걔가 동의했냐는거야.

A: He inherited millions from his parents.

B: What you don't know is that **the money was spent.**

A: 걘 부모로부터 엄청난 돈을 물려받았어.
B: 네가 모르는 것은 걔가 그 돈을 썼다는거야.

082

분명히 말해두는데 난 아주 뛰어난 댄서야

I'll have you know I'm an excellent dancer

I'll have you know~는 네가 know 이하를 알게 하겠다라는 사역의 뜻으로 우리말로 하자만 "분명히 말하는데" 정도에 해당되는 패턴이다. I'll have you know, S+V나 혹은 붙여 써서 I'll have you know that S+V 의 형태로 쓰인다.

Screen Expressions

★ **I'll have you know, S+V** 분명히 말해두는데, …해

I'll have you know, Tony is a very bright spirit.
분명히 말해두는데, 토니는 매우 영리한 아이야.

I'll have you know, I was an extremely pretty child.
분명히 말하자면 난 매우 예쁜 아이였어.

★ **I'll have you know that S+V** 분명히 말해두는데 …야

I'll have you know that I am an excellent dancer.
분명히 말해두는데 난 아주 뛰어난 댄서야.

I'll have you know that that woman in there is one of the most re-spected editors in town. 분명히 말하는데 저안에 있는 여성은 가장 존경받는 편집자 중의 한 명야.

이 표현이 나오는 영화_
<프로포즈>, <노트북>

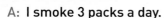

Screen Conversation

A: I smoke 3 packs a day.

B: I'll have you know, **smoking causes health problems.**

A: 하루에 담배 3갑을 피워.
B: 분명히 말해두는데, 흡연은 건강문제를 일으켜.

A: I must reserve the chapel for a wedding.

B: I'll have you know that **it won't be available.**

A: 결혼식하려고 예배당을 예약해야 돼.
B: 내 말해두는데 이용하지 못할거야.

LEVEL 03

083

무슨 일인지 보려고 들렀어

I just popped over to see what's going on

pop은 갑자기 「뻥하고 터지다」라는 말로 비유적으로 연락하지 않고 「불쑥 들리다」 혹은 「불쑥 …가 생각나다」라는 등의 의미로 쓰인다. 그래서 I just popped over to+V하면 "…하려고 잠시 들렀어," "그게 가장 먼저 머리속에 떠올랐어"라고 하려면 It was the first thing that popped into my head라고 하면 된다.

Screen Expressions

★ **I just popped over to+V** …하기 위해서 들리다

I just popped over to see what's going on.
무슨 일인지 보려고 들렀어.

I just popped over to get something to eat.
뭐 좀 먹으려고 들렀어.

★ **It was ~ that popped into my head** 내 머리속에 갑자기 …가 떠올랐어

When you told us of your plan, **it was** the first thing **that popped into my head.** 네 계획을 우리에게 말했을 때 그게 가장 먼저 머리속에 떠올랐어.

It was a new idea **that popped into my head.**
내 머리속에 갑자기 새로운 생각이 떠올랐어.

이 표현이 나오는 영화_
<러브, 로지>, <러브액츄얼리>

Screen Conversation

A: It's been a while since I've seen you.

B: I just popped over to **have a chat.**

A: 너 본지 오래간만이다.
B: 얘기나누려고 들린거야.

A: So you decided to listen to what I told you?

B: It was **your advice** that popped into my head.

A: 내가 한 말 듣기로 한거야?
B: 내 머리속에 갑자기 네 조언이 떠올랐어.

이래서 네가 나를 보고 싶어했던거야?

Is this why you wanted to see me?

Is that[this] why S+V?는 앞서 이미 정리한 패턴이다. 여기서는 한발 더 나아가 Is that[this] why you wanted to+V?(그래서 …을 하고 싶어했던거야?)와 Is that[this] why you don't want to+V?(그래서 …을 하고 싶지 않은거야?)을 연습해본다.

SCREEN EXPRESSIONS

★ **Is that[this] why you wanted to+V?** 그래서 …을 하고 싶어했던거야?

  Is this why you wanted to see me? 이래서 네가 나를 보고 싶어했던거야?

★ **Is that[this] why you don't want to+V?**

  그래서 …을 하고 싶지 않은거야?

  Is that why you don't want to get involved with me?

  그래서 넌 나와 엮이고 싶지 않은거야?

★ **Is that[this] why you+V?** 그래서 넌 …하는거야?

  Is that why you've been acting like such a nut all day?

  그래서 네가 종일 미친 놈처럼 행동한거야?

이 표현이 나오는 영화_
<굿럭척>, <프렌즈 위드 베네핏>

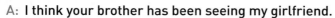

SCREEN CONVERSATION

A: I think your brother has been seeing my girlfriend.

B: Is that why you wanted to **talk with him?**

A: 네 형이 내 여친을 만나는 것 같아.

B: 그래서 형과 얘기를 나누고 싶어했던거야?

A: I've always been nervous about flying.

B: Is that why you don't want to **get on an airplane?**

A: 난 언제나 비행기타는게 긴장돼.

B: 그래서 비행기 타는 것을 원치 않는거야?

난 종일 너만 생각했어
I've been thinking about you all day

현재완료 진행형을 써서 과거부터 지금까지 계속 생각을 하고 있다는 「지속성」을 강조하기 위한 패턴이다. I've been thinking about~ 다음에 sb나 sth, sb who~, 그리고 why S+V의 형태를 순서대로 넣어가면서 문장을 만들어보자.

Screen Expressions

★ **I've been thinking about+명사** …을 생각하고 있었어

I've been thinking about you all day. 난 종일 너만 생각했어.

★ **I've been thinking about sb who~**

…한 사람에 대해 생각을 하고 있었어

I've been thinking about a girl who was at the party.
난 파티에 있던 한 여자를 생각하고 있었어.

★ **I've been thinking about why S+V** 왜 …한지에 대해 생각하고 있었어

I've been thinking a lot about why we shouldn't get married.
왜 우리가 결혼을 하지 않았는지에 대해 생각을 많이 하고 있었어.

이 표현이 나오는 영화_
<노트북>, <프로포즈>, <쉬즈더맨>

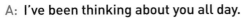

Screen Conversation

A: **I've been thinking about you all day.**

B: **How romantic!** I've been thinking about **you too.**

A: 난 종일 너만 생각했어.
B: 정말 낭만적이네! 나도 너만 생각했어.

A: **I've been thinking about why we argue so much.**

B: **Our personalities are very different.**

A: 우리가 왜 많이 다투는지에 대해 생각을 했어.
B: 우리의 성격이 너무 달라.

난 걔가 어디서 일하는지 알고 싶었어

I wanted to know who she worked for

과거에 내가 알고 싶었다는 사실을 언급할 때 사용하는 패턴으로 know 다음에는 what, who, how, 그리고 if~ 등의 절이 이어지면 된다. 참고로 What I want to know is~는 "내가 알고 싶은 것은 …야"라는 의미의 패턴이다.

Screen Expressions

★ **I wanted to know wh~[if] S+V** …을 알고 싶었어

I wanted to know who she worked for.
난 걔가 어디서 일하는지 알고 싶었어.

★ **You wanted to know wh~[if] S+V** 넌 …을 알고 싶어했지

You wanted to know if you could get off early to see your son.
아들 보려고 일찍 나가도 되는지 알고 싶어했지.

★ **What I want to know is wh~** 내가 알고 싶은 것은 …야

What I want to know is whether she slept with my husband.
내가 알고 싶은 건 걔가 내 남편과 잤냐 안잤냐야.

이 표현이 나오는 영화_
<친구와 연인사이>, <프로포즈>, <브리짓 존스의 베이비>

Screen Conversation

A: I can't believe she went out with Carter.

B: You wanted to know if it was true.

A: 걔가 카터와 데이트를 했다니 놀라워.
B: 넌 그게 사실인지 알고 싶어했지.

A: Alan paid for the entire group to go out.

B: What I want to know is where he gets his money.

A: 앨런은 그룹전체가 나가서 즐기는데 돈을 댔어.
B: 내가 알고 싶은 건 걔가 돈이 어디서 났는지는거야.

내가 그녀의 사랑을 잃었다면 내 맘에 상처를 받았을텐데

I'd have broken my heart if I lost her love

과거사실의 반대로 「…할 수 있었을텐데 그러지 않았다」라는 뉘앙스인 would have+pp를 쓴 패턴. It would have been much better if S+V는 "…했다면 더 좋았을 수도 있었을텐데," 그리고 It would have broken my heart if S+V하게 되면 "…했다면 내 맘에 상처를 받았을텐데"라는 구문이다.

★ **It would have been nice if S+V** …였더라면 좋았을텐데

It would have been nice if you were a party planner.
네가 파티플래너라면 좋았을 수도 있었을텐데.

★ **It would have been much better if~** …했다면 더 좋았을 수도 있었을텐데

It would have been much better if we spoke to Jenny.
우리가 제니에게 말할 수 있었다면 더 좋았을 수도 있었을텐데.

★ **It would have broken my heart if S+V**

…했다면 내 맘에 상처를 받았을텐데

It would have broken my heart if I lost her love.
내가 그녀의 사랑을 잃었다면 내 맘에 상처를 받았을텐데.

이 표현이 나오는 영화_
<러브액츄얼리>

Screen conversation

A: How was your tour of the island?

B: It would have been much better if **you came.**

A: 섬투어는 어땠어?
B: 네가 왔더라면 더 좋았을 수도 있었을텐데.

A: Your ex-husband is dating someone new.

B: It would have broken my heart if **I saw them together.**

A: 네 전 남편이 새로운 사람과 데이트해.
B: 그들이 같이 있는걸 봤더라면 맘에 상처를 받았을텐데.

그걸 고치는 방법을 아무도 찾지 못했어

No one's worked out how to fix it

많은 의미로 쓰이는 동사구 work out이지만 여기서는 가장 기본적인 의미인 solve a problem으로 쓰인 경우를 확인해본다. 이는 계산해서 혹은 생각해서 답을 찾아내는 것을 말하는 것으로 work out 다음에는 의문사구(how to~)나 절(why S+V) 등이 이어져 나온다.

Screen Expressions

★ **I've just worked out why S+V** 왜 …인지를 알아냈어, 왜 …인지 알겠네

I've just worked out why the bus was late.
왜 버스가 늦었는지를 알아냈어.

I've just worked out why Chris hates me!
왜 크리스가 나를 미워하는지 알아냈어!

★ **No one's worked out how to+V** 아무도 …하는 방법을 찾지 못했어

No one's worked out how to win the computer game.
아무도 컴퓨터 게임에서 이기는 방법을 찾지 못했어.

No one's worked out how to fix it yet.
아무도 그것을 고치는 방법을 찾지 못했어.

이 표현이 나오는 영화_
<미비포유>, <러브액츄얼리>

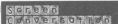

Screen Conversation

A: She thinks you started those rumors.

B: I've just worked out why Gail hates me!

A: 걘 네가 그 소문들을 냈다고 생각해.
B: 왜 게일이 날 싫어하는지 알겠네!

A: The cable TV stopped working on Monday?

B: No one's worked out how to fix it yet.

A: 유선방송이 월요일에 고장났다고?
B: 아직 아무도 그걸 고치는 방법을 찾지 못했어.

내 가슴 어떻게 생각해?

What do you think of my breasts?

상대방의 의견을 물어볼 때 쓰는 가장 전형적인 표현중의 하나. What do you think of[about]~?에서 시작해서 What do you think of[about] sb ~ing?, What do you think of sth that S+V? 등의 패턴을 만들어본다. 아울러 What do you think S+V?도 함께 정리한다.

Screen Expressions

★ **What do you think of[about]~ ?** …을 어떻게 생각해?
This might seem kind of weird, but **what do you think of** my breasts? 이게 좀 이상할 수도 있지만, 내 가슴 어떻게 생각해?

★ **What do you think of[about] sth that S+V?**
…한 …을 어떻게 생각해?
What do you think of the way I decorated? 내가 장식한거 어떻게 생각해?

★ **What do you think S+V?** …가 …한다고 생각해?
What do you think we should do? 우리가 어떻게 해야 된다고 생각해?
What do you think Neil said to Helen? 닐이 헬렌에게 뭐라고 얘기했다고 생각해?

이 표현이 나오는 영화_
<노팅힐>, <러브액츄얼리>, <쉬즈더맨>

Screen Conversation

A: What do you think of **the new office girl?**

B: **She's cute. Is she going out with anyone?**

A: 새로운 여직원 어떻게 생각해?
B: 귀여워. 누구와 사귀고 있어?

A: What do you think **Cindy wants?**

B: **She says she needs to talk with you.**

A: 신디가 뭘 원한다고 생각해?
B: 걘 너와 얘기를 나누어야 한다고 말해.

LEVEL 03

090

거기에는 그것보다 다른 뜻이 있는 것 같아

I think there is more to it than that

실제 생각하는 것 이상이라는 의미로, There is more to A than B, 그리고 This is so much more than~ (…이상의 것이다, …보다 훨씬 더하다)과 함께 think of A as B rather than C라는 패턴을 모아서 정리해본다.

Screen Expressions

★ **There is more to A than B** B보다 A에게는 다른 뭔가가 더 있어

There is more to the story **than** you heard. 네가 들은 이야기 외에 다른 게 있어.

I think **there is more to** it **than** that. 그것보다 다른 뜻이 있는 것 같아.

★ **This is so much more than~** …이상의 것이다, …보다 훨씬 더하다

This is so much more than I expected. 이건 내가 예상한 것보다 훨씬 더해.

★ **think of A as B rather than C** A를 C라기보다는 B로 간주하다

It would be nice if he could **think of you as a friend rather than** a paid professional. 걔가 당신을 유급 전문인이라기 보다는 친구로 생각할 수 있다면 정말 좋겠어요.

이 표현이 나오는 영화_
<미비포유>, <러브액츄얼리>, <악마는 프라다를 입는다>

Screen Conversation

A: **Zack has a vacation home in Switzerland.**

B: There is more to **him** than **his job.**

A: 잭은 스위스에 별장을 갖고 있어.
B: 걔에게는 직장 외에 다른 뭔가가 더 있어.

A: **Matt didn't give us many details.**

B: This is so much more than **he told us about.**

A: 맷은 우리에게 세부적인 이야기들을 많이 하지 않았어.
B: 이건 걔가 얘기한 것보다 훨씬 더해.

오늘은 내 첫 여친을 만난 날이었어

This was the day I met my first girlfriend

이번에는 「시간」에 관한 패턴 세가지를 살펴본다. 먼저 "얼마동안 …을 했는지 알려달라"고 할 때는 Tell me exactly how long it is that S+V, 그리고 "…하는데 오랜 시간이 걸렸다"라고 하려면 Take me ages to+V, 끝으로 "오늘은 …한 날이었어"라고 할 때는 This was the day S+V라고 하면 된다.

screen Expressions

★ **Tell me exactly how long it is that S+V** 얼마동안 …을 했는지 알려줘

Tell me exactly how long it is that we will be in Berlin.
우리가 얼마동안 베를린에 있을건지 알려줘.

★ **Take me ages to+V** …하는데 시간이 오래걸렸어

It takes me ages to get my car repaired.
내 차 수리하는데 엄청 많은 시간이 걸렸어.

★ **This was the day S+V** 오늘은 …한 날이었어

This was the day I met my first girlfriend!
오늘은 내 첫 여친을 만난 날이었어!

이 표현이 나오는 영화_
<노팅힐>, <러브액츄얼리>

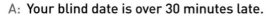

screen conversation

A: **Your blind date is over 30 minutes late.**

B: Tell me exactly how long it is that **we will wait for her.**

A: 네 소개팅 상대는 30분 이상 늦네.
B: 우리가 정확히 얼마나 걔를 기다릴건지 알려줘.

A: **What happened on Wednesday of last week?**

B: That was the day **we got in a car wreck.**

A: 지난주 수요일에 무슨 일이 있었어?
B: 자동차 사고가 난 날이었어.

그 때문에 우정이 끝나게 된다면 참 안된 일일거야

It'd be a shame to let it end a friendship

It would be a+명사+to+V의 패턴으로 to+V 이하를 하게 된다면 "정말 …한 일일거야"라는 의미. 아직 그렇게 되지 않았기 때문에 would를 쓴 것이다. to+V 대신에 if S+V를 써도 된다. 명사자리에 다양한 단어를 넣어보면서 문장을 만들어본다.

screen Expressions

★ **It would be a shame to+V** …한다면 정말 안타까운 일일거야

It would be a shame to let it end a friendship.
그 때문에 우정이 끝나게 된다면 참 안된 일일거야.

★ **It would be a good idea to+V** …한다면 좋은 생각일일거야

It would be a good idea to calm down. 진정한다면 좋은 생각일일거야.

★ **It would be a dream come true for sb to+V**
…가 …한다면 꿈이 실현되는 것일거야

It would be a dream come true for me to see my one grandchild's
wedding. 내가 내 손자의 결혼식을 본다면 꿈이 실현되는 것일거야.

이 표현이 나오는 영화_
<프로포즈>

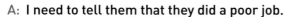

screen conversation

A: **I need to tell them that they did a poor job.**

B: It would be a shame to **hurt their feelings.**

A: 걔네들에게 일을 제대로 못했다고 말해야 돼.
B: 걔네들 감정을 상하게 한다면 안타까운 일일거야.

A: **Would you like to meet my friend, Emma Stone?**

B: It would be a dream come true for us to **meet her.**

A: 내 친구 엠마 스톤이야.
B: 우리가 그녀를 만나다니 꿈이 실현되는 것일거야.

살을 빼는 유일한 방법은 다이어트를 하는거야

The only way you lose weight is dieting

이번에는 the only way를 이용한 패턴들. 먼저 It's the only way to+V[S+V]를 써서 유일한 방법이 뭔지 설명할 수 있고, 좀 더 조건을 달아서 "…하기 위한 유일한 방법은 …야"라고 할 때는 They only way to+V[S+V] is~라고 하면 된다.

screen Expressions

★ **It[This] is the only to+V[S+V]** 이게 …하기 위한 유일한 방법이야

We're having sex. Hey, **it's the only way to** even the score with them. 우린 섹스를 하고 있어. 야, 이게 걔네들에게 복수하는 유일한 길이야.

★ **The only way to+V is~** …하는 유일한 방법은 …이야

The only way to truly learn is from your mistakes.
진정으로 배울 수 있는 유일한 방법은 자신의 실수에서이다.

★ **The only way S+V is~** …하는 유일한 방법은 …이야

▶ The only way they could+V was~ 걔네들이 …할 수 있는 유일한 방법은 …였어

The only way you lose weight is dieting. 살을 빼는 유일한 방법은 다이어트를 하는거야.

이 표현이 나오는 영화_
<라라랜드>, <첫키스만 50번째>, <프렌즈 위드 베네핏>

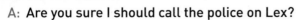

screen Conversation

A: Are you sure I should call the police on Lex?

B: This is the only way to **get him to leave you alone.**

A: 렉스에 관해 경찰에 정말 신고해야 된다고 생각해?
B: 걔가 너를 내버려 두게 할 유일한 방법이야.

A: I heard your sister refuses to eat meat.

B: The only way she eats is **when the food is vegetables.**

A: 네 누이가 고기를 먹지 않는다며.
B: 유일하게 먹을 때는 음식이 채식일 때야.

그거 하고 싶어서 안달났다는 것을 알고 있었어

I knew that he'd been itching to try it

I know~을 이용한 패턴 세가지. 먼저 I know it's hard to believe~는 "…을 믿기 어렵다," I know this is forward but~은 "내가 좀 앞서 나가는 줄 알지만…," 그리고 I knew that he'd been itching to+V는 "걔가 …하고 싶어 안달이 난 줄 알고 있었다"라는 의미가 된다.

screen Expressions

★ **I know it's hard to believe people when they say S+V**
사람들이 …라고 말하는 것을 믿기 어렵다는 것을 알아

I know it's hard to believe people when they say they love you.
널 사랑한다고 사람들이 말할 때 믿기 어렵다는거를 알아.

★ **I know this is forward but S+V** 좀 앞서 나가는 것 같지만 …해
I know this is forward but your face tells me that you're finding this
party to be a living hell. 좀 앞서 나가는 것 같지만, 얼굴을 보니 이 파티를 생지옥처럼 생각하는 것 같아요.

★ **I knew that he'd been itching to~** 걔가 …하고 싶어 안달났다는 걸 알고 있었어
I knew that he'd been itching to ask me to marry him. 몹시 청혼하고 싶은걸 알고 있었어.

이 표현이 나오는 영화_
<프로포즈>, <로맨틱홀리데이>, <어바웃타임>

screen conversation

A: **He swore to me he was telling the truth.**

B: I know it's hard to believe people when they say **they're being honest.**

A: 걘 진실을 말하겠다고 다짐했어.
B: 사람들이 솔직히 말한다고 할 때 믿기 어렵다는거를 알아.

A: **My boyfriend finally went skydiving.**

B: I knew that he'd been itching to **try it.**

A: 남친이 마침내 스카이다이빙하러 갔어.
B: 그거 하고 싶어서 안달났다는 것을 알고 있었어.

내가 얼마나 여러번 걔네들한테 그만하라고 말해되나?

How many times do I have to tell them to stop?

How many times have I told you that ~?은 "내가 …라고 도대체 몇번이나 얘기했니?"라고 상대방이 지시를 따르지 않을 때 훈계하면서 하는 말로, How many times do I have to tell~?이라고 해도 된다. 여기서 tell 은 say로 바꿔 말해도 된다.

Screen Expressions

★ **How many times have I told you that S+V?**
내가 …라고 도대체 몇번이나 얘기했니?

How many times have I told you to stay out of my house?
내 집에 얼씬거리지 말라고 몇 번이나 말했니?

★ **How many times do I[we] have to+V?** 얼마나 많이 …을 해야 돼?
How many times do we have to go through this?
얼마나 많이 우리가 이걸 겪어야 하는거야?

★ **How many times do I have to tell~?** 얼마나 많이 …라고 말해야겠니?
How many times do I have to tell them to stop?
내가 얼마나 여러번 걔네들한테 그만하라고 말해되나?

이 표현이 나오는 영화_
<악마는 프라다를 입는다>, <로맨틱홀리데이>, <첫키스만 50번째>

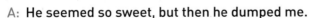

Screen Conversation

A: He seemed so sweet, but then he dumped me.

B: How many times have I told you that **he breaks hearts?**

A: 걘 매우 다정한 듯 했지만 나를 차버렸어.
B: 걔가 실연의 상처를 준다고 몇번이나 너에게 내가 말했니?

A: Someone walked in when I was using the toilet.

B: How many times do I have to say **keep the door locked?**

A: 내가 화장실을 이용하고 있는데 누군가가 걸어 들어왔어.
B: 문을 잠그라고 내가 얼마나 많이 얘기를 해야 되겠니?

무슨 일이 있었는지 말해볼테야?

You want to tell me what happened?

이번에는 tell을 이용한 응용패턴을 알아본다. 먼저 You just tell me wh~는 상대방에게 뭔가 털어놓으라고 할 때 혹은 상대방이 더 잘 알고 있으니 네가 말해보라는 의미 등으로 쓰인다. 또한 I'm gonna tell you a story that will make~는 "…하게 할 얘기를 너에게 해줄게"라는 말.

Screen Expressions

★ **You want to tell me wh~ ?** …을 말해봐, …에 대해 말해볼테야?

You wanna tell me what happened? 무슨 일이 있었는지 말해볼테야?

★ **You (just) tell me wh~** …한지 말해봐

You tell me which is the most unusual.
어떤 것이 가장 이상한지 말해봐.

★ **I'm gonna tell you a story that will make~**
…하게 할 얘기를 네게 해줄게

I'm gonna tell you a story that will make you cry.
네가 울게 될 얘기를 네게 해줄게.

이 표현이 나오는 영화_
<노팅힐>, <노트북>

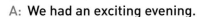

A: **We had an exciting evening.**

B: **You want to me tell what you did?**

A: 저녁 정말 신나게 보냈어.　　B: 뭐했는지 말해볼테야?

스크린 명대사 _ 프렌즈 위드 베네핏

"I'll tell you something that I wish I knew when I was your age.
And I know you've heard a million times, "life is short."
But let me tell you something, what this is teaching me is that life
is goddamn short and you can't waste a minute of it." -Dylan's father

내가 네 나이에 알고 싶었던 걸 말해줄게. 인생이 짧다는건 수없이 들었지? 근데 이 병(치매)의 교훈이 뭔지 말해줄까? 인생은 빌어먹겠게도 짧아서 단 1분도 낭비할 수 없다는거야.

LEVEL 03

097

네가 거짓말하면 어떻게 되는지 알겠어?

See what happens when you lie?

happen 또한 지금까지도 많은 패턴을 만들어냈지만 활용도가 높아 끊임없이 양질의 패턴들을 생산해내고 있다. 먼저 ~happen(s) when~(…할 때 …일이 일어나다)을 토대로 한 패턴 몇 가지를 살펴보기로 한다

Screen Expressions

★ **That's what happens when S+V** …을 하게 되면 바로 그렇게 되는거야

That's what happens when you do it five times a day.
하루에 다섯번을 하게 되면 그렇게 돼.

★ **What happens (to sb) when[if] S+V?** …하게 되면 어떻게 되는거야?

What happens if the economy gets bad?
경제가 나빠지면 어떻게 되는거야?

★ **You see what happens when S+V?** …하면 어떻게 되는지 알겠지?

You see what happens when you play with sharks?
상어하고 장난치면 어떻게 되는지 알겠지?

이 표현이 나오는 영화_
<첫키스만 50번째>, <악마는 프라다를 입는다>, <노트북>, <로맨틱홀리데이>, <500일의 썸머>, <이프온리>, <어바웃타임>, <친구와 연인사이>

Screen Conversation

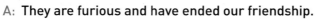

A: **They are furious and have ended our friendship.**

B: That's what happens when **you do bad things.**

A: 걔네들은 엄청 화가 나서 우리의 우정을 끝냈어.
B: 네가 나쁜 일을 하면 그렇게 되는거야.

A: **I was able to save a lot of money.**

B: You see what happens when **you work hard?**

A: 난 돈을 많이 모을 수 있었어.
B: 열심히 일하면 어떻게 되는지 알겠지?

갠 자신의 섹스경험을 늘어놓았어

She went on about her sexual adventures

지금부터는 형태상 혹은 의미상 함께 묶어서 설명할 수는 없으나 빠트리기에는 아까운 패턴들을 정리해본다. 먼저 go on about how~(얼마나 …한지 늘어놓다), Why does it bug you so much that S+V?(…하는게 왜 그렇게 거슬려?) 등을 알아본다.

Screen Expressions

★ **go on about how~** 얼마나 …한지 (장황하게) 늘어놓다

She **went on about** her sexual adventures. 걘 자신의 섹스경험을 늘어놓았다.

She **went on and on about how** much she loved it.
걘 얼마나 자기가 그걸 좋아했는지 장황하게 늘어놓았어.

★ **Why does it bug you so much that~?** …하는걸 왜 그렇게 거슬려 해?

Why does it bug you so much that I can't cry?
내가 울지 못하는걸 왜 그렇게 거슬려 해?

★ **You couldn't help me with~?** …하는데 도움을 줄 수 없을까?

You couldn't help me with some advice? 내게 조언을 줄 수 없을까?

이 표현이 나오는 영화_
<이프온리>, <로맨틱홀리데이>, <노팅힐>

Screen Conversation

A: Why did you think Rhonda was arrogant?

B: She went on about how much **money she has.**

A: 왜 론다가 거만하다고 생각하는거야?
B: 자기가 얼마나 많은 돈을 가지고 있는지 늘어놨어.

A: I can't believe he's on TV so much.

B: Why does it bug you so much that **he got famous?**

A: 걔가 TV에 그렇게 많이 나오다니 놀라워.
B: 걔가 유명해지는거에 왜 그렇게 거슬려 해?

LEVEL 03

099

이 여자들과 자는 것을 그냥 포기할거야?

You're just gonna give up boning all these women?

(Do) You happen to know~?는 "혹 …을 아느냐?"인데 wouldn't을 삽입하여 You wouldn't happen to know~?하게 되면 "…을 모르시겠죠?"라는 말이 된다. 또한 You're just gonna give up ~ing?는 "…하는 것을 그냥 포기할거야?"라고 상대방에게 물어보는 문장이 된다.

Screen Expressions

★ **You wouldn't happen to know~?** …을 모르시겠죠?

You wouldn't happen to know where Rosehill Cottage is?
로즈힐 오두막이 어디에 있는지 모르시겠죠?

★ **You're just gonna give up ~ing?** 그냥 …하는걸 포기할거야?

You're just gonna give up boning all these women?
이 여자들과 자는 것을 그냥 포기할거야?

★ **He'd never truly be happy until the day S+V**
…할 때까지 걘 절대로 행복할 수 없을거야

He'd never truly be happy until the day he met 'the one.'
걘 진정한 자기 짝을 만날 때까지는 절대로 행복해질 수 없을거야.

이 표현이 나오는 영화_
<500일의 썸머>, <로맨틱홀리데이>, <굿럭척>

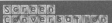

Screen Conversation

A: I don't want to do it anymore. I quit!

B: Really? You're just gonna give up **trying?**

A: 난 더 이상 그 일을 하고 싶지 않아. 그만둘래!
B: 정말? 그냥 포기하고 하지 않을거야?

A: Steve is the most negative person I know.

B: He'd never truly be happy until the day **he finds love.**

A: 스티브는 내가 아는 사람중 가장 부정적인 사람이야.
B: 사랑을 찾을 때까지 절대로 행복해질 수 없을거야.

진실을 말하는 것은 아무리 지나쳐도 잘못되지 않아

You can never go too far wrong telling the truth

You can never go too far wrong ~ing는 좀 복잡해보이지만 핵심은 go wrong ~ing이다. "…하는 것은 잘 못된 것이다"라는 뜻. 그래서 전체적인 뜻은 "…을 하는 것은 아무리 지나쳐도 잘못되지 않는다," "…을 하는 것이 최선이다"라는 의역이 가능해진다.

screen expressions

★ **You can never go too far wrong ~ing** …하는 것이 최선이야
   You can never go too far wrong telling the truth. 진실을 말하는 것이 최선이야.

★ **Do you know what really just kills[gets] me about ~ is that S+V?** …에 관해 정말 날 미치게 하는게 …라는 걸 알아?
   Do you know what really just kills me about this is that I made a huge mistake? 이거에 관해 정말 날 미치게 하는게 내가 엄청난 실수를 했다라는걸 알아?

★ **She might not think S+V** …라고 생각하지 않을지도 모르지
   She might not think he works hard enough.
   걘 그가 충분히 열심히 일하고 있다고 생각하지 않을지도 몰라.

이 표현이 나오는 영화_
<노팅힐>, <악마는 프라다를 입는다>, <브리짓 존스의 베이비>

screen conversation

A: The most important thing in life is my friends.

B: You can never go too far wrong **having a lot of friends.**

A: 인생에서 가장 중요한 것은 내 친구들이야.
B: 많은 친구들이 있는 것은 아무리 지나쳐도 잘못되지 않아.

A: Lucy looks so happy with her new boyfriend.

B: Do you know what really gets me about this is that **she loved me a long time ago?**

A: 루시는 새 남친으로 매우 기뻐하는 것처럼 보여.
B: 이거 때문에 정말 날 미치게 하는 건 걔가 오래전에 날 사랑했다는거라는 걸 알아?

왜 나는 그냥 빌어먹을 한 배관공과 섹스를 할 수 없었을까?

Why couldn't I have just shagged a bloody plumber?

I think that depends on what~은 "그건 …에 달린 것 같아," There's no question S+V는 "…는 의심의 여지가 없다," 그리고 Why couldn't I have just+pp~는 "왜 나는 …을 할 수 없었을까?"라는 패턴이 된다.

Screen Expressions

★ **I think that depends on what~** 그건 …에 달린 것 같아

I think that depends on what your dad decides.
그것은 네 아버지의 결정에 달린 것 같아.

★ **There's no questions S+V** …는 의심의 여지가 없어

There's no question you're good at what you do.
네가 네 일을 잘하는 것은 의심의 여지가 없어.

★ **Why couldn't I have just+pp?** 왜 나는 …을 할 수 없었을까?

Why couldn't I have just shagged a bloody plumber?
왜 나는 그냥 빌어먹을 한 배관공과 섹스를 할 수 없었을까?

이 표현이 나오는 영화_
<프렌즈 위드 베네핏>, <악마는 프라다를 입는다>, <브리짓 존스의 베이비>

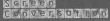

Screen Conversation

A: **Will he be able to attend a top university?**

B: I think that depends on what **the result of the exam is.**

A: 걔가 유명대학에 들어갈 수 있을 것 같아?
B: 그건 시험결과에 달린 것 같아.

A: **They didn't want you to drive to get them at the airport.**

B: Why couldn't I have just **picked them up?**

A: 걔네들은 공항으로 자신들을 픽업하러 오지 않기를 원했어.
B: 왜 나는 그냥 걔들을 픽업할 수 없었을까?

내 말은 너에게 꿈이 있었다고 말하는거야

I'm pointing out that you had a dream

<라라랜드>에서 미아가 세바스찬과 다투는 장면에서 세바스찬에게 꿈이 있지 않았었냐고 따질 때 쓰는 표현이 바로 I'm pointing out that you had a dream이다. 한편 유튜브에 "…가 …하는 것을 올리다"라고 할 때는 put up a video of sb ~ing라고 쓴다.

Screen Expressions

★ **I'm pointing out that S+V** 내 말은 …란 말이야

I'm pointing out that you had a dream. 내 말은 너에게 꿈이 있었다고 말하는거야.

★ **put up a video of sb ~ing** …가 …하는 것을 올리다

I could **put up a video of me** mixing cake batter with my boobs and get eight million hits. 내가 젖가슴으로 케익 반죽을 섞는 것을 올리면 조회수가 8백만은 될거야.

★ **I'd just like a little credit for the fact that S+V**
…라는 사실에 대해 좀 인정받고 싶어

I'd just like a little credit for the fact that the event succeeded.
이벤트가 성공했다는 사실에 대해 좀 인정받고 싶어.

이 표현이 나오는 영화_
<라라랜드>, <악마는 프라다를 입는다>, <프렌즈 위드 베네핏>

Screen Conversation

A: You think that your date was a boring person?

B: I'm pointing out that he fell asleep while we were together.

A: 네 데이트 상대가 지루한 사람이라고 생각하는거야?
B: 내 말은 함께 있을 때 걔가 잠들었다는 말이야.

A: Yes, I remember that you introduced me to Ben.

B: I'd just like a little credit for the fact that you got married.

A: 그래, 네가 나를 벤에게 소개시켜준거 기억해.
B: 네가 결혼했다는 사실에 대해 좀 인정받고 싶어.

MEMO

MEMO

MEMO